Collection Documents littéraires
dirigée par Réginald Hamel

Charles Gill
Poésies complètes

Charles Gill
Poésies complètes

Édition critique
de Réginald Hamel

CAHIERS DU QUÉBEC – COLLECTION DOCUMENTS LITTÉRAIRES

Données de catalogage avant publication (Canada)

Charles Gill, 1871-1918

Poésies complètes.
Éd. critique.

(Cahiers du Québec ; no 117. Collection Documents littéraires)
Comprend des réf. bibliogr.

ISBN 2-89428-162-5

1. Gill, Charles, 1871-1918. I. Hamel, Réginald, 1931- . II. Titre. III. Collection: Les
Cahiers du Québec; no 117. IV. Collection: Les Cahiers du Québec. Colleciton Documents
littéraires.

PS8463.I45A17 1997   C841'.52   C97-940712-5
PS9463.I45A17 1997
PQ3919.G54A17 1997

Les Éditions Hurtubise HMH remercient le Conseil des Arts du Canada de l'aide accordée à
son programme de publication..

Maquette de la couverture :
Olivier Lasser

Illustration de la couverture :
Photographie de Charles Gill par Query Frères Photographes, 1900, Montréal et Québec

Composition et mise en page :
Jocelyne Baril

Éditions Hurtubise HMH Ltée
1815, avenue De Lorimier
Montréal (Québec)
Canada   H2K 3W6
Tél. : (514) 523-1523

ISBN 2-89428-162-5

Dépôt légal : 3e trimestre 1997
Bibliothèque nationale du Québec
Bibliothèque nationale du Canada

© Copyright 1997
Éditions Hurtubise HMH Ltée

Imprimé au Canada

Présentation[1]

Pour replacer *Le Saint-Laurent* (qui deviendra *Le Cap Éternité*) dans l'ensemble de l'œuvre littéraire de Gill, la chronologie se révèle de toute première importance. Déterminée par des circonstances diverses, l'histoire de l'œuvre littéraire de Charles Gill pourrait se diviser en trois phases. Les cinq années qui vont de 1896 à 1900 constituent pour ce poète la période d'apprentissage, de tâtonnements et d'élans au sein de l'*École littéraire de Montréal* : le jeune poète s'exerce dans des poèmes à forme fixe et esquisse quelques contes. Vient alors la seconde période de sa carrière littéraire qui va de 1901 à 1913. On y pourrait encore distinguer deux étapes : celle de 1901 à 1906, marquée par son goût pour la prose, et celle de 1908 à 1913 où se dessinent les linéaments épiques du *Saint-Laurent*. Le reste de sa vie (1913-1918) serait, selon notre classification, la troisième phase de son effort artistique. Nous y voyons un rapide déclin littéraire, une fin bien sombre pour un homme de lettres.

Pour préciser davantage les circonstances qui ont déterminé l'évolution artistique de Gill, signalons que ses débuts littéraires, en plus de coïncider à peu près avec ceux de l'*École littéraire de Montréal*, correspondent aux premières années de sa liaison avec Juliette Boyer. Cette dernière a beaucoup influencé son œuvre. Devenue, en 1912, l'épouse d'un notaire, cette jeune danseuse devait demeurer l'égérie du peintre-poète jusqu'en 1917. L'essentiel de son effort littéraire juvénile sera connu au moment de la publication des *Soirées du Château de Ramezay*.

La seconde phase débute en 1901; après la mort de son père commencent ses «grandes amitiés» avec Louis-Joseph Doucet. En 1902, Gill épouse Gaétane de Montreuil qui lui donne un fils en 1904. Les années allant de 1906 à 1912 sont consacrées aux voyages et à la rédaction de son poème *Le Cap Éternité*. Le 19 mars 1913, il écrira à L.-J. Doucet: «Je viens d'assister à une scène déchirante. Ma mère a reçu l'extrême-onction ce matin. Elle succombe à un cancer d'intestin.» Le 22 mars, Gill devait perdre ce qu'il avait de plus cher au monde: sa mère.

La troisième phase abonde en événements qui désorganisent sa vie privée: sa femme et son fils le quittent. Le tréponème, vieux «souvenir» de Paris, affecte profondément son système nerveux. Une attaque de paralysie faciale, en 1913, met sa vie en danger. C'est un mal terrible «qui ronge mon cerveau», confiera-t-il à Joseph Melançon. Il en résultera une stérilité littéraire. Alors, l'artiste s'évade misérablement dans l'alcoolisme et la débauche: il veut oublier qu'il a raté sa vie. Atteint de maladie vénérienne, si la grippe espagnole ne l'avait emporté en 1918, il aurait probablement sombré dans la folie.

Voici maintenant un schéma qui montre comment nous pourrions diviser l'œuvre littéraire de Gill, en fonction des étapes établies ci-dessus.

BILAN DE L'ŒUVRE LITTÉRAIRE DE CHARLES GILL[2]

	LES ÉTOILES FILANTES (poésie)	TERRE UNIVERS INFINI (prose)	LE SAINT-LAURENT (poésies)	Total par phase	LA CORRES-PONDANCE (connue actuellement) (1890-1918)
Phase 1 APPREN-TISSAGE (1896-1900)	A) 33 pièces	11 pièces	(1) pièce[3]	44 pièces	9 lettres à sa mère (1890-1911) 255 lettres à L.-J. Doucet (1910-1918)

	LES ÉTOILES FILANTES (poésie)	TERRE UNIVERS INFINI (prose)	LE SAINT-LAURENT (poésies)	Total par phase	LA CORRES-PONDANCE (connue actuellement) (1890-1918)
Phase II MATURITÉ (1901-1913)	1901-1903[4] 22 pièces	1901-1906 B) 85 pièces	1908-1912[5] C) 11 pièces	118 pièces	1 lettre à Camille Roy (1912)
Phase III DÉCLIN (1914-1918)	3 pièces	1 pièce	2 pièces	6 pièces	1 lettre à Albert Laberge (1903) · 1 lettre à M. L'abbé F.-A. Baillairgé (1916)
Total	58 pièces	97 pièces	13 pièces	168 pièces	267 lettres au total

D'après leurs modes d'expression, les travaux littéraires de Charles Gill se divisent en trois recueils : *Les Étoiles Filantes*, *Terre, Univers, Infini!*, et *Le Saint-Laurent*.

***

L'individu ne laisse-t-il pas de traces dans la matière qu'il pétrit ? Une crise quelconque ne devrait-elle pas transparaître dans son œuvre ? Ce sont ces deux principes qui expliquent brièvement pourquoi nous faisons passer à travers l'œuvre de Gill deux sécantes qui correspondent à des crises majeures dont les dates nous sont connues. Ce procédé nous démontre qu'il existe chez ce poète une relation intime entre sa structure littéraire et sa structure sociale.

La rédaction de cette œuvre devait donc se dérouler en trois phases. D'après le nombre de pièces (33), son premier recueil était presque entièrement esquissé entre 1896 et 1900 (case A). Par ailleurs, 85 pièces de son recueil en prose seront écrites entre 1901 et 1906 (case B). La case C permet de déduire que son grand poème *Le Saint-Laurent*, dont *Le Cap Éternité*, fut rédigé entre 1908 et 1912[6]. Finalement, la troisième phase allant de 1914 à 1918 démontre clairement ce que nous entendons par «stérilité littéraire».

Quoique Gill «supporte assez mal l'analyse, la dissection technique», comme le remarque Gérard Bessette[7], nous tenterons néanmoins d'expliquer l'œuvre dans son «devenir». Nous proposons ici un tableau de la genèse du *Saint-Laurent*. Nous avons établi ce texte à partir des manuscrits.

Genèse de l'œuvre

«Si je me fais un jour imprimer, disait Gill, ce sera dans une édition *ne varietur*: d'ici là tous les changements me sont permis: pourquoi se presser?»[8] Heureusement que ses amis intimes nous l'ont fait connaître sous un autre jour, car nous serions portés, croyant ces paroles, à voir en lui le travailleur de longue haleine, le puriste, un émule des parnassiens. Une analyse attentive de l'œuvre nous révèle un Gill expéditif, tant dans ses travaux littéraires que dans ses œuvres picturales. Gill est, selon nous, un velléitaire. En somme, Gill nous semble être un artiste dont l'œuvre a été conditionnée par des pressions sociales.

Les causes véritables d'une telle attitude d'esprit se trouvent dans l'enfance même du poète. Monseigneur Olivier Maurault et l'abbé Joseph Melançon ont soulevé, dans leurs études, le problème d'un Charles Gill «réfractaire aux influences»[9], d'un garçon «bizarre et énigmatique»[10]. Malheureusement, ces critiques se sont contentés de signaler le problème sans se donner la peine d'en définir les contours réels.

Son père, le juge Charles Gill[11], se préoccupe surtout et avant tout de sanctionner les actions de son fils, comme s'il s'était agi d'un criminel. De son côté, la mère du poète n'a jamais compris les crises morales de son fils aîné: elle se contentait de ses vagues promesses[12], toujours réitérées, mais rarement tenues. Un tel déséquilibre dans l'éducation familiale devait avoir de graves répercussions sur la vie du poète. Sa vie durant, Charles Gill tentera de se soustraire à ses responsabilités. Les premiers effets de cette éducation se firent sentir lors de ses pérégrinations d'un collège à l'autre. Ensuite, on l'envoie secrètement à Paris pour le dérober à une affaire scandaleuse (il aurait abusé d'une jeune fille) dans laquelle il était impliqué. Plus tard, cette instabilité émotive sera l'une des causes de la faillite de sa vie matrimoniale. Et pourtant, le jeune Charles était rempli de bonnes intentions, comme nous le montre cette lettre adressée de New York à sa mère :

> Tu as eu, écrit-il, de la peine quand j'ai quitté la maison, je vais tâcher de te causer autant de plaisir par ma bonne conduite là-bas. Je pars avec l'intention de travailler. Je comprends que mon avenir dépendra de ces deux années que je vais passer à Paris. Je serais bien sot de perdre mon temps à m'amuser tandis que je n'ai pas trop de temps pour étudier si je veux arriver à quelque chose et ne pas devenir un être inutile ; je vais donc me conduire en gentil-homme et en chrétien pour ne pas être trop indigne de toi. Tu sais les promesses que je t'ai fait [*sic*] en partant, au sujet de mes devoirs religieux : Je n'y manquerai pas »[13].

L'abbé Élie-J. Auclair, qui visitait Gill à Paris, le 25 octobre 1891, semble pourtant inquiet au sujet du jeune artiste. Après bien des précautions oratoires, il écrira à la mère du poète :

> Mais, ce n'est pas encore ce que vous désirez surtout savoir ! Car avant tout, vous êtes une mère chrétienne. Je suis jeune, Madame, pour oser me prononcer dans une question aussi délicate [...] Au point de vue du Bon Dieu et de sa vie, Mr Charles m'a paru encore bien bon ! Le sera-t-il toujours ; je l'espère de tout mon cœur [...] Mais, à quels dangers il me semble exposé ![14]

Dans cette lettre pleine de sous-entendus, ce délicat abbé ne veut surtout pas décevoir madame Gill en lui racontant en détail de quel bois se chauffe le jeune artiste.

À Paris, Gill n'avait pas encore songé à la poésie. Il fut préoccupé par la peinture jusqu'au moment où, de retour au pays, il devint membre de l'*École littéraire de Montréal*[15]. À peu près à la même époque commençait sa carrière de professeur à l'École Normale Jacques-Cartier[16]. Sa pitance journalière assurée, il apprend la littérature française aux réunions de l'*École littéraire* et, sous l'œil vigilant de l'abbé

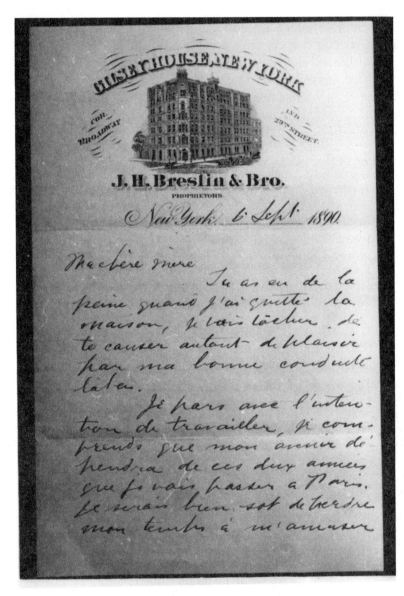

Fragment d'une lettre de Charles Gill à sa mère avant
son départ pour Paris en 1890.

Melançon, il aligne ses premiers alexandrins. La poésie et son «habitude de voir largement en peinture[17]» le font rêver d'épopée. Dans ses conversations avec Paul Wyczynski, Louvigny de Montigny déclarait que Charles Gill avait songé à écrire une épopée qui dépasserait celle de Louis Fréchette. Gill avait donc orienté ses lectures du côté de la *Légende des Siècles*, de *Jocelyn*, des *Fleurs Boréales*, et de la *Légende d'un peuple*, sources littéraires que nous aborderons plus loin dans notre étude.

Gill lui-même ne nous confie-t-il pas dans un de ses manuscrits du *Cap Éternité* que son rêve épique aurait pris forme dans sa tendre enfance?

> Ah! Cap Éternité, écrit-il, c'est que maintenant mes souvenirs me reviennent, mais des bons, l'art m'a guéri et c'est en chantant que j'oublierai... Tu m'as frappé dès l'enfance[18]. Je reconnais ces lieux où j'étais venu. Quand j'étais enfant mon grand-père m'a conduit en face de ton imposant spectacle. Comme la foule se pressait sur le pont, il m'éleva dans ses bras. Toujours ce souvenir m'est resté. La première fois que j'ai élevé mon front devant la grandeur, j'ai aperçu ta cime. La première fois que j'ai regardé par-dessus les têtes, la foule des hommes, la grande nature muette, ç'a été pour contempler ton granit. Et plus tard bohème, peintre, vagabond, j'ai planté la tente à ton flanc[19]; j'installais mon chevalet dans la barque devant toi, mais je rêvais au lieu de peindre — et la barque qui portait la toile blanche voguait au gré des brises et des courants, devant ta majesté. C'est encore devant toi que, au lieu de m'arrêter à la forme extérieure, la ligne et la couleur, la nature m'a parlé un plus profond langage que celui de la couleur et de la forme. Devant l'impossibilité de te peindre, j'ai éprouvé le besoin de traduire mes impressions; il fallait que je crie mon admiration et j'ai voulu écrire. Tu m'as sacré poète; mais maintenant je reconnais comme autrefois devant ma toile, que je suis au-dessous et que je n'exprime pas ce que tu m'as mis dans l'âme[20].

Ce souvenir d'enfance correspond à une réalité bien définie dans le temps. En effet, lors d'une exposition au Carré Philipps de Montréal, en mars 1892, où Charles Gill se fit connaître du public par une copie de Prud'hon, *La Justice et la Vengeance Divines poursuivant le crime*, un critique anonyme écrivait ces lignes:

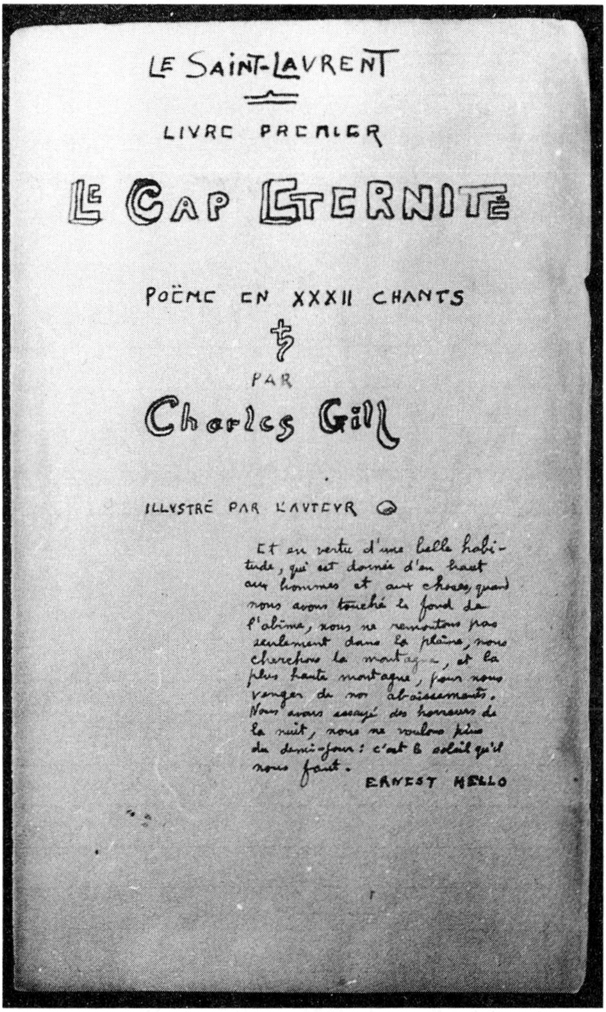
LE SAINT-LAURENT

LIVRE PREMIER

LE CAP ÉTERNITÉ

POÈME EN XXXII CHANTS

PAR

Charles Gill

ILLUSTRÉ PAR L'AUTEUR

Et en vertu d'une belle habitude, qui est donnée d'en haut aux hommes et aux choses, quand nous avons touché le fond de l'abîme, nous ne remontons pas seulement dans la plaine, nous cherchons la montagne, et la plus haute montagne, pour nous venger de nos abaissements. Nous avons essayé des horreurs de la nuit, nous ne voulons plus du demi-jour : c'est le soleil qu'il nous faut.

ERNEST HELLO

M. Gill a l'intention de se livrer à la grande peinture historique et la peinture religieuse, et il choisit naturellement l'histoire du Canada qui n'existe pas encore en peinture. Il a raison; notre histoire est un champ de bataille où il y a une belle victoire à gagner pour un artiste de talent. M. Gill a déjà plusieurs sujets historiques à l'état d'esquisses[21].

Si nous faisons abstraction des adulations de ce critique et du fait que ce texte fut écrit sous la dictée de madame Gill, nous voyons que déjà, à cette époque, Charles Gill oscillait entre la peinture et la poésie. Pour faire de la peinture historique, il faut être non seulement doué d'une imagination vive, mais aussi d'une sensibilité poétique. Par les sujets qu'il voulait traiter, Gill était «à son insu, un poète en peinture»[22], pour employer une expression baudelairienne. De là à devenir un peintre en poésie, il n'y avait qu'un pas.

Devant les succès de ses confrères, sculpteurs et peintres — les Suzor-Côté, les Laliberté, les Hébert, les Saint-Charles — le jeune Gill s'est résigné à chercher, comme il l'avouera plus tard à Doucet, «la gloire»[23] du côté de la poésie. Cette voie lui semblait la plus facile, mais l'était-elle vraiment?

Gill nous a laissé un premier plan du *Saint-Laurent* daté du 31 janvier 1904. Selon cette ébauche, *Le Saint-Laurent*, vaste épopée, aurait dû comprendre plusieurs pièces en vers, déjà publiées dans les divers quotidiens montréalais. Le schéma se divise en quatre grandes parties qui se subdivisent à leur tour en huit livres.

Voici un tableau général de la genèse de son poème épique.

Hâtivement esquissé, le plan fut sans doute suivi d'autres projets que nous n'avons pas pu retracer. De toute façon, avant son voyage au Saguenay en 1906 (voyage dont nous savons très peu de chose, si ce n'est par quelques clichés dans les archives de son fils, Roger-Charles Gill), Charles Gill s'était fait relier onze cahiers portant le titre général: *Le Saint-Laurent*. Chaque cahier avait un sous-titre qui correspondait à peu près au plan de 1904. Reste à savoir si ces titres étaient les mêmes, car nous n'avons pu retrouver que quatre de ces cahiers: *Miroir d'étoiles*,

RENT DE CHARLES GILL

AP ÉTERNITÉ
e en 27 chants)

Marie Gill, il n'y a qu'une table des
édition de 1919, si nous comparons les
réduction est très appréciable. De plus
rent changés. Enfin c'est ici que nous
r la première fois.

LE CAP ÉTERNITÉ

En 1911, Charles Gill s'était tracé un programme détaillé. En effet, il indiquait quand devaient être terminés les divers chants de son poème.

* Les dates qui portent un astérisque n'étaient pas inclues dans ce programme. Par ailleurs, nous avons pu établir d'une façon assez précise les débuts et la fin de certains chants.

LE CAP ÉTERNITÉ Poème suivi des *Étoiles filantes*, préface d'Albert Lozeau, Montréal, édition du *Devoir*, 1919.	Les titres et le programme de Charles Gill		Dates établies d'après les diverses publications et la correspondance du poète
Prologue	Prologue	(après 1912 ?)	(après 1912 ?)
I Le Goéland	I Le Goéland	(1908-1909)*	De sept. 1908 à août 1909
II La Cloche de Tadoussac	II La Cloche (de Tadoussac)	C. en 1908* ; T. le 4 déc. 1911	de janv. 1909 à sept. 1909
III Le Désespoir	III Le Désespoir	le 25 juin 1911	du 2 sept. 1909 à oct. 1911
IV Le Silence et l'Oubli	IV Le Silence et l'Oubli	(novembre 1911)*	du 25 nov. 1911 au 5 mai 1919
V Clair de Lune	V Clair de Lune	19 décembre 1911*	(?*)
VI Aurore	VI Ave Maria	7 septembre 1911	? à oct. 1911
VII Ave Maria	VII Le Cap Trinité	(1911)*	de janv.1909 au 25 oct.1911
VIII Le Cap Trinité	VIII Le Cap Éternité	(1908-1912)*	de janv.à juin 1911
IX Le Cap Éter-nité	IX Le Rêve et la Raison	21 septembre 1911	du 25 oct. au 23 déc.1911
X Le Rêve et la Raison	X Vers la Cime	10 juin 1911	du 8 nov.1907 (?) à juin 1912
XI Vers la Cime	XI La Fourmi	(1909)*	du 24 oct.1911 au 25 déc.1911
XII La Fourmi	XII France (Fleur de Lys)	18 juillet 1911	? à déc.1912
	XIII La Vision	8 août 1911	du 11 fév.1909 au 20 mars 1909
	XIV Ressemblance	21 octobre 1911	
	XV Stances aux Étoiles	(1899)*	(?*)
	XVI Les Secrets du Bonheur	5 novembre 1911	(?*)
XVII, XV, XVI(?) Stances aux Étoiles	XVII Sommeil	7 octobre 1911	(?*)
	XVIII Le Merisier	29 octobre 1911	? au 27 mai 1909
	XIX L'Antre	27 novembre 1911	(?*)
	XX Porta Inferi (Forêt Vierge)	P. le 30/06/1912 ; F.	(?*)
	XXI Dante Alighieri	19/11/1911	(?*)
	XXII Tièdes	15 juin 1912	P. le 30/06/1912 ; F.
XXV, XXIII, XXXI(?) Patrie	XXIII Le Bolge des Traîtres	sans dates	19/11/1911
	XXIV Tacouérima	14 février 1912	sans dates
	XXV La Vallée des Soupirs	28 février 1912	14 février 1912
	XXVI Les Degrés de l'Abîme	sans dates	28 février 1912
	XXVII Janua Coeli	sans dates	(?*)
	XXVIII La Rose Mystérieuse	15 mars 1912	(?*)
	XXIX La Couronne	30 mars 1912	15 mars 1912
	XXX La Délivrance	15 avril 1912	30 mars 1912
	XXXI La Douleur d'une âme	sans dates	15 avril 1912
	XXXII Naufragé (Invocation)	sans dates	15 août 1912
		N. le 15 août 1912 ; I. le 22 août 1911	(?*)
Pas d'épilogue	Pas d'épilogue		N. le 15 août 1912 ; I. le 22 août 1911

Les Abénaquis, Le Cap Éternité, La Patrie morte. Quant aux autres cahiers, Roger-Charles Gill nous affirma qu'il les avait eus «en sa possession après la mort de sa tante Marie, mais comme il n'y avait rien d'écrit dedans», le petit-fils du poète s'en était servi pour faire ses devoirs de classe. Pour les fins de l'histoire, il faut signaler ici que Roger C. Gill devait tuer, d'un même coup de fusil, et son fils et son épouse, en mai 1960. On doit se rappeler que le cahier VIIIe, *Les Abénaquis*, était, en 1904, l'un des sujets prévus pour le livre IVe, *Miroir d'étoiles*; par ailleurs, le cahier 1er, *Miroir d'étoiles*, correspondait au IVe livre dans le plan de 1904. Le cahier XIe, *La Patrie morte*, correspondait au livre VIIe. Reste le cahier X^e, *Le Cap Éternité*, qui était le livre VIe, en 1904. C'est sur ce cahier que portera toute notre attention dans notre établissement du texte, puisque c'est la seule pièce vraiment représentative du *Saint-Laurent*.

Gill avait vu trop grand. En 1911, il devait laisser tomber les autres livres du *Saint-Laurent* et porter tous ses efforts sur *Le Cap Éternité*. Il ira jusqu'à se fixer un programme détaillé, et une date limite pour terminer ses divers chants.

Voici le programme détaillé de Gill: en 1911, le 10 juin, «Vers la cime»; le 25 juin, «Le Désespoir»; le 18 juillet, «Fleurs de Lys»; le 8 août, «Vision»; le 16 août, «Naufragé»; le 22 août, «Invocation»; le 7 septembre, «Ave Maria»; le 21 septembre, «Rêve et Raison»; le 7 octobre, «Sommeil»; le 21 octobre, «Ressemblance»; le 29 octobre, «Merisier»; le 5 novembre, «Secrets»; le 19 novembre, «Forêt»; le 27 novembre, «Antre»; le 4 décembre, «Tadoussac»; le 19 décembre, «Clair de Lune»; — En 1912, le 15 janvier, «Dante»; le 30 janvier, «Porta Inferi»; le 15 février, «Bolge»; le 28 février, «Tacouérima»; le 15 mars, «Janua Coeli»; le 30 mars, «Rosa mystica»; le 15 avril, «Couronne»; et le poète d'ajouter ceci: «le 1er mai 1912, le poème sera fini»[24].

Encore là, ce sont de belles promesses que Gill ne tiendra pas, et *Le Cap Éternité* subira plusieurs changements dans sa structure générale. Cet effort littéraire se poursuit jusqu'en avril 1913. À cette date, il est frappé d'une attaque de paralysie

LA GENÈSE DU SAINT-LAU[RENT]

LE SAINT-LAURENT (plan du 31 janvier 1904)	LE CAP ÉTERNITÉ (poème en 32 chants)		LE C... (Poèm...
L'épopée du Saint-Laurent se divisait en quatre saisons. Le livre VIe, Le Cap Éternité est le seul que Charles Gill ait élaboré dans sa totalité. En lisant ce tableau de gauche à droite, nous voyons comment ce vaste poème s'est réduit à ce qui nous reste dans l'édition de 1919.	Dans le manuscrit de Charles Gill, il y a une double table des matières. La première se situe entre les années 1908 et 1911, la seconde date de 1911-1912. Ces deux tables nous montrent comment Le Cap Éternité évolue, mais sans que le nombre de chants ne soit affecté.		Dans le manuscrit rédigé pa... matières. Elle correspond à l'... douze premiers chants. Ici la... les titres mêmes des chants f... avons un Prologue et cela po...
1904 à 1907	1908 à 1911	1911-1912	Manuscrit rédigé par Marie G... 1918-1919

Saison	LE SAINT-LAURENT	1908 à 1911	1911-1912	1918-1919
Printemps	I Les grands lacs (Les cinq lacs, la source, Miroir d'étoiles)	Pas de prologue	Prologue	Prologue
		I Le Goéland	I Le Goéland	I Le Goéland
		II Tadoussac	II La Cloche	II La Cloche (de Tadou...)
	II Niagara	III La cloche de Tadoussac	III Le Désespoir	III Le Désespoir
		IV Le Désespoir	IV Le Silence et l'Oubli	IV Le Silence et l'Oubl...
	III Le Mont-Royal (Montréal)	V Clair de Lune	V Les Sentinelles	V Clair de Lune
		VI Le Silence et l'Oubli	VI Ave Maria	VI Aurore
		VII Les Sentinelles	VII Le Cap Trinité	VII Ave Maria
		VIII Ave Maria	VIII Le Cap Éternité	VIII Le Cap Trinité
		IX Le Cap Éter-nité	IX Le Rêve et la Raison	IX Le Cap Éter-nité
		X Le Cap Trinité	X Vers la Cime	X Le Rêve et la Raiso...
Été	IV Miroir d'étoiles (Le lac Saint-Pierre)	XI Le Rêve et la Raison	XI La Fourmi	XI Vers la Cime
		XII Vers la Cime	XII France (Fleurs de Lys)	XII La Fourmi
		XIII La Fourmi	XIII La Vision	XIII Fleurs de Lys
		XIV France	XIV Ressemblance	XIV Vision
	V Québec	XV La Vision	XV Stances aux Étoiles	XV Ressemblance
		XVI Ressemblance	XVI Les Secrets du Rocher	XVI Stances aux Étoiles
		XVII Stances aux Étoiles	XVII Sommeil	XVII Les Secrets du Roch...
	VI Le Cap Éternité	XVIII Les Secrets du Rocher	XVIII Le Merisier	XVIII Sommeil
		XIX Sommeil	XIX L'Antre	XIX Le Merisier
		XX La Forêt Vierge	XX Porta Inferi	XX L'Antre
Automne	VII Patrie morte (Acadie, Les Acadiennes)	XXI Le Merisier	XXI Dante Alighieri	XXI Porta Inferi
		XXII L'Antre	XXII Tièdes	XXII I Traditori della Patr...
		XXIII Porta Inferi	XXIII Le Bolge des Traîtres	XXIII Tacouérima
		XXIV Dante Alighieri	XXIV Tacouérima	XXIV La Vallée des Soupi...
Hiver	VIII Flots d'éme-raudes (le Golfe, Gaspé)	XXV Le Bolge des Traîtres	XXV La Vallée des Soupirs	XXV Janua Coeli
		XXVI Tacouérima	XXVI Les Degrés de l'Abîme	XXVI Dans l'au-delà
		XXVII Le Naufragé	XXVII Janua Coeli	XXVII Le Naufragé
		XXVIII Janua Coeli	XXVIII La Rose Mystérieuse (Mystica)	XXVIII
		XXIX La Rose Mystérieuse	XXIX La Couronne	XXIX
		XXX La Couronne	XXX La Délivrance	XXX
		XXXI La Délivrance	XXXI La Douleur d'une Âme	XXXI
		XXXII Invocation	XXXII Naufragé	XXXII
		Pas d'épilogue	Pas d'épilogue	Épilogue

•

faciale. Malade et délaissé, Gill écrit à son ami Doucet qu'il se sent «capable de continuer pendant des années encore, et sans fatigue, son *Cap Éternité*»[25]. Mais son poème ne progressera pas d'un iota. À partir de ce fatal mois d'avril, la production littéraire de Gill se réduira à une critique artistique[26] et à deux sonnets de circonstance[27]. Déchu intellectuellement, Gill devient non seulement impuissant dans le domaine littéraire, mais il est aussi incapable de concevoir une toile véritablement achevée.

Si nous faisons un bilan des faits saillants qui ont concouru à la composition du *Saint-Laurent*, nous constatons que Charles Gill avait un désir sincère «d'arriver à quelque chose et de ne pas devenir un être inutile»[28]. Incapable de réaliser ses aspirations en tant que peintre, il se fait poète, sous l'influence de l'*École littéraire de Montréal*. Ce rêve d'une peinture épique se poursuit dans une épopée littéraire qui demeure inachevée. À la mort du poète, *Le Saint-Laurent* comprenait onze livres dont un seul nous est parvenu à peu près achevé : c'est *Le Cap Éternité*.

Gill avait à peine expiré que ses manuscrits disparaissaient mystérieusement. Henri Bertrand[29] s'est toujours prêté le beau rôle dans cette recherche des documents du poète ; mais, ne l'oublions pas, sa part est de beaucoup moindre qu'il ne l'a affirmé. Charles Gill n'écrit-il pas dans son testament :

> Je demande à ma sœur Marie de mettre en ordre mes pièces en vers etc. Personne autre qu'elle ne devra passer dans ces papiers[30].

C'est grâce à madame Gill-Soulières que nous avons pu éclairer et expliquer la pseudo-disparition des documents du poète. En effet, le 13 octobre 1918, à 7 heures, Marie Gill et Henri Bertrand faisaient venir le docteur Damien Masson. Ils ont décidé de transporter Gill à l'Hôtel-Dieu. En attendant l'arrivée de l'ambulance de la maison Géo. Vandelac, on fit descendre le malade au premier étage. Entre 8 et 11 heures du soir, Marie Gill réussissait à transporter tous les manuscrits de son frère chez elle, au 772 rue Henri-Julien. C'est seulement vers minuit qu'elle se rendit auprès de son frère, à l'Hôtel-Dieu. Une pièce semble corroborer ce que madame Soulières apprit de sa sœur Marie, c'est le reçu que la maison Géo. Vandelac donna à madame J. Lagacé[31] pour les frais de l'ambulance. Si Marie Gill avait été présente lors du départ de Charles pour l'hôpital, n'aurait-elle pas payé les frais? Bref, Marie s'empressera de rembourser à madame Lagacé la somme de quatre dollars, le 21 octobre 1918[32].

Pourquoi Marie Gill devait-elle créer une légende autour des manuscrits de son frère? Était-ce pour éloigner les «malveillants» ou pour détruire impunément, parce que certains mots blessaient sa scrupuleuse oreille, dans les plus belles pages du poète? Toujours est-il que l'astuce de la sœur de Charles devait dérouter les chercheurs pendant plusieurs années. Nous trouverons donc ici *Les Étoiles filantes* suivies du *Cap Éternité*. Dans le premier texte, nous avons placé les notes au bas de chaque poème. Dans le second texte, les notes et les variantes étant trop longues, trop nombreuses, nous les avons consignées à la fin de cet ouvrage.

Établissement du texte

> Est-ce bien là une idée heureuse, écrivait Doucet à Marie Gill, de croire que ce qui a été publié de lui suffit à sa mémoire? Mais il y a encore un fort volume de contes, et un autre de poésie, sa correspondance tiendrait dans trois gros livres[33].

Doucet était révolté à la pensée que Marie Gill puisse détruire ou dénaturer ce qui restait de l'œuvre littéraire de Charles Gill. Voulant faire connaître son ami sous son vrai jour, Doucet avait entrepris une édition de la correspondance[34] de ce «pauvre Gill». Il devait suspendre cette publication, car la sœur du poète la lui défendit formellement. Pourquoi tout ce mystère autour de la vie de son frère? Voulait-elle en faire un héros? Voulait-elle l'immortaliser? Toujours est-il que Marie Gill ne demeurait pas inactive. Elle détruisait un bon nombre de pièces de Gill dans le manuscrit *Les Étoiles Filantes*; elle retranscrivait le dixième cahier du *Saint-Laurent*, *Le Cap Éternité*[35]. Ce travail accompli, un triumvirat composé de Marie Gill, d'Albert Lozeau[36] et de monseigneur Olivier Maurault, fut mis sur pied. Marie confiait à

Lozeau la tâche de mettre en ordre ce qui restait du manuscrit
Les Étoiles Filantes, tandis que monseigneur Maurault se char-
geait de l'impression de l'œuvre. Ce dernier ne s'est jamais
douté que Marie Gill avait retranscrit les vers du *Cap Éternité*[37].

Lors de la parution du *Cap Éternité* au mois de juillet
1919, les critiques s'acharnèrent à cribler d'éloges[38] le poète
Charles Gill, et le travail admirable de sa sœur Marie qui avait,
selon l'expression de Damase Potvin, «pieusement recueilli les
vers épars de Gill». Un seul critique à cette époque tente de
rendre justice à l'œuvre de Gill, c'est Albert Savignac[39].

Le Saint-Laurent avait une physionomie bien différente de
ce que ce triumvirat servait au public sous le titre du *Cap
Éternité*. L'on n'avait en aucune façon tenu compte des buts que
Gill s'était fixés dans ses plans de 1904 et de 1908. Pourtant,
dans une perspective historique, les étapes du *Cap Éternité* sont
clairement définies. En effet, en 1904, dans ses notes éparses du
plan général du *Saint-Laurent*, de son livre VIe, *Le Cap Éternité*,
l'on a ceci :

> Entrée Saguenay, description, arrêt au Cap Éternité, description
> et impressions, pourquoi il s'appelle ainsi. France doit brayé [*sic*]
> à son passé, là. Il arrête le feu et il peut l'inondation gardien [*sic*],
> laissons lac St-Jean, après lui fertile (Sentinelle qui veille au seuil
> de l'avenir!) la colonisation! pays à part pas prenable; pas refou-
> lés. Termopyles [*sic*] vie du cultivateur canadien. Je te veux pour
> tombe. Histoire du canotier, écho. Et moi? rediras-tu mes chants
> au ciel de ma patrie?

Par ces phrases incomplètes, ces mots, ces idées à peine dévoi-
lées, on dirait que le poète, penché sur une carte géographique
où chaque élévation de terrain est marquée, esquisse une campagne épique.

Le 8 novembre 1907, à une réunion de l'*École littéraire*,
Gill lit à ses confrères une pièce en vers, intitulée *Le Cap
Éternité*. À quoi correspondait ce poème? Selon nous, il pourrait s'agir de deux choses : soit une pièce semblable à celle
publiée dans *Le Terroir*, c'est-à-dire un amalgame de divers

chants du *Cap Éternité* ; soit le *Prologue* même du *Cap Éternité*. Mais nous n'avons rien retrouvé de ce poème.

Il ne nous reste donc pour reconstituer le livre X[e 40], *Le Saint-Laurent*, que le plan du texte en prose qui date de 1908. C'est cette table des matières qui nous servira de point de départ dans l'évolution du livre dixième[41]. Voici le plan du *Cap Éternité* que Gill avait conçu en 1908 :

> I- Le Goëland ; II- Tadoussac ; III- La Cloche ; IV- Le Désespoir ; V- Clair de Lune ; VI- Le Silence et l'Oubli ; VII- Les Sentinelles ; VIII- Ave Maria ; IX- Le Cap Éternité ; X- Le Cap Trinité ; XI- Le Rêve et la Raison ; XII- Vers la Cime ; XIII- La Fourmi ; XIV- France ; XV- La Vision ; XVI- Ressemblance-Fourmi ; XIV- France ; XV- La Vision ; XVI- Ressemblance ; XVII- Stances aux étoiles ; XVIII- Les secrets du rocher ; XIX- Sommeil ; XX- La Forêt vierge ; XXI- Le Merisier ; XXII- L'Antre ; XXIII- Porta inferi ; XXIV- Dante Alighiéri ; XXV- Le bolge des traîtres ; XXVI- Tacouérima ; XXVII- Le Naufragé ; XXVIII- Janua Coeli ; XXIX- La rose mystérieuse ; XXX- La couronne ; XXXI- La délivrance ; XXXII- Invocation[42].

Comme nous l'avons noté dans ses textes en prose, Gill apportera peu de changements à son plan de 1908. Nous procéderons toujours de la même façon : le texte publié en 1919, sous les auspices de Marie Gill, le texte en prose écrit par Charles Gill, les diverses variantes qui se retracent soit dans le cahier rédigé par Marie Gill, soit dans les manuscrits mêmes du poète.

Plus haut nous émettions deux hypothèses concernant le contenu d'une pièce composée en 1907, et lue devant les membres de l'École. La seconde hypothèse ne nous semble pas la meilleure, car le *Prologue* ne figure pas, à proprement parler, parmi les titres des chants du *Cap Éternité*. Il serait donc douteux que Gill ait donné aux vers qui suivent le pompeux titre de *Cap Éternité*, alors qu'il ne s'agissait que d'un prologue.

La correspondance de Gill avec L.-J. Doucet et monseigneur Camille Roy[43] révèle l'état de huit des chants de son poème qui en comprend douze dans l'édition de 1919 ; le Prologue n'y est nullement mentionné. Nous sommes donc porté à croire que Gill n'aurait pas écrit ce prologue; du moins, pas de la façon dont il était publié dans l'édition de 1919. On lira à la fin de cet ouvrage les variantes qui se trouvent dans le manuscrit rédigé par Marie Gill.

Gill ne composa pas *Le Goéland* en tout premier lieu. Bien avant ce chant, conçu vers 1908, le poète écrivait *Les Stances aux Étoiles* qui datent de 1899. Lorsque le poète baptise son embarcation du pompeux nom de «Goéland», veut-il commémorer les faits et gestes d'un jeune Montagnais, fils de Tacouérima, ou est-ce la réminiscence d'une toile abandonnée quelque part à Pierreville? En 1889, n'avait-il pas copié une toile de George de Forest Brush, *Silence Broken*? Ce tableau du peintre américain représentait un Indien en canot d'écorce au-dessus duquel planait un magnifique goéland. Charles Gill devait enlever l'oiseau de sa reproduction, et il l'intitulait *Le Goéland*. Il nous semble donc que le titre de ce chant soit un souvenir d'ordre pictural plutôt qu'ethnographique.

Les aventures de l'été 1910 devaient creuser plus profondément le fossé qui existait déjà entre Charles Gill et son épouse, Gaétane de Montreuil. Si ce n'eût été de déplaire à sa mère qu'il aimait plus que tout au monde, le poète eût consenti à la séparation que lui demandait Gaétane. Mais contraint par sa famille à vivre avec cette femme qui gênait sa vie de bohème, Charles Gill exprimera ses regrets dans ce chant : *Le Désespoir*.

Nous constatons, grâce au tableau cité plus haut, qu'il existe diverses variantes du *Cap Éternité*. L'édition de 1919 correspond non pas aux manuscrits du poète mais à ceux que Marie Gill a refaits. L'existence d'un troisième texte est possible, mais nous en doutons fort. Tous les gens qui ont trempé dans l'affaire Gill après sa mort s'efforcèrent d'y apporter plus de mystère que d'éclaircissement. Les uns voulaient à tout prix en faire un saint, les autres, un poète de l'envergure de Baudelaire et de Verlaine.

Si Charles Gill n'a pas terminé *Le Saint-Laurent*, c'est pour deux raisons : l'une d'ordre littéraire, l'autre d'ordre psychique. Voici ce que le poète écrit à son ami Doucet :

Quand on n'a pas de loisir, ou quand notre état d'âme ne nous permet pas de tenir notre rang dans le palais des Muses, on en SORT [*sic*]; on ne se traîne pas misérablement, dans les corridors obscurs, après avoir été l'un des (galants) invités de la salle des fêtes. [...] Eh bien! mieux vaut garder le silence, comme je l'ai fait que de pondre des platitudes...[44]

Ces confidences nous montrent clairement que Gill ne pouvait plus se renouveler dans le domaine littéraire, et cela depuis un bon nombre d'années. La seconde raison, qui est sans doute la plus importante, se retrace dans la correspondance générale du poète. Charles Gill se plaint de ne plus pouvoir dormir; qu'il voudrait vivre à un endroit où *il ne penserait plus*; il croit que les gens le haïssent; qu'il a de nombreux ennemis; bref, s'agit-il du délire de la persécution d'un paranoïaque?

Maintenant que le texte est établi selon toutes ses possibilités, nous laissons à ceux qui se préoccupent d'esthétique littéraire le soin d'en déterminer les qualités.

Notes

1. Comme nous fournissons à la suite de cette présentation une chronologie fort détaillée, nous ne croyons pas nécessaire de reprendre ici tous les paramètres de sa vie. Nous nous en tiendrons à l'œuvre littéraire.

2. Si nous n'avons pas inclus dans ce tableau la période pré-littéraire du poète, c'est-à-dire celle allant de son enfance à son entrée à l'École littéraire de Montréal, c'est que nous ne désirons nous prononcer que sur des données certaines. A et C sont inclus dans cet ouvrage. B est déposé aux archives de l'Université d'Ottawa.

3. *Les Stances aux Étoiles* font partie à la fois des *Étoiles Filantes* et du *Saint-Laurent*. Dans le décompte, elles n'apparaissent qu'une fois.

4. À cause des nombreuses versions, ne sont pas comprises dans ces dates les pièces suivantes : *Mon secret* (1905). — *Crémazie* (1906). — *Oh! N'insultez jamais* (1910). — *George-Étienne Cartier* (1912).

5. Le premier plan du *Saint-Laurent* (1904) précède ces dates.

6. Durant cette maturité, ayant à rivaliser avec son épouse dont la plume ne chômait pas, Charles Gill fut poussé, comme malgré lui, à la prolixité.

7. Gérard Bessette, *Les images en poésie canadienne-française*, Montréal, Beauchemin, 1960, p. 128.

8. Charles Gill, cité par Albert Lozeau dans la préface du *Cap Éternité*, Montréal, Éditions du Devoir, 1919, p. III-IV.

9. Monseigneur Olivier Maurault, *Charles Gill, peintre et poète lyrique*, Montréal, Les éditions éoliennes, 1950, p. 4.

10. L'abbé Joseph Melançon, *Charles Gill poète*, dans *Le Devoir*, livr. du 14 octobre 1933, p. 1 et 2.

11. Charles Gill (juge) : «Je crois, lui écrit-il, que tu as eu tort de signer ton article et tu devrais te borner à annoncer au nom de votre journal que l'Armée du Salut a assisté la malheureuse malade [...] Avoir signé est propre à t'attirer toutes sortes de désagréments [...] Faut de la philanthropie, mais n'en fais pas trop.» Charles Gill (juge), *Lettre à son fils*, le 4 juillet 1900.

12. Charles Gill (poète) : «Tu sais, écrit-il, les promesses que je t'ai fait (*sic*) en partant au sujet de mes devoirs religieux.» *Lettre à sa mère*, le 25 décembre 1891 ; une autre fois, il écrira : «Je n'oublie pas mes devoirs religieux.» *Lettre à sa mère*, mars 1893.

13. Charles Gill, *Lettre à sa mère*, de New York, le 6 septembre 1890. Cette correspondance fut publiée dans *Le Devoir* du 30 octobre 1965, p. 23 et 24, sous le titre de : *Un «Canayen» à Paris*. Puis, *Correspondance de Charles Gill*, Montréal, Parti Pris, 1969, 247 p.

14. L'abbé Élie-J. Auclair, *Lettre à Madame Juge Gill*, de Rome, le 4 novembre 1891.

15. L'abbé Joseph Melançon écrira : «Le 21 mai 1896, un jeudi, l'assemblée avait lieu dans les salons du notaire Pierre Bédard, rue Ontario, près de la rue Saint-Denis. C'est là que pour la première fois, nous rencontrâmes Charles Gill.» *Charles Gill poète, notes et souvenirs*, dans *Le Devoir*, le 4 octobre 1933, p. 2.

16. On trouve le nom de Charles Gill, pour la première fois, sur les listes civiles du Département de l'instruction publique du Québec, en septembre 1896, dossier 1304. Son salaire annuel est de 400$.

17. Charles Gill, *Lettre à sa mère*, de Paris, mars 1893.

18. Il s'agit d'un voyage fait au mois d'août 1875 à bord du vapeur *Ottawa*, alors que son grand-père, l'honorable Louis-Adélard Sénécal, était président de la société de navigation Richelieu-Ottawa (maintenant la «Canada Steamship»).

19. Charles Gill fait allusion ici à son voyage de 1908 pour le compte de la société «Canada Steamship». Il fit antérieurement un voyage au cours de l'été 1906, puis d'autres durant les étés de 1910, 1913 et 1914.

20. Charles Gill, dans le cahier manuscrit, *Le Cap Éternité*, chant XVIe, *Ressemblance*, (texte en prose), 1908, p. 30. Le poète ajoutera cette remarque : «peut-être passer ceci, trop personnel».

21. «*Un jeune artiste canadien*», dans *La Minerve*, le 23 mars 1892, p. 2.

22. Charles Baudelaire, *Œuvres complètes*, Paris, N.R.F., 1954, p. 621.

23. Charles Gill, *Lettre à L.-J. Doucet*, de Montréal, le 11 juin 1911.

24. Ces notes paraissent dans le cahier manuscrit, *Le Saint-Laurent, livre premier*, *Le Cap Éternité*, 1908, p. 264.

25. « Je me sens, écrit-il, capable de continuer des années encore, et sans fatigue mon « Cap Éternité ». Si cela continue ainsi, cahin-caha, j'aurai le record de la lenteur et ce sera peut-être mon seul point de ressemblance avec Virgile qui a limé l'*Énéide* pendant douze ans et qui est mort avant de l'avoir terminé — et avec Dante (nom sacré que je ne trace jamais sans qu'un frisson d'*Infini* me traverse le cœur) avec Dante qui a travaillé vingt ans la *Divina Comedia*, qui est mort au moment où il allait terminer le dernier chant du *Paradiso*. », *Lettre à L.-J. Doucet*, Montréal, le 6 février 1914.

26. Charles Gill, *Le Salon de 1917*, publié dans *La Grande Revue*, vol. 1, n° 1, 21 avril 1917, p. 10, 18 et 19.

27. Charles Gill, *La conférence interrompue*, à Marcel Dugas, publié dans *La grande Revue*, vol. 1, n° 6, du 26 mai 1917, p. 13. Également, *Horreur de la guerre* (inédit) dans les archives de madame L.-J. Doucet de Montréal.

28. Charles Gill, *Lettre à sa mère*, de New York, le 6 septembre 1890.

29. Henri Bertrand écrit à Doucet : « Il m'avait nommé son exécuteur testamentaire. Tous ses effets étaient à l'École normale, au monument national, et à sa chambre. Après avoir recueilli tous ses papiers, il m'a manqué savez-vous quoi ? L'œuvre de sa vie : son manuscrit, *Le Cap Éternité*. Je suis au désespoir et pourtant Dieu sait si j'ai travaillé pour le trouver. J'ai fouillé sans résultat. », *Lettre à L.-J. Doucet*, le 20 octobre 1918. Or nous croyons qu'Henri Bertrand exagérait en se disant « exécuteur testamentaire », puisque le testament de Gill dit clairement : « J'autorise mon ami Henri Bertrand à prendre soin de mes effets laissés au Monument National. » Alors il est bien clair que Marie Gill aurait dû s'occuper des « papiers ».

30. Charles Gill, *Testament olographe*, dans *Index des répertoire, C. S. Tassé, n° 329, 1890-1936*, Montréal, les Archives Judiciaires.

31. Géo. Vandelac, *Reçu à Madame J. Lagacé*, n° 272, daté du 13 octobre 1918.

32. Madame J. Lagacé, *Reçu à Marie Gill*, daté du 21 octobre 1918, dans le cahier de coupures n° 111, p. 53. Archives de Roger C. Gill.

33. Louis-Joseph Doucet, *Lettre à Marie Gill*, de Québec, le 3 février 1920, p. 5, dans le « Cahier de coupures » n° 111, p. 54, *Les archives de monsieur Roger C. Gill*.

34. Quelques-unes de ces 250 lettres furent publiées dans *À la mémoire de Charles Gill, élégies*, Québec, édition privée, 1920, 56 p. Nous avons repris ce travail en faisant paraître le tout dans *Le Devoir* et chez Parti-Pris.

35. Ce second manuscrit de 188 pages n'est pas daté, et il correspond à l'édition de 1919.

36. Voici ce que Lozeau conseille à Marie Gill : « Les trois voix, La conférence interrompue, Dans le lointain, L'Aigle, À Victor Hugo, Du blanc, de l'azur et du rose, Vive la Canadienne, Les deux étoiles, Ce qui demeure, *Musa te defendet*, George-Étienne Cartier, Neige de Noël, Les cloches, Crémazie, Chanson (Les aigles ont des ailes), sont toutes bonnes, Belle-de-nuit (Moi qui ai encouru les remontrances de l'autorité religieuse pour certaines pièces de *L'Âme Solitaire* et du *Miroir des jours*, je sais à quoi s'expose celui ou celle qui publierait ces beaux sonnets.) Never More (quelques vers à corriger.) Sonnet à Lamartine, À la muse (ce sonnet a été fait sur des rimes imposées, il y paraît.) Orgueil, Fantaisie, La Mort de Rose (au sixième vers, il faudrait : ne guide ; le treizième est tout à fait

mauvais. Sonnet II, les deux tercets sont faibles. Sonnet III, «Qui brûlait», ne répète que le I.) La couronne de Julia (pourrait être laissée de côté dans un volume de vers sérieux ; comme, en général, les traductions et les acrostiches qui valent plus par la difficulté vaincue que par l'inspiration et la perfection de la forme).» dans le «Cahier de coupures», n° 1, p. 6, *Les Archives de monsieur Roger C. Gill.*

37. Lors de l'une de nos visites à monseigneur Olivier Maurault, ce dernier reconnaissait que Marie Gill ne lui avait jamais montré les manuscrits originaux du *Cap Éternité.*

38. Parmi ces critiques nous avons : D.P. (les initiales de monsieur Dams Potvin), *Le Cap Éternité*, dans *Le Terroir, organe de la société des arts, Sciences et Lettres de Québec*, vol. 1, n° II, juillet 1919, p. 48. Puis monseigneur Olivier Maurault, *Charles Gill, peintre et poète* dans la *Revue canadienne*, nouvelle série, vol. XXIV, n° 1, juillet 1919, p. 18 à 31, et le n° 3, de septembre 1919, p. 180 à 197. Également, *Charles Gill*, dans *L'Action française*, vol. III, n° 8, août 1919, p. 297 à 371.

39. Albert Savignac publie *Le Cap Éternité, poème de Charles Gill*, dans La Revue Nationale, 1re année, n° 8, août 1919, p. 297 à 309.

40. Grâce au procédé photographique à l'infrarouge, nous pouvons retracer l'évolution de ce cahier X^e du *Saint-Laurent*. Gill indique clairement à la page frontispice de son manuscrit, «Livre Premier»; par ailleurs, nous lisons au dos du cahier le chiffre «X». Sous ce chiffre apparaissent les chiffres suivants : I, II, III (?). Dans son plan de 1904, Gill place *Le Cap Éternité* au VIe rang. Lors de la publication de quelques fragments de ce poème dans *Le Terroir, Le Cap Éternité* se trouve «livre IXe». Bref, ce livre du *Saint-Laurent* aurait été : I, II, III (?), VI, IX et X^e. La méthode employée ici se trouve décrite dans le manuel *Infrared and Ultraviolet Photography*, by Eastman Kodak Company, sixth edition, Rochester, 1959, 49 p.

41. Il faut revoir le tableau que nous citons plus haut : L'Évolution de la table des matières du *Cap Éternité.*

42. Charles Gill, dans le cahier X^e, *Le Cap Éternité*, p. 261.

43. Charles Gill mentionne *Le Goéland* dans sa lettre à l'abbé Camille Roy, le 30 juin 1912 ; *Le Désespoir*, dans ses lettres à Doucet, du 11 mai 1911 et du 24 octobre 1911 ; *Clair de Lune*, dans ses lettres à Doucet, du 24 octobre 1911 et du 31 mars 1912 ; *Le Silence et l'Oubli*, dans sa lettre à Doucet, du 25 novembre 1912 ; *Ave Maria*, dans sa lettre à Doucet, du 25 novembre 1911 ; *Le Cap Éternité*, dans ses lettres à Doucet, du 24 octobre 1911 et du 23 décembre 1911 ; *Le Rêve et la Raison*, dans ses lettres à Doucet, du 24 octobre 1911, du 25 décembre 1911, du 1er juin 1912 et du 6 janvier 1914.

44. Charles Gill, *Lettre à L.-J. Doucet*, le 20 septembre 1916.

*Un mot au lecteur**

Celui qui passerait, un vendredi soir, devant le Château de Ramezay — cette ancienne résidence des gouverneurs convertie en Musée des antiquités nationales — trouverait, contre l'habitude, la grille extérieure ouverte, et s'étonnerait, sans doute, de voir filtrer la lumière par la porte entrebâillée. Si la curiosité le poussait à entrer, après avoir traversé un sombre couloir garni de portraits, de flèches et de tomahawks, il pénétrerait dans une pièce étroite où il apercevrait quatre avocats, un graveur, deux journalistes, un médecin, un libraire, cinq étudiants, un notaire et un peintre réunis autour d'un tapis vert jonché de manuscrits : c'est l'École Littéraire, à laquelle le vieux château donne asile ce soir-là.

Les élèves y discutent les grandes lignes de l'art sous la frimousse de la marquise de Pompadour que le conservateur du Musée a trouvée trop généreusement dévêtue pour être exposée dans la Galerie comme à Versailles ; à la lecture de quelque madrigal, l'œil de la belle est souriant. Ironie ! Cet œil ne pleure pas ! Il sourit à ses victimes, à celles qui ont le plus à déplorer l'arrachement : les amoureux de la langue.

---

* Publié dans *Les Soirées du Château de Ramezay*, par l'École Littéraire de Montréal, Sénécal, 1900, p. vi-viii.

Mais d'autres souvenirs planent dans l'enceinte de ces murs ; il s'y attache comme la hantise de toute une époque glorieuse. Les plus grands sont là, dans leurs cadres. Les canons qui grondèrent les réponses héroïques, la cloche qui sonna l'adieu, sont là ; il semble qu'un mystérieux écho de leurs vibrations d'airain vient chanter à notre oreille, du fond du passé, pour nous apprendre à faire gronder la victoire et sonner les adieux dans les beaux vers... Monsieur de Montcalm ! Tout n'était pas fini !... Monsieur de Lévis ! Nous avons ramassé les tronçons de votre épée, et nous en avons fait des styles. Certes en la brisant, vous ne croyiez pas que l'on apprendrait encore à écrire et à penser en français à Ville-Marie, en mil neuf cent !

Apprendre à écrire !... Il ne s'agit pas de s'admirer. Les pièces qui figurent dans ce recueil ont été lues, analysées et critiquées au cours de nos soirées du vendredi où les absents se font rares. C'est une école sans maître que l'École Littéraire ; nul n'a le droit d'y élever la voix plus haut que son voisin. Et comme il n'y a d'autre honneur à briguer que les applaudissements des camarades, quand un vers bien frappé monte dans la fumée des cigarettes ou qu'une page bien sentie retient les souffles, la jalousie n'a pas jeté d'ombre sur notre enthousiasme ; les rares compliments aussi bien que les critiques, y sont sincères. Chacun s'empresse d'y soumettre son dernier travail. Chacun y communique ce qui a pu l'intéresser dans la semaine. Un jour, celui-ci arrivera avec le dernier succès de librairie ; celui-là, avec une primeur ; cet autre apportera Leconte de Lisle, pour bien citer son idole dans une discussion avec tel camarade qui connaît Lamartine par cœur. Après l'étude des manuscrits, vient l'heure des bonnes causeries, l'heure où les paradoxes ont libre cours, les projets se rencontrent, les chimères s'encouragent, les illusions se confondent... Ah ! quand tant d'hommes sérieux s'ennuient à mourir, qu'il est doux de pouvoir s'amuser ainsi !

Nous n'avons communiqué avec le dehors que depuis un an, et ce, par quatre séances publiques auxquelles l'élite de la société nous a fait l'honneur d'assister. Aussi, l'envie a-t-elle dressé sa tête hideuse, et l'ignorance a-t-elle montré sa patte d'ours ! Mais la sympathie que nous ont témoignée les gens de goût, nous encourage à publier ce que chacun de nous a écrit de moins mauvais.

Puissent mes compatriotes être moins hostiles que d'habitude aux productions de l'esprit n'émanant pas d'une réputation établie !

Que nos grands confrères de France soient indulgents envers cette voix mal assurée qui leur arrive par delà le siècle et l'océan ; nous travaillons pour la bonne cause. Une nation n'a pas cessé d'être elle-même tant qu'elle a conservé son idiome. La politique internationale nous en a fourni un exemple, l'an passé.

Les fleurs sacrées des bords de la Seine que nous voulons cultiver ici, ont à souffrir de la neige et des grands vents ; pourtant, si elles sont chétives, l'espèce en est bonne... elles s'acclimateront... nous verrons à ce qu'elles ne meurent pas. Hardi ! Les amis, à l'œuvre !

Les Étoiles filantes

PREMIÈRE PAGE D'UN MÉMORIAL[1]

Lorsque les ans auront glacé mon cœur,
Et sur mon front mis leur blanc diadème,
Quand j'aurai vu tous les rêves que j'aime
S'évanouir au souffle du malheur.

Si la souvenance d'un temps meilleur
Ne me rend pas l'ombre de ma bohème,
Devant la faulx de la Camarde blême
Je pousserai mon cadavre, sans peur !

Aussi, pour vivre aux heures de détresse,
Pour éclairer la nuit de ma vieillesse
Au soleil qui brille sur mes vingt ans,

Mémorial, je confie à tes pages
Ces fugitifs et consolants messages
Qu'à mon hiver adresse mon printemps.

---

1. Pièce publiée dans *La Patrie*, 21ᵉ année, n° 2, 25 février 1899, p. 8. col. 5. Également dans *Les Soirées du Château de Ramezay*, 1900, p. 124 et dans *Le Monde Illustré*, 16ᵉ année, n° 833, 21 avril 1900, p. 822, coll. 1 et 2.

PREMIÈRE PARTIE

Les prostituées

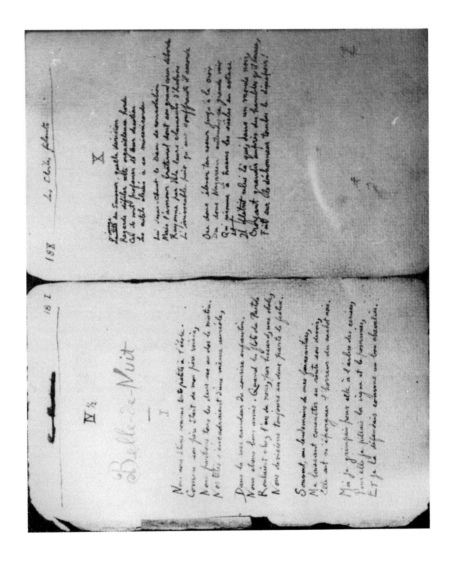

BELLE-DE-NUIT[2]

- I -

Nous nous étions connus tout petits à l'école.
Comme son père était de mon père voisin,
Nous partions tous les deux sac au dos le matin,
Nos têtes s'encadraient d'une même auréole.

Dans la rose candeur du sourire enfantin,
Nous étions bons amis. Quand les flots du Pactole
Roulaient chez l'un de nous, par hasard, une obole,
Nous divisions toujours en deux parts le festin.

Souvent, aux lendemains de mes fainéantises,
Me laissant consulter en route son devoir,
Elle sut m'épargner l'horreur du cachot noir.

Moi, je grimpais pour elle à l'arbre des cerises,
Pour elle je pillais la vigne et le pommier,
Et je la défendais comme un bon chevalier.

- II -

Plus tard, à l'âge d'or où dans notre poitrine
Vibre l'enchantement des frissons amoureux,
À l'âge où l'on s'égare au fond des rêves bleus,
Sans songer à demain et ce qu'il nous destine,

Sous les érables du grand parc, à la sourdine,
Nous nous cachions, loin des oreilles et des yeux,
Et, son front virginal penché sur mes cheveux,
Ensemble nous lisions le divin Lamartine.

---

2. Dans le manuscrit du poète, *Les Étoiles Filantes*, *Les Prostituées*, p. 18 (I) à 18 (X). Marie Gill publiera les trois premiers sonnets sous le titre de *Premier Amour*, dans *Le Cap Éternité*, *poème suivi des Étoiles Filantes*, 1919, p. 140-142.

Oui ! nous avons vécu l'âge de mes seize ans
Où le cœur entend mieux ce que la lyre exprime,
Parmi les vers d'amour frappés au coin sublime.

Oui ! nous avons connu les baisers innocents,
Sur le lac de cristal que la nacelle effleure,
Devant le livre ouvert à la page où l'on pleure.

- III -

Comme ils coulaient heureux ces beaux jours d'autrefois !
Comme nous nous aimions avec nos âmes blanches !...
Dans les sentiers discrets émaillés de pervenches
Qu'épargnaient en passant ses brodequins étroits,

Nous allions écouter l'harmonieuse voix
Des souffles attiédis qui chantaient dans les branches ;
Nous mêlions au murmure infini des grands bois
L'écho de nos serments et de nos gaîtés franches.

Fervents du clair de lune et des soirs étoilés,
Nous allions réveiller les nénuphars des plages,
Inclinant sur les flots leurs corps immaculés.

Et nous aimions unir nos riantes images
Aux scintillants reflets des milliers d'astres d'or,
Dans l'immense miroir du Saint-Laurent qui dort.

- IV -

Pour l'amour éternel nos âmes semblaient nées,
Quand bientôt se leva l'aube des jours amers ;
L'irrévocable loi des sombres destinées
Étendit entre nous l'immensité des mers.

Pendant le sombre envol des funestes années
Je ne les revis pas les yeux qui m'étaient chers,
Et vous ne buviez plus la vie à leurs éclairs,
Ô mes illusions, ô mes abandonnées !

Je dévorais, au fond de mon éloignement,
Comme un présent du ciel, les lettres enflamées [*sic*]
Qu'elle écrivait d'abord. Puis, graduellement,

Se tut le doux écho des paroles aimées...
Je n'eus pas son adieu, mais sur mon front pâli,
Sa main rose allongea le soufflet de l'oubli.

- V -

Au retour, on m'apprit sa navrante conduite,
Ses amours, et sa chute, et quel grand désespoir,
Devant l'iniquité de la foule hypocrite,
Balaya cette fleur de l'Éden au trottoir.

J'appris que son bellâtre, après l'avoir séduite,
Était parti. Je sus quelle maison, le soir
Elle hantait, le nom qui protégeait sa fuite...
Et malgré ma douleur, j'ai voulu la revoir.

Je m'en fus lui porter la lugubre nouvelle
Qu'un homme, trouvé mort au coin d'une ruelle,
Avait au bon endroit quatre pouces de fer...

Il a débarrassé la surface du monde !
Il a, sur un fumier vomi son sang immonde,
Avant que de vomir son âme dans l'enfer.

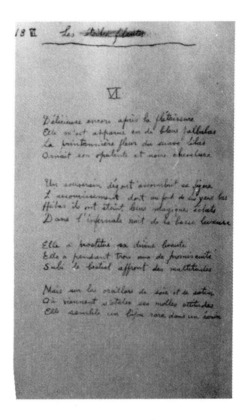

- VI -[3]

(À Albert Laberge)

Délicieuse encore[4] après la flétrissure
Elle m'est apparue en de bleus falbalas.
La printanière fleur du suave lilas
Ornait son opulente et noire chevelure.

---

3. Ce sonnet VI, auquel Gill donnera le titre de *Marie-Louise*, porte le titre, «À une
   syphilitique», dans une partie des Archives d'Albert Laberge déposées à
   l'Université Laval. D'autre part, Laberge a publié cette pièce dans *Peintres et
   écrivains d'hier et d'aujourd'hui*, Montréal, éd. privée, 1938, p. 106.
4. *Variante* : – Délaissée encore...

Un souverain[5] dégoût assombrit sa figure ;
L'assouvissement dort au fond de ses yeux las ;
Hélas ! Ils ont éteint leurs magiques éclats,
Dans l'infernale nuit de la basse luxure...

Elle a prostitué sa divine beauté[6].
Elle a pendant trois ans de promiscuité
Subi le bestial affront des multitudes ;

Mais sur les oreillers de soie et de satin
Où viennent s'étaler ses molles attitudes
Elle semble un bijou rare dans un écrin.

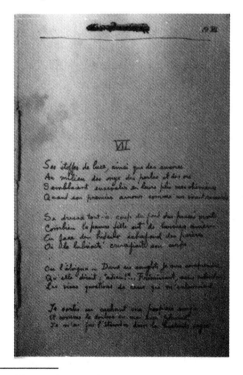

5. *Variante* : – Un ennui souverain...
6. *Variante* : – Premier tercet :
   Surprise aux trébuchets de l'infâme cité,
   Elle a prostitué sa divine beauté ;
   Elle a subi l'affront lascif des multitudes.

- VII -

Ses étoffes de luxe, ainsi que des suaires
Au milieu des onyx des perles et des ors
Semblaient ensevelir en leurs plis mes chimères
Quand son premier amour comme un vivant remords

Se dressa tout à coup du fond des passés morts
Combien la pauvre fille eut de larmes amères
En face du hideux échafaud parères
Où la lubricité crucifiait son corps.

On l'éloigne... Dans ses sanglots je crus comprendre
Qu'elle disait : «adieu»... Frémissant, sans entendre
Les vives questions de ceux qui m'entouraient

Je sortis en cachant ma paupière rougie
Et comme la douleur en mon âme pleurait
Je m'en fus l'étourdir dans la hurlante orgie.

- VIII -

J'oublierai que tu fus «Belle-de-Nuit». Reviens
Car mon amour est grand si ta chute est profonde
Que ta désespérance à mon pardon réponde
Je saurai les briser tes infâmes liens.

Je nargue le mépris de ces Pharisiens,
Qui sous leurs oripeaux cachent leur lèpre immonde
Et traînant leur orgueil dans le temple du monde
Outragent le malheur comme aux siècles anciens.

Malgré la raillerie et la sourde huée
Dans le ruisseau maudit où s'égarent tes pas
Relève donc le front, pauvre prostituée.

Plus avili que toi, devant les chapeaux bas
Défile, respecté, maint trafiquant infâme
Qui vendrait son ami, sa patrie, et son âme.

- IX -

Celui-ci, le boursier opulent et voleur,
Nulle prison pour lui n'entr'ouvrira sa grille.
Il peut en sûreté dépouiller la famille
Et semer en chemin la ruine et le malheur.

Celui-là dont le peuple admire la splendeur,
Il achète aux parents la vertu de leur fille.
Il rampe dans la vie où sa noblesse brille,
Il passe dignement dans toute sa hideur.

Cet autre, diplomate adoré de la foule,
Érigeant son veau d'or sur les bonheurs qu'il foule,
Il fait s'entr'égorger le troupeau des humains.

Oui devant les sanglots des mères éplorées,
Devant les pâles fronts des petits orphelins,
Il prépare aux corbeaux leurs hideuses curées.

- X -

L'image du Sauveur, quelle dérision,
Regarde défiler cette orgueilleuse horde,
Car ils vont profaner de leur dévotion,
Les autels élevés à sa miséricorde.

Lui, Jésus-Christ le Dieu de consolation,
Mais l'amour fraternel dont son grand cœur déborde,
Rayonne par delà leurs clameurs d'histrion,
L'irrévocable paix qu'aux souffrants il accorde.

Ose donc élever ton cœur jusqu'à la croix
Du doux Nazaréen, entends sa grande voix
Qui résonne à travers les siècles en extase.

Il flétrit celui-là qui, dans un monde noir,
Croyant grandir auprès des humbles qu'il écrase,
Fait sur le déshonneur tomber le désespoir !

À UNE SYPHILITIQUE[7]

J'avais déposé sur la table
L'or que tu me rends en volupté
Et mon instinct m'avait jeté
Sur ta chair que le vice accable.

Quand, par un geste secourable,
Tu démasquas ta nudité,
Montrant avec tant de beauté
L'horreur d'une tare incurable.

Quoi ! malgré les coups du destin
Malgré tes rancœurs et tes hontes,
Tu prends pitié d'un libertin ? ...

Ah ! quand, à l'heure des grands comptes
Sera posé ton cœur éteint,
Dieu te pardonnera, putain !

---

7. Ce deuxième sonnet est publié dans *Peintres et écrivains d'hier et d'aujourd'hui*, 1938, p. 106.

LA MORT DE LISE[8]

- I -

Lise est morte ! La fleur de sa lèvre est fanée.
Oh ! le corgège en cette allée où les lilas,
Témoins de notre amour au printemps de l'année,
Penchaient sur son cercueil leur front lourd de verglas !

Lise est morte ! Ses yeux ont éteint leurs éclats :
Nul astre désormais guide sa destinée.
Seule en le grand désert mon âme abandonnée
Entend sonner l'adieu funèbre de son glas.

Lise est morte ! Le glas vibre en ma souvenance ;
Les larmes de l'airain tombent dans le silence
Effrayant qui remplit la morne paix du soir.

Sonne ! ô glas, pour scander les plaintes de ma lyre !
Sanglot de bronze, ô glas qui évoque mon délire,
Tu peux gémir, car dans mon cœur est mort l'espoir !

- II -

Sur le tertre sacré que son buste décore,
J'ai veillé bien des nuits, seul avec mes douleurs :
Avant qu'un noir oubli vienne sécher mes pleurs,
Les étoiles longtemps m'y reverront encore.

Dans la douce clarté des lunaires pâleurs,
J'irai parler tout bas à celle que j'adore ;
J'irai saluer, quand les feux de l'aurore
Dorant son blanc profil réveilleront les fleurs...

---

8. Publiée dans *La Presse*, 18e année, n° 307, 31 octobre 1902, p. 16, col. 4 et 5.
Gill employa le pseudonyme de Charles Sénécal. Cette même pièce sera publiée
par Marie Gill, sous le titre de *La mort de Rose*, dans *Le Cap Éternité poème
suivi des Étoiles filantes*, 1919, p. 143.

Des serments éternels je suis resté l'esclave.
La chaîne des regrets me retient à l'épave
Du beau navire sur lequel étaient partis

Nos rêves amoureux, livrés à la tourmente,
Qui gisent maintenant au sein de l'épouvante
Dans l'ombre de l'abîme à jamais engloutis !

- III -

Mais pour la retrouver au réveil de lumière,
J'espère, sainte Croix, en ta Divinité.
J'ai voulu t'implorer par la même prière
Qu'inspirait à son cœur croyant, la Vérité.

Par mon immense amour dans ton ciel emporté,
J'ai mis mon cœur plus noble et mon âme plus fière
Entre tes bras tendus à la nature entière,
Et qui se fermeront sur notre éternité.

Enfin ma lèvre impie, inspirée à ta flamme,
A désappris l'accent vil du blasphème infâme
Qui hurlait vers l'azur ses impuissants défis ;

Car, du fond de la mort, sa chère voix me clame
Que je la reverrai, si j'élève mon âme
Jusqu'à ton grand mystère, ô divin Crucifix !

44½

XX +

NEVER MORE

—

Non ce n'est pas pour toi Julia que j'ai chanté
Ce n'est pas dans ma nuit que doit briller la flamme
De l'étoile éclatante et chaste de ton âme
Trop longtemps j'ai nagé dans trop de volupté

Le baiser qui déjà sur ta bouche a palpité
Je ne saurais goûter la douceur de son miel
Maintenant que ma soif a vidé tout le fiel
Que m'a versé la Vie... ... coupe maudite

De lèvres dont l'accent virginal peut oser
Se joindre dans l'éther aux musiques des anges
Qu'elles vibrent plus haut que les terrestres fanges
Car je veux leur prière et non pas leur baiser

Car je veux leur prière avant que la grande ombre
Engloutisse l'effroi de mon suprême adieu
Moi qui n'ose implorer la clémence de Dieu
Lâche et désespéré dans l'abîme où je sombre.

Je n'ai pas mérité le pardon de ton cœur
Mais puisse au moins l'éclat vibrant de nos amours
Garder mon souvenir pour que je chante encore
Dans la sonorité de ses échos vainqueurs

Pour que le premier cri de ton premier délire
Croquant la chanson de mes jours révolus
Insulte le néant quand je ne serai plus
Avec un vers d'amour accordé sur ma lyre.

NEVER MORE[9]

Non ce n'est pas pour toi, Julia, que j'ai chanté.
Ce n'est pas dans ma nuit que doit briller la flamme
De l'étoile éclatante de ton âme. [*sic*]
Trop longtemps j'ai nagé dans trop de volupté.

Le baiser qui déjà sur ta bouche palpite,
Je ne saurais goûter la douceur de son miel
Maintenant que ma soif a vidé tout le fiel
Que m'a versé la Vie en sa coupe maudite.

Ô lèvres dont l'accent virginal peut oser
Se joindre dans l'éther aux musiques des anges,
Qu'elles vibrent plus haut que les terrestres fanges
Car je veux leur prière et non pas leur baiser.

Car je veux leur prière avant que la grande ombre
Engloutisse l'effroi de mon suprême adieu,
Moi qui n'ose implorer la clémence de Dieu,
Lâche et désespéré dans l'abîme où je sombre.

Je n'ai pas mérité le frisson de ton cœur,
Mais puisse au moins l'éclat vibrant de son aurore,
Garder mon souvenir pour que je chante encore
Dans la sonorité de son écho vainqueur.

Pour que le premier cri de ton premier délire,
Évoquant la chanson de mes jours révolus,
Insulte le néant quand je ne serai plus,
Avec un vers d'amour accordé sur ma lyre.

---

9. Cette pièce se trouve sous le titre *Never More XX, 4* dans le manuscrit du poète, *Les Étoiles Filantes, Les Prostituées*, p. 44½. Cette pagination avec des fractions correspond au verso de la page manuscrite. Gill tentera d'immortaliser Juliette Boyer (Julia) comme Dante avait immortalisé Béatrice Portinari.

DEUXIÈME PARTIE

Quintus Horatius Flaccus
(traductions)

Quintus Horatius Flaccus   31

XXII/2

A Lollius

(Ode IX, liv IV)

Modulés sur un rythme à nul autre emprunté,
Mes chants retentiront dans la postérité;
L'Aufide l'a promis à mon heureuse aurore:
Je suis né près des flots dont le fracas sonore,
Dans le déclin des jours par la brise emporté,
Des horizons lointains emplit l'immensité.

Pindare, Simonide, Alcée et Sthésicore
Ne sont pas oubliés, malgré qu'au premier rang,
Homère, le plus vieux, soit aussi le plus grand;
Les vers d'Anacréon nous ravissent encore,
Et Sapho vit toujours: le frisson pénétrant
Qu'elle imprima jadis aux cordes de sa lyre,
Fait vibrer en nos cœurs son amoureux délire.

D'autres femmes qu'Hélène ont apaisé leur chair,
Éprises d'un amant pour sa riche parure,
Pour sa nombreuse suite, ou pour sa chevelure.
Plus d'un habile archer vécut avant Teucer.
Le beau ciel d'Ilion pleura plus d'un pillage;
Avant que Déiphobe et le farouche Hector
Fussent tombés blessés dans le sanglant décor,
En voulant disputer au honteux esclavage
Leur épouse pudique et leurs petits enfants.
Autant que Sthénélus, autant qu'Idoménée,
Pour ses exploits guerriers plus d'une âme bien née
D'un poète sacré hérita les accents;
Car Mars faisait briller sa divine étincelle

À LOLLIUS[1]

(Ode IX, liv. IV)

Modulés sur un rythme à nul autre emprunté,
Mes chants retentiront dans la postérité ;
L'Aufide l'a promis à mon heureuse aurore :
Je suis né près des flots dont le fracas sonore,
Dans le déclin des jours par la brise emporté,
Des horizons lointains emplit l'immensité.

Pindare, Simonide, Alcée et Sthésicore
Ne sont pas oubliés, malgré qu'au premier rang,
Homère, le plus vieux, soit aussi le plus grand ;
Les vers d'Anacréon nous ravissent encore,
Et Sapho vit toujours : le frisson pénétrant
Qu'elle imprima jadis aux cordes de sa lyre,
Fait vibrer en nos cœurs son amoureux délire.

D'autres femmes qu'Hélène ont brûlé dans leur chair
Éprise d'un amant pour sa riche parure,
Pour sa nombreuse suite, ou pour sa chevelure.
Plus d'un habile archer vécut avant Teucer.
Le beau ciel d'Illion pleura plus d'un pillage,
Avant que Deiphobe et le farouche Hector
Fussent tombés blessés dans le sanglant décor,
En voulant disputer au honteux esclavage
Leur épouse pudique et leurs petits enfants.
Autant que Sthénélus, autant qu'Idoménée,
Pour ses exploits guerriers plus d'une âme bien née
D'un poète sacré mérita les accents,
Car Mars faisait briller sa divine étincelle

---

1. Cette traduction fut publiée dans *Le Cap Éternité, poème suivi des Étoiles Filantes*, 1919, p. 154. On retrouve également cette pièce dans le manuscrit du poète *Les Étoiles Filantes, Quintus, Horatius Flaccus*, p. 51-52, sous le titre de *A Lollius, XXI½, ode IX, livre IV*. Dans les odes traduites par Gill, il existe un parallèle frappant avec les odes traduites par M.-F. Bardi de Fourton (ces traductions datent de 1879).

Aux glaives des héros, avant Agamemnon ;
Mais la Muse loin d'eux ayant ouvert son aile,
Ils se sont engloutis dans la nuit éternelle,
Oubliés pour toujours, sans regrets et sans nom.
Le brave mort dont nul ne garde la mémoire,
Diffère, hélas ! bien peu du lâche enseveli.
Je ne souffrirai pas que l'envieux oubli
Dérobe impunément tes vertus à la gloire ;
Je ne manquerai pas de clamer dans mes vers
Ton grand nom, Lollius, toi dont l'âme éclairée
Plane sur les faveurs du sort et ses revers.
Tu vis indifférent à l'immonde curée
De l'or qui corrompt tout, et tu sais châtier
L'avarice et le vol. Juge bon et fidèle,
À plus d'un consulat ta droiture t'appelle,
Toi qu'on vit repousser avec un front altier
Les coupables et leurs cadeaux, toi qui préfères
L'honneur à l'intérêt, toi qui, victorieux,
Te redressas devant les factions grossières
Voulant te résister. Des bienfaits que les dieux
Ont daigné t'accorder tu profites en sage.
Comme loin de l'argent tu cherches le bonheur,
La dure pauvreté n'abat point ton courage.
Plus que la pâle Mort craignant le déshonneur,
Tu donnes cet exemple à mainte âme flétrie :
Mépriser le danger pour servir la Patrie.

À SESTIUS[2]

(Ode IV, Liv. I)

Déjà, le laboureur ne veille plus à l'âtre,
Le troupeau vagabond[3] gambade autour du pâtre,
Le givre et le frimas[4] n'attristent plus les champs.
Le zéphir a chassé du ciel les noirs nuages,
On a remis à flots les carènes des plages :
Le rigoureux hiver fait place au doux printemps.
Sous le croissant d'argent, les Nymphes, jamais lasses,
Dansent d'un pied léger en se joignant aux Grâces,
Conduites par Vénus, qui surveille le jeu
Voluptueux et lent de leur taille flexible.
Les cyclopes sont prêts pour leur travail pénible,
Cependant que Vulcain met les forges en feu.
C'est bien à cette époque heureuse de l'année
Qu'il sied de parfumer sa tête couronnée ;
C'est maintenant, qu'à Faune il convient d'immoler
L'agnelle ou le chevreau, selon qu'il le préfère,
Sous les arbres sacrés, quand leur ombre légère
Vient sur le dieu rieur, doucement s'étaler.
La pâle Mort, au palais comme à la chaumière
Heurtant avec le pied d'une égale manière,
Confond le misérable et le roi tout puissant.
Opulent Sestius ! notre brève existence
Nous défend d'escompter une grande espérance :
À nous donc de saisir le bonheur en passant !
Bientôt, la froide nuit, que le séjour des mânes
Recèle en son horreur, pèsera sur nos crânes,

---

2. Traduction publiée dans *Les Soirées du Château de Ramezay*, 1900, p. 125 ; également dans *Le Cap Éternité, poème suivi des Étoiles Filantes*, 1919, p. 157. Variantes : Marie Gill a placé les trois premiers vers après «Le Rigoureux hiver...».
3. – Le libre troupeau gambade...
4. – La blancheur du frimas...

Car Pluton nous attend dans l'antre du destin ;
Quand une fois pour nous ses portes seront closes,
Nos fronts ne ceindront plus la couronne de roses,
Tu n'admireras plus — avec ton œil éteint —
Le tendre Lycidas qui charme la jeunesse,
Nous ne connaîtrons plus les heures d'allégresse
Où nous tirons au sort un roi pour le festin.

AD AMPHORAM[5]
À UNE AMPHORE

(Ode XXI, livre III)

Nous sommes nés ensemble, au temps déjà lointain
Du consul Manlius, amphore bleu-aimée !
Que me réserves-tu, depuis lors, dans ton sein ?
La peine ? le bonheur ? les jeux ?... Quelle fumée
Pourra bien dégager ton Massique vermeil ?
Tu fus assez longtemps au cellier enfermée :
Corvinus est d'avis que les vins les plus vieux
Méritent d'arroser à la fin des jours heureux. [*sic*]
Et bien qu'il soit imbu des leçons de Socrate,
Il ne dédaigne pas ta saveur délicate,
Tout austère qu'il est, car, le bon vin, dit-on,
A même déridé la vertu de Caton.

Au trop rigide esprit tu sais faire violence ;
Le désordre éloquent de tes joyeux affets[6]
Dévoile les soucis du sage et ses secrets ;

---

5. Publiée pour la première fois dans *Les Débats*, 1ʳᵉ année, n° 20, 15 avril 1900, p. 2, col. 1.
   On retrouve cette traduction dans le manuscrit du poète, *Les Étoiles Filantes*, *Quintus Horatius Flaccus*, p. 53 sous le titre de *À une Amphore, XXIV, (ode xxi, livre iii)*.
6. Affets, licence poétique de « affété ».

Horatius Flaccus 53

XXI

A une Amphore

———— (ode XXI, liv. III)

Nous sommes nés ensemble, au temps déjà lointain
Du consul Manlius, amphore bien-aimée !
Que me réserves-tu, depuis lors, dans ton sein ?
La peine ? le bonheur ? les jeux ?.. Quelle fumée
Pourra bien dégager ton Massique vermeil ?
Qu'elle engendre l'amour, le trouble ou le sommeil,
Tu fus assez longtemps au cellier enfermée :
Corvinus est d'avis que les vins les plus vieux
Méritent d'arroser la fin d'un jour heureux.
Et bien qu'il soit imbu des leçons de Socrate,
Il ne dédaigne pas ta saveur délicate,
Tout austère qu'il est, car le bon vin, dit-on,
A même déridé la vertu de Caton.

Au trop rigide esprit tu sais faire violence ;
Le désordre éloquent de tes joyeux effets
Dévoilent les souhaits du sage et ses secrets ;
Dans les cœurs tourmentés tu verses l'espérance ;
Après boire, enhardi, le pauvre ne craint pas
La colère des rois ni l'arme des soldats.

Que la blonde Vénus vienne à nous, et demeure,
Avec les Grâces et Liber, toute la nuit ;
Nos flambeaux près de toi veilleront jusqu'à l'heure
Où, Phœbus revenant, les étoiles s'enfuient.

Avant ....

Dans les cœurs tourmentés tu verses l'espérance ;
Après boire, enhardi, le pauvre ne craint pas
La colère des rois ni l'arme des soldats.

Que la blonde Vénus vienne à nous et demeure,
Avec les Grâces et Liber, toute la nuit.
Nos flambeaux veilleront près de toi, jusqu'à l'heure
Où, Phoebus revenant, les étoiles s'enfuient.

AD DELLIUM[7]

- I -

O Dellius ! souviens-toi[8] dans l'épreuve et la peine
Dans les félicités que le sort peut t'offrir[9],
De conserver une âme également sereine
      Car il faudra mourir.

- II -

Soit que ton cœur toujours[10] ait langui de tristesse,
Soit que, loin des tracas, tu te sois réjoui,
Buvant, couché sur l'herbe en des jours de liesse,
      Le Falerne vieilli.

---

7. Publiée dans *Le Nationaliste*, 1ʳᵉ année, n° 9, 1ᵉʳ mai 1904, p. 1, col. 2 et 3. Cette traduction se trouve dans le manuscrit du poète aux pages 55 et 56, sous le titre *Ad Dellium XXV½*. Traduction publiée dans *Le Cap Éternité, poème suivi des Étoiles filantes*, 1919, p. 156.
Précédant ce poème, il y avait *A Neera*, mais le titre seulement, n° XXV, p. 54.

Marie Gill publie avec des variantes :
8. – Souviens-toi, Dellius,
9. – peut t'offrir,
10. – sans trêve

- III -

En ce lieu d'ombre fraîche où la blanche ramure[11]
Du peuplier se joint au pin majestueux[12],
Où le cours fugitif de ce ruisseau murmure[13]
    Dans un lit sinueux,

- IV -

Ordonne d'apporter les parfums et l'amphore
Et du riant rosier les éphémères fleurs,
Heureux vivant, tandis que le permet encore
    Le noir fil des trois sœurs.

- V -

Il faudra le quitter ton domaine splendide :
Ta villa que le Tibre arrose de flots d'or,
Il faudra la quitter ; et l'héritier avide
    Jouira de ton trésor.

- VI -

Qu'importe que tu sois pauvre[14] et de race infime
Ou riche descendant de l'antique Inachus,
Ou bien sans autre toit que l'azur, ô victime
    De l'implacable Orcus !

- VII -

Nous sommes tous poussés au même précipice ;
Car de l'urne sorti, notre destin mortel
Nous jette tôt ou tard dans la barque qui glisse
    Vers l'exil éternel.

---

11. – À l'ombre hospitalière où frémit la ramure
12. – Du peuplier d'argent et du pin orgueilleux,
13. – Au bord de ce ruisseau fugitif qui murmure
14. – Qu'importe que tu sois issu de race infime

A LEUCONOE[15]

(Ode XI, liv. I)

Leuconoe, ne cherche pas à deviner
Quelle fin les dieux ont bien pu nous destiner :
Le savoir ne ferait le bonheur de personne ;
N'interroge pas les calculs de Babylone.
Oh ! qu'il serait préférable de s'incliner,
Quoi qu'il arrive, soit que le ciel nous accorde
De revoir plusieurs fois les neiges de l'hiver,
Soit que celui qui maintenant brise la mer
Tyrrhénienne sur le môle qui la borde,
Ait été le dernier marqué par Jupiter.
Crois-moi, filtre tes vins ; que ton âme assagie
Mesure ses espoirs au cours bref de la vie !...
Tandis que nous parlions, le Temps jaloux a fui :
Sans croire au lendemain, saisis-toi d'aujourd'hui.

---

15. Cette traduction fut publiée dans *Le Cap Éternité, poème suivi des Étoiles filantes*, 1919, p. 153.

TROISIÈME PARTIE

En haut

L'AIGLE[1]
Envoi de Fleur Ailée

Dans cette cage où des bourreaux l'avaient jeté,
L'espérance faisait frémir ses grandes ailes,
Et sans que le malheur eût vaincu sa fierté,
Son regard convoitait les sphères éternelles.

---

1. Cette pièce fut publiée dans *La Patrie*, 21e année, n° 2, 25 février 1899, p. 8, col. 5. Le critique français De Marchy écrira : «Quant à M. Ch. Gill, c'est un artiste : je me suis trouvé doucement bercé par un sonnet à Lamartine, sans pouvoir distinguer toutes les finesses nécessaires à l'analyse. Cependant *L'Aigle* offrait une belle envergure, c'était vraiment le roi du ciel, entrevu, dans l'éther limpide par l'œil et l'imagination d'un peintre auquel aucun contour n'échappe, après avoir fixé dans sa mémoire une silhouette aperçue.» Dans *Le Monde Illustré*, 15e année, n° 775, 11 mars 1899, p. 707, col. 2. Cet article est daté du 28 février 1899. On retrouvera ce sonnet dans *Les Soirées du Château de Ramezay*, 1900, p. 119. Marie Gill publiera ce même sonnet dans *Le Cap Éternité, poème suivi des Étoiles Filantes*, 1919, p. 111. Enfin voici la traduction que le poète avait faite de ce sonnet. Cette traduction se trouve dans le *Cahier de coupures II*, p. 6. Ce sonnet ne suit pas les règles de la métrique anglaise, i.e. le décasyllabique dont on trouve de bons exemples chez Tennyson.

THE EAGLE

As his pride was not yet vainquished
In the cage where cruel goalers had thrown him,
His anxious glance sought the depth of the sky
Hope caused his large wings to flutter.

I ended the horror of his captivity.
His powerfull eyes glowed with the fire of his soul,
Whilst, unfolding the beauty of his majestic form
He ascended to the azure and to liberty.

O Eagle who fliest now towards the stars of God,
If thy heart has kept for me any gratitude,
Thou canst give much for thy simple delivrance.

Conqueror of space, take my memory for above;
Share thou with me thy immense glory,
When thou wilt scar in the endless blue !

Je mis fin à l'horreur de sa captivité ;
Son âme illumina ses puissantes prunelles,
Quand, déployant l'ampleur de ses formes si belles,
Il monta dans l'azur et dans la liberté...

Si ton cœur m'a gardé de la reconnaissance,
Tu peux payer bien cher ta simple délivrance,
Toi qui fuis maintenant vers les astres de Dieu.

Conquérant de l'espace, emporte ma mémoire !
Daigne m'associer à ton immense gloire,
Lorsque tu planeras dans le beau pays bleu !

LARMES D'EN HAUT[2]

Vous portiez, à ce bal, les deux plus belles roses ;
En les entrelaçant dans l'or de vos cheveux.
Naïf, je leur avais confié les aveux,
Lâchement retenus entre vos lèvres closes.

Vous en avez flétri l'éphémère splendeur
Dans l'étourdissement des valses enivrantes,
Et leur âme a mêlé ses ondes odorantes
Aux sons harmonieux du violon rêveur.

Et puisque, désormais, leur beauté disparue
Ne pouvait à la vôtre ajouter d'apparat,
Je vous vis les livrer aux hasards de la rue
Comme un vil oripeau qui perdrait son éclat.

---

2. Pièce publiée pour la première fois dans *Les Débats*, 1re année, n° 1, 3 décembre 1899, p. 1, col. 2.
   L'on mentionne également cette pièce dans l'article, *L'École Littéraire, la dernière séance publique*, dans *La Presse*, 11e année, n° 173, 26 mai 1899, p. 7, col. 3.
   Dans *Les Soirées du Château de Ramezay*, p. 132 ; publiée aussi dans *La Patrie*, 24e année, n° 59, 3 mai 1902, p. 18, coll. 3 à 7 ; également dans *La Patrie*, 26e année, n° 272, livre du 14 janvier 1905, p. 22, col. 1 et 2 ; enfin dans *Le Cap Éternité, poème suivi des Étoiles Filantes*, p. 148.

Vous n'auriez pas jeté du rêve aux gémonies,
Si vous aviez compris ces messages des cœurs...
Combien d'illusions, à tout jamais bannies,
Roulèrent au trottoir avec les pauvres fleurs!...

Dès qu'aux premiers rayons, l'aurore ouvrit ses portes,
J'allai les recueillir; le frimas matinal
Émaillait leurs débris de larmes de cristal:
La nuit avait pleuré sur les deux roses mortes.

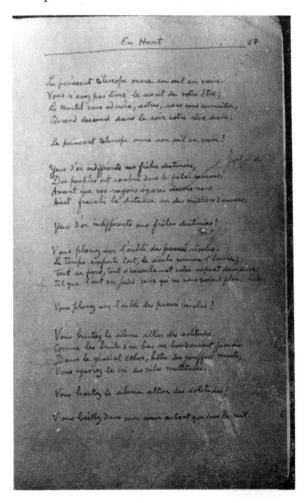

STANCES AUX ÉTOILES[3]

Étoiles! tourbillon de poussière sublime
Qu'un vent mystique emporte au fond du ciel désert,
À vouloir vous compter, notre calcul se perd,
Dans le vertigineux mystère de l'abîme,
Étoiles, tourbillon de poussière sublime!

Le puissant télescope ouvre son œil en vain.
Vous n'avez pas livré le secret de votre être,
Et nous vous admirons sans pouvoir vous connaître,
Quand descend dans le soir votre rêve divin.
Le puissant télescope ouvre son œil en vain!

Yeux d'or indifférents aux frêles destinées,
Des peuples ont sombré dans le fatal remous,
Avant que vos rayons égarés devers nous
Aient franchi la distance en des milliers d'années.
Yeux d'or indifférents aux frêles destinées!

Vous planez sur la Mort, vous planez sur l'oubli.
Le temps emporte tout, le siècle comme l'heure,
Tout se perd, tout s'écroule... et votre aspect demeure
Tel qu'il le fut jadis pour maint enseveli.
Vous planez sur la Mort, vous planez sur l'oubli!

---

3. Cette pièce se trouve dans le manuscrit *Les Étoiles Filantes, En Haut*, p. 66-67 (la page 66 manque dans le manuscrit); aussi dans le *Cahier de coupures n° II*, p. 7, col. 1 et 2. Elle était annoncée dans *La Presse*, 11ᵉ année, n° 173, 26 mai 1899, p. 7, col. 3. Le lendemain dans *La Presse*, 27 mai 1899, p. 7, col. 3 et 4, un critique écrivait: «Charles Gill est un poète de haute envolée. Les pièces qu'il a récitées et surtout les *Stances aux étoiles* ont eu beaucoup de succès.» (p. 7, col. 4). Le même jour, *La Patrie*, 21ᵉ année, n° 78, 27 mai 1899, p. 9, col. 3, citait ces *Stances aux étoiles*. Dans *Les Débats*, 1ʳᵉ année, n° 25, 20 mai 1900, p. 8, col. 1, l'on cite ces *Stances*. On les retrouvera dans *Les Soirées du Château de Ramezay*, 1900, p. 136-137. Enfin elles sont publiées dans *Le Cap Éternité, poème suivi des Étoiles Filantes*, 1919, p. 89-90.

Vous hantez le silence altier des solitudes.
Comme les bruits d'en bas ne bourdonnent jamais
Dans le glacial éther, hôtes des gouffres muets,
Vous ignorez le cri des viles multitudes.
Vous hantez le silence altier des solitudes !

Vous brillez dans mon cœur autant que dans la nuit.
— Ô merveille des cieux, tu tiens là tout entière ! —
J'y garde vos reflets comme en un sanctuaire,
Et plus d'un noir chagrin devant eux s'est enfui.
Vous brillez dans mon cœur autant que dans la nuit !

Phares de l'Infini, vous éclairez mon âme !
Votre immense problème atteint l'Éternité ;
Vous me révélez Dieu par votre majesté :
Je vois luire son nom dans vos disques de flamme,
Phares de l'infini, vous éclairez mon âme !

Oh ! guidez-vous les morts dans leur envol vers Dieu ?
Mon esprit, délivré du fardeau périssable,
S'engloutira peut-être en l'ombre irrévocable,
Ignorant de sa route, après l'ultime adieu,
Oh ! guidez-vous les morts dans leur envol vers Dieu ?

Je t'adore, ô splendeur des étoiles sans nombre !
Élevant ma pensée à ton niveau géant,
J'ai vu l'âme immortelle et nié le néant,
Car, à te contempler, j'ai grandi dans mon ombre !...
Je t'adore, ô splendeur des étoiles sans nombre !

FUMÉE[4]

L'océan reposait. Les feux du bâtiment[5]
Déroulaient leurs flocons sous un ciel sans nuage[6] :
Ils suivaient en spirale, au sein du firmament[7],
Les sinuosités de l'écumeux sillage.

Ce charbon, affligeant l'azur comme un outrage[8]
Volait à la palette de l'éloignement
Un coloris de pourpre et d'or : brillante image
De la beauté qui trompe et du rêve qui ment...

Gare à l'aspect fardé des ténébreuses choses[9]
Luisant d'un pur éclat au fond des lointains roses,
Gare au charme enjôleur des belles visions.

Ô mortels qui voguez sur l'Océan du Monde,
Vous que le vent emporte à quelque nuit profonde,
Dans l'éblouissement de vos illusions !

ORGUEIL[10]

Le regard des humains dans l'Infini s'abîme,
L'immensité l'égare au seuil du merveilleux ;
Mais, planant en l'abstrait, essor mystérieux,
Leur esprit va plus loin que l'insondable abîme,
Puisqu'au-delà du Temps et du Nombre emporté,
Il a deviné Dieu dans son Éternité...

---

4. Ce sonnet fut publié dans *Les Soirées du Château de Ramezay*, 1900, p. 123. Gill devait le publier sous un autre titre, *Marine*, dans *Les Débats*, 1re année, n° 50, 11 novembre 1900, p. 1, col. 1.
   Voici quelques variantes :
5. – L'Océan reposait *sous un ciel sans nuage*
6. – *Les noirs* flocons *lancés par notre bâtiment*
7. – *En spirales suivaient*, au sein du firmament.
8. – *Cette tache* affligeait l'azur comme un outrage.
9. – *Songez à la fumée, aux* ténébreuses choses
10. Publié dans *Les Soirées du Château de Ramezay*, 1900, p. 131. Également dans *Le Cap Éternité, poème suivi des Étoiles Filantes*, 1919, p. 112.

LES DEUX VEILLEUSES[11]

Ô Mort ! sombre océan où tout être s'immerge,
Laisse au moins flotter la souvenance ! — Songeur,
J'évoquais nos rapides instants de bonheur,
Tandis que je veillais au chevet de la Vierge.

Véga, du haut des cieux, sur le linceul de serge,
À la lueur d'en bas unissait sa lueur ;
Et le vent dont la plainte scandait ma douleur,
N'éteignit pas l'étoile et vint souffler le cierge.

Mémoire des beaux jours ! suave écho du cœur !
Comme l'astre lointain, des ténèbres vainqueur,
Dispersant ses rayons dans la nuit de l'abîme.

Puisses-tu luire seule en la nuit du passé !
Que par ton doux éclat, soit toujours éclipsé
Le flambeau du chagrin qu'un souvenir ranime !

IMPROMPTU[12]

Ô le charme des fleurs, quand tout s'endort sur terre !
Quand la blonde Phoebé leur prête son mystère ;
Quand tu descends sur nous, calme majestueux ;
Quand un souffle attiédi mollement les balance ;
Quand leur âme suave embaume le silence
Grandiose et troublant du soir voluptueux !

---

11. Publié dans *Les Soirées du Château de Ramezay*, 1900, p. 129.
12. Cette pièce fut publiée dans *Les Soirées du Château de Ramezay*, 1900, p. 134.

CHANSON[13]

À Ernest Lavigne

Les aigles ont des ailes
Pour enivrer d'azur leurs libres majestés;
Pour mettre plus de feu céleste en leurs prunelles
Et pour régner en paix dans les immensités,
　　Les aigles ont des ailes!

Les anges ont des ailes
Pour planer au chevet des enfants endormis;
Pour emporter, du fond des splendeurs éternelles,
Des auréoles d'or à leurs petits amis,
　　Les anges ont des ailes!

Les âmes ont des ailes
Dans l'essor infini, pour immortaliser
L'éphémère frisson de nos amours mortelles;
Après l'adieu suprême et le dernier baiser,
　　Les âmes ont des ailes!

---

13. Cette pièce fut publiée dans *La Presse*, 8 février 1902, p. 15, col. 3 et 4; aussi
dans *La Patrie*, 3 mai 1902, p. 18, col. 3 et 7. Enfin dans *Le Cap Éternité, poème
suivi des Étoiles Filantes*, 1919, p. 150.

LES DEUX ÉTOILES[14]

Comme des oiselets fuyant les avalanches
Et sous la tendre mousse abritant leur duvet,
À son premier repos le Bébé réchauffait
Ses pieds roses blottis dans le nid des mains blanches.

Front sublime incliné sur l'aurore de Dieu,
La Vierge contemplait le sommeil ineffable
Du Nouveau-Né promis au monde misérable,
Et qui tremblait de froid dans la grotte sans feu.

Son être extasié tressaillait sous le charme ;
Quand Jésus s'éveillant aux chants des Séraphins,
Ouvrit le rêve bleu de ses grands yeux divins,
Le bonheur maternel fondit en une larme.

Noël irradia dans deux astres nouveaux :
L'étoile des trois rois mages, céleste guide,
Et cette larme, étoile auguste, plus splendide
Que l'éclat infini des nocturnes joyaux.

L'astre, éblouissement de l'ombre sans limite,
Au ciel oriental planait ; son disque ardent,
Par delà les déserts roulait vers l'Occident,
Et les savants pensifs calculaient son orbite ;

Mais comme la rosée aux pétales d'un lys
Peut réfléter l'aurore en son miroir d'eau vive,
Le pleur tremblant aux cils de la Petite Juive
Réflétait tout l'orgueil des destins accomplis.

---

14. Publié dans *La Presse*, 20 décembre 1902, page 29 col. 3 à 5. Dans *Le Cap Éternité, poème suivi des Étoiles filantes*, 1919, p. 106.

L'astre s'était paré de sa gloire stellaire
Aux foyers de l'espace, aux brasiers radieux
D'où sont nés les soleils épars au sein des cieux
Pour combler le néant de la nuit séculaire;

Mais, plus belle, la larme avait pris son cristal
Aux candeurs, aux fiertés, à la douceur d'une âme,
À l'attendrissement suave de la femme,
Aux palpitations d'un baiser virginal!

L'astre des rois venait du sidéral prodige
Que notre esprit confond avec l'éternité:
Par les tourbillons noirs de l'Éther emporté,
Il s'était englouti dans l'effrayant vertige;

Mais le pleur émané de l'amour maternel,
D'une autre immensité rayonnement sublime,
Descendait de plus haut que l'insondable abîme,
Car le cœur d'une mère est plus grand que le ciel.

QUATRIÈME PARTIE

Acrostiches

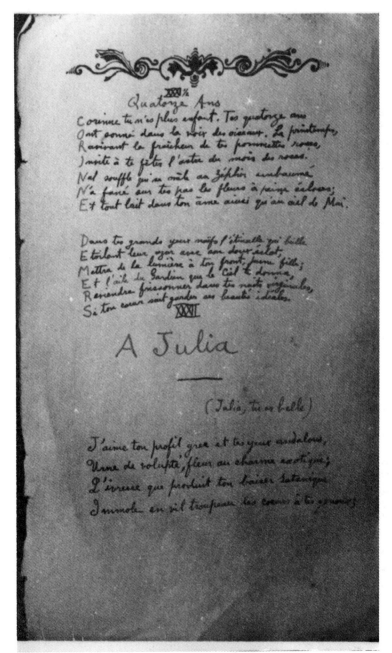

Quatorze ans et début de *À Julia*

QUATORZE ANS[1]

Corinne, tu n'es plus un enfant. Tes quatorze ans [*sic*]
Ont sonné dans la voix des oiseaux. Le printemps,
Ravivant la fraîcheur de tes pommettes roses,
Invite à te fêter l'astre du mois des roses.
Nul souffle qui se mêle au zéphir embaumé
N'a fané sur tes pas les fleurs à peine écloses ;
Et tout luit dans ton âme ainsi qu'au ciel de Mai.

Dans tes grands yeux naïfs l'étincelle qui brille,
Etoilant leur azur avec son doux éclat,
Mettra de la lumière à ton front, jeune fille ;
Et l'aile du Gardien que le Ciel te donna,
Reviendra frissonner dans tes nuits virginales,
Si ton cœur sait garder ses beautés idéales !

---

1. Cette pièce fut publiée dans *La Presse,* 17 mai 1902, p. 16, col. 5 et 6. Elle se trouve également dans le manuscrit du poète, *Les Étoiles Filantes, acrostiches,* p. 75, sous le titre *Quatorze ans XXX½.*

À JULIA[2]

(Julia, tu es belle)

J'aime ton profil grec et tes yeux andalous,
Urne de volupté, fleur au charme exotique;
L'ivresse que produit ton baiser satanique
Immole en vil troupeau les cœurs à tes genoux;

Avec ton port hautain qu'eût célébré l'Attique,
Tu ferais accourir l'Olympe en rendez-vous;
Un long frisson d'amour aux sens se communique,
Ecrin, quand tu permets d'admirer tes bijoux.

Si quelque chérubin du pays des étoiles,
Beauté fatale, avait, lorsque tu te dévoiles,
Entrevu ta classique et blanche nudité,

Laissant du Paradis les douceurs éternelles,
L'ange pour mieux tomber aurait brisé ses ailes,
Et perdu dans tes bras son Immortalité!

ALICE[3]

Au fond de votre exil, rappelez-vous, Madame
L'ami de votre fils. Craignant d'être oublié,
Il vous salue au nom de la sainte amitié,
Comme en l'honneur aussi de vos grands yeux de flamme
Entrevus un instant, et fixés dans son âme.

---

2. Ce sonnet, sous le titre *À Julia, XXXII, (Julia, tu es belle)*, se trouve dans le manuscrit *Les Étoiles Filantes, acrostiches*, p. 75-76. Également dans le *Cahier de coupures n⁰ II*, p. 21, col. 2, 25 février 1899, p. 8, col. 5.
3. On trouve cette pièce dans le manuscrit *Les Étoiles Filantes, acrostiches*, p. 76, sous le titre *Alice XXXII½*

IN MORTUAM[4]

Esclave maudit, au fond du cœur dormant, [*sic*]
Ton joug s'est dissipé comme au matin le rêve.
J'ai choisi l'état d'âme où les soucis font trêve
Entre l'oubli cynique et la foi du serment.

Meurtrier de l'amour, ô temps qui tout enlèves
Enfin je t'ai donc vu tuer l'amour qui ment
Sans le moindre regret pour l'époque si brève
Où sa beauté me tint sous son enchantement.

Un éternel dédain guérit mon âme fière.
Vainement son regard noir et mystérieux,
Issant des passés morts, veut plonger dans mes yeux.

Et pourtant, fossoyeurs, près d'elle au cimetière
N'enterrez pas ma cendre !... Écoute ma prière
Satan : je veux l'enfer si mon âme est aux cieux !

---

4. Dans le manuscrit *Les Étoiles Filantes, acrostiches*, p. 78, ½, cette pièce a pour titre *In Mortuam (Et je me souviens)*.

MORTUAE MORITURUS[5]

Eternel souvenir d'une époque trop brève,
Tu m'as bien fait pleurer! Au bord du lac dormant,
Jouvenceaux, nous avions, dans l'ivresse du rêve,
Engagé nos deux cœurs par un même serment.

Mais la Mort a tué le fol espoir qui ment.
Elle a signé pour nous l'irrévocable trêve
Sans pouvoir conjurer ton doux enchantement,
Ô vainqueur de la tombe, amour que rien n'enlève!...

Un serment fait par vous et lu dans vos grands yeux,
Va plus loin que la vie et que le cimetière;
Il sonna donc en vain, le glas de nos adieux!

Et pour que mes péchés, au réveil de lumière[6],
Ne fassent pas rougir votre front radieux,
Souvenez-vous! priez! bel ange dans les cieux.

---

5. Cette pièce fut publiée dans *Les Soirées du Château de Ramezay*, 1900, p. 130.
   Également dans *Le Cap Éternité, poème suivi des Étoiles Filantes*, 1919, p. 146.
   Marie Gill a transformé le premier vers du dernier tercet.
6. Éva! pour que mon âme,

MARTHE[7]

Majestueuse enfant de la douce Florence
Avec vos longs cheveux dont la blonde abondance
Roule sur votre nuque en avalanche d'or
Toujours vous nous plaisez, mais votre beauté fière,
Hier, plus que jamais dans la pleine lumière,
Eclipsait l'éclatant et féerique décor.

Madame, j'étais là dans cette multitude,
Admirant votre voix comme votre attitude,
Ravi de vous entendre et de vous regarder
Touchante comme un luth aux plaintes cadencées
Harmonieusement vous berciez mes pensées,
Et, de ....

---

7. On trouve cette pièce dans le manuscrit *Les Étoiles Filantes, acrostiches*, p. 78,
½, sous le titre *Marthe XXXIII,* 1/3.

PORTRAIT EN VERS[8]

À Mademoiselle Maud C...

Mon esprit la revoit, comme la fois première,
Attentive aux chansons des oiseaux dans le soir.
Unissant leurs reflets dans ses yeux pleins d'espoir,
Deux étoiles perçaient la mourante lumière.

Mirant ses cheveux d'or dans la clarté des eaux
Afin d'y mieux fixer le nénuphar frêle ;
Un autre jour mon souvenir me la rappelle
Dans une barque blanche au milieu des roseaux.

Marbre antique animé, chez les grands statuaires
Athéniens et romains, elle aurait inspiré
Une de ces Vénus qu'on voit, reste sacré,
Debout sur les débris des temples séculaires.

Muets témoins du cœur, des éclairs languissants
Allument vaguement son regard insondable,
Urne de passion troublante et redoutable
D'où la volupté coule à longs flots caressants.

Mêlée à la splendeur du profil que j'admire,
Avec l'ombre parfois de quelque obsession,
Une mélancolique et douce expression
Donne un étrange charme à son rare sourire.

---

8. Cette pièce, dédiée à mademoiselle Maud C^x, avait pour titre *Portrait en vers acrostiches, LX* dans le manuscrit *Les Étoiles Filantes, acrostiches*, p. 135-136. Comme on le sait, il s'agissait de Maud McShane, fille du maire de Montréal, qui avait été la maîtresse du jeune Gill en 1889, ce qui avait entraîné son départ vers Paris. Cette pièce était annoncée dans *La Presse*, 26 mai 1899, p. 7, col. 3. Elle sera publiée dans *Les Débats*, 1re année, n° 16, 18 mars 1900, p. 1, col. 3. Enfin, elle paraîtra dans *Les Soirées du Château de Ramezay*, 1900, p. 128.

Ma muse, débutante aux modestes concerts,
Aimerait à son front offrir cette couronne,
Unique et pâle fleur que ma pauvreté donne,
Dire et faire vibrer son cher nom dans les vers.

Mais elle est cachottière et garderait rancune
Au barde qui trop fort, ici, la nommerait,
Un mot d'adieu m'attend si je suis indiscret...
Devinez ! belle blonde aux yeux de clair de lune.

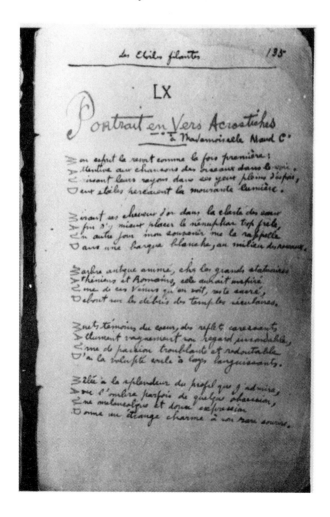

LES CHERCHEURS D'OR[9]

Ambitieux poussés par une même faim,
Urbain au geste digne et voyou de la rue,
Racaille, paysan qui laisse la charrue,
Ils vont dans l'ignoré défier le destin.

Sous un ciel sans soleil poursuivant son chemin,
Au milieu de la plaine inquiétante et nue,
C'est peut-être à la mort que court cette cohue
Rivée aveuglément à son espoir lointain...

Affamés qui jouez contre l'or votre vie,
Foule dont l'âme avide au gain est asservie,
Arrêtez-vous devant l'exemple du passé!

Mesurez jusqu'au bout l'immense et blanc suaire,
Ecoutez la chanson que la bise polaire
Souffle à travers les os jonchant le sol glacé!

LOUISE[10]

Louise, quand la nature, en ses jours de bontés,
Ouvrit son sein d'amour au Dieu des voluptés,
Une enfant ravissante, au front pur et radieux,
Idole du destin, perle tombée des cieux,
Sortit en souriant des mains du Créateur,
Et vous naissiez alors, bercée par le bonheur!

---

9. Publié dans *Le Cap Éternité, poème suivi des Étoiles Filantes*, 1919, p. 113.
10. On ne trouve cette pièce que dans le *Cahier de coupures* n° II, p. 1, col. 1. Elle n'est pas datée.

CINQUIÈME PARTIE

Les étoiles filantes

LAMARTINE[1]

Tu planas sans fatigue à la voûte infinie,
Comme sur notre nuit un astre radieux,
Toi qui fus le plus noble, et modulas le mieux
Hosanna triomphal et plainte d'agonie :

Frémissante d'extase, ou pleurant les adieux,
Ta muse, en nous versant l'enivrante harmonie,
Nous entraîne au vertige éblouissant des cieux,
Dans la pleine lumière où brilla ton génie !

Tu nous fais oublier les coups du sort amer
Pour rêver ton grand rêve, envolés dans l'éther
Sur les ailes d'azur des strophes cadencées !

Poète aux chants divins ! à jamais vibreront
Dans les voix tes beaux vers, dans les cœurs tes pensées,
Car l'Immortalité couronnera ton front !

AUX MALVEILLANTS[2]
Et malignum spernere vulgus

(Horace)

Hurons civilisés, dignes des barbares,
Qui souillez nos espoirs en y bavant le fiel ;
Eunuques de l'esprit, troupeau matériel
Qu'on entendit hurler au fond des galeries ;

---

1. Annoncé dans *La Patrie*, 25 février 1899, p. 8, col. 5, ce sonnet devait être publié dans *Le Journal*, 3 avril 1900, p. 4, col. 6 et 7 ; ensuite dans *Les Soirées du Château de Ramezay*, 1900, p. 127. Enfin, il se trouve dans *Le Cap Éternité, poème suivi des Étoiles Filantes*, 1919, p. 128.
2. Cette pièce est publiée dans *La Patrie*, 24 juin 1899, p. 7, col. 1 et 2. Cette pièce était une réplique aux critiques acerbes du français De Marchy. Elle sera ensuite reproduite dans *Les Soirées du Château de Ramezay*, 1900, p. 120 ; enfin dans *La Presse*, 15 février 1902, p. 19, col. 3 et 4. Dans *La Presse*, Gill ne publie que deux tercets, sous le titre de *Nos réponses*.

Oiseaux de sombre augure attristant notre ciel,
Mercantiles phrasiers vendus aux coteries,
Au pays de l'Idée, où vous semez du sel.
Nous raillons la clameur de vos lèvres flétries.

L'étincelle que l'Art alluma sur nos fronts,
Vous ne l'éteindrez pas, bien que vos vils affronts,
Comme un vol de corbeaux jettent leur ombre noire.

Plus forts que les sifflets et les rires moqueurs,
Les grands alexandrins ont sonné dans nos cœurs
La charge échevelée à l'assaut de la gloire !

LES DEUX POÈTES[3]

Les derniers visiteurs sortaient du cimetière,
C'était à l'heure calme où le soleil s'endort :
Avant de s'engloutir dans son lit de lumière,
Il avait embrasé le ciel de Floridor.

Le saule que Musset réclama sur sa pierre
Épanchait de verts pleurs au sein des rayons d'or ;
Et le chant d'un bouvreuil, ainsi qu'une prière
Pour les ensevelis, vibrait dans le décor.

Cependant que l'aède, au milieu du silence,
Mélodieusement modulait sa romance,
Je me suis arrêté, pensif, près du tombeau.

---

3. Publié dans *Les Débats*, 8 juillet 1900, p. 1, col. 1, sous le titre *Devant le tombeau de Musset*. Puis à nouveau dans *Les Soirées du Château de Ramezay*, sous le titre *Les Deux Poètes* ; finalement dans *Le Cap Éternité, suivi des Étoiles Filantes*, 1919, p. 129. Il y a une variante dans le premier quatrain : *Floridor* dans le manuscrit et *Thermidor* dans l'édition de 1919.

Et mon cœur confondit les deux chantres sublimes,
Le poète des nuits et le petit oiseau...
Rêve! qui peut sonder la sphère où tu t'abîmes?

DANS LE LOINTAIN[4]

(À celle qui se reconnaîtra.)

Je sais combien vaine est l'image
Que l'illusion du décor
Prête au fantastique nuage,
Dans le lointain des couchants d'or :

Je sais pourquoi la lune est pâle
Et pleure des bonheurs enfuis,
Ainsi qu'une larme d'opale,
Dans le lointain des tristes nuits;

De l'abîme écartant les voiles,
Je puis lire, en lettres de feu,
Qu'il n'est pas de fin aux étoiles,
Dans le lointain du pays bleu;

Mais je n'ai pas compris votre âme
Et ses frissons mystérieux,
Quand j'ai voulu lire, Madame,
Dans le lointain de vos beaux yeux.

---

4. Cette pièce apparaît dans le manuscrit *Les Étoiles Filantes*, p. 92, sous le titre *Dans le lointain XXXIX*, ½ *(à Madame xxx)*. On la trouve également dans le *Cahier de coupures II*, p. 23. Elle sera publiée dans *Les Débats*, 29 juillet 1900, p. 1, col. 1, ayant en exergue «à celle qui se reconnaîtra.» Elle sera reproduite dans *La Presse*, 9 août 1902, p. 13, col. 4. Enfin dans *Le Cap Éternité, poème suivi des Étoiles Filantes*, 1919, p. 147.

FANTAISIE[5]

Voici les jours où les pommiers
S'éveillent dans leur neige rose;
L'aube des soleils printaniers
Caresse la splendeur des roses;
L'azur immaculé des cieux,
Par l'onde calme est reflété...
Et les beaux oiseaux amoureux

    Vont chanter.

Voici les soirs où le verglas
Alourdit la grâce des branches :
La tige souple des lilas
Sous le fardeau tristement penche;
Dans l'air glacial et brumeux
On entend l'aquilon gémir...
Et les petits oiseaux frileux

    Vont souffrir.

Voici les nuits où l'ombre éteint
Tout ce qui brille sur la terre ;
L'aile de l'aveugle destin
Palpite dans le noir mystère.
Quand sonne l'heure des adieux,
Le même sort vient tout flétrir...
Et les oiseaux mélodieux

    Vont mourir.

5. *Fantaisie, XXXIX½*, voilà le titre qu'on trouve dans le manuscrit *Les Étoiles Filantes*, p. 91. Marie Gill le publiera dans *Le Cap Éternité, poème suivi des Étoiles Filantes*, 1919, p. 149. Ensuite, il se trouve dans le *Cahier de coupures II*, p. 21, col. 2. Enfin, dans *La Presse*, 18ᵉ année, nº 70, 25 janvier 1902, p. 17, col. 2, sous le pseudonyme de Charles Gamma.
Variante :
10. *Incline la fierté* des Branches :

AUX MARIÉS DES NOCES D'OR[6]

Nous saluons vos têtes couronnées
De cheveux blancs ; versons le plus vieux vin !
Trinquons ensemble, aux longues destinées,
Et joignez-vous à notre gai refrain.

Que cette fête éloigne tout chagrin
Rappelez-vous vos heureuses années
Ô bons vieillards, dans l'antique jardin
Du souvenir cueillez les fleurs fanées.

Vous qui savez, gardant un doux accord,
Passer heureux les heures éphémères
Vous reverrez d'autres anniversaires ;

Vivez gaîment, narguez la pâle mort
Et nous viendrons vous saluer encor,
Les noces d'or ne sont pas les dernières.

---

6. Ce sonnet a pour titre *Aux mariés des noces d'or (1849-1899)* dans le manuscrit du poète, *Les Étoiles Filantes*, sans pagination. Nous avons pu dater ce poème grâce à une lettre du docteur P.-E. Prévost à Charles Gill, lettre datée du 10 août 1899. Le docteur rappelle au poète qu'ils étaient amis à Paris, et lui demande de faire une pièce en vers pour ses vieux parents. Ce sonnet sera publié ainsi : *Aux Mariés des Noces d'or (1849-1899), composé à l'occasion des noces d'or de M. Jules-Édouard Prévost M.D. et de Mme Hedwidge Prévost*. Paroles de Charles Gill, musique de P.E. Prévost M.D. dans *Le Passe-Temps*, vol. V, n° 119, 14 octobre 1899, p. 1 à 5.

LES TROIS MAJESTÉS[7]

(À mon illustre maître Gérôme.
Écrit au bas d'une gravure représentant son
chef-d'œuvre : « Les Deux Majestés »)

Lion au front puissant, père de ce lion
Qui regarde, étonné, le soleil disparaître ;
Toi qui prêtas ton aide à la construction
Du temple néo-grec, et devins son grand-prêtre ;

Toi qui sais pénétrer en pleine passion
Des âges révolus, et les fais comparaître
Devant les temps futurs, infatigable maître
Qui hausses d'un degré ta haute nation ;

Toi qui, sur l'Art divin, as fait glisser le voile,
Pour nous montrer son ciel immense à découvert,
Salut ! — Trois Majestés ennoblissent ta toile...

Entre l'Imperator farouche du désert
l'éblouissement de la voûte infinie,
Je te vois resplendir, majesté du Génie.

LA PETITE FRANÇOISE[8]

(à sa grand'maman)

Mon cœur est plein d'amour quand je vois revenir,
Par ce premier novembre, un autre anniversaire,
Un autre jour sacré qui vient nous réunir
Près de tes cheveux blancs, bonne vieille grand'mère !

---

7. Publié dans *Le Monde Illustré*, 21 octobre 1899, p. 391, col. 2. Cette pièce fut lue par Gill chez Louis Fréchette, à l'occasion d'une soirée en l'honneur de « Monsieur L. Herbette de France ». Ce sonnet sera reproduit dans *Les Soirées du Château de Ramezay*, 1900, p. 135. Enfin, on le publiera dans *Le Cap Éternité, poème suivi des Étoiles*, 1919, p. 130.
8. On ne trouve cette pièce que dans le *Cahier de coupures n° II*, p. 1, col. 1, sous le titre : *La Petite Françoise, à sa Grand'maman*. Elle date de 1899.

J'ai bien prié le Ciel, du profond de mon cœur,
Qu'il te laisse bénir nos fronts longtemps encore,
Afin que nous goûtions un même et saint bonheur,
Toi près du crépuscule et nous près de l'aurore.

Si parfois le destin nous impose sa loi,
Aïeule au doux regard, que ton cœur nous pardonne
De n'être pas si bons que tu fus toujours bonne !

Invoque Dieu pour nous : en Lui nous avons foi,
Savourons la douceur de ce beau soir d'automne,
Car tu nous appartiens et nous sommes à toi.

CE QUI DEMEURE[9]

La Maladie et la Mort font des cendres
De tout le feu qui pour nous flamboya
De ces grands yeux si fervents et si tendres,
De cette bouche où mon cœur se noya,

De ces baisers puissants comme un dictame,
De ces transports plus vifs que des rayons,
Que reste-t-il ? C'est affreux, ô mon âme !
Rien qu'un dessin fort pâle, aux trois crayons,

Qui, comme moi, meurt dans la solitude,
Et que le Temps, injurieux vieillard,
Chaque jour frotte avec son aile rude...

---

9. Cette pièce se trouve dans le *Cahier de coupures, n° II*, p. 1, col. 1. Elle fut publiée dans *Les Soirées du Château de Ramezay*, 1900, p. 121-122 ; ensuite dans *Les Débats*, 6 janvier 1901, p. 1, col. 1. Enfin dans *Le Cap Éternité, poème suivi des Étoiles Filantes*, 1919, p. 144-145, sans le texte de Baudelaire mais avec l'exergue : « Vers accompagnant l'envoi d'un portrait ».

Noir assassin de la Vie et de l'Art,
Tu ne tueras jamais dans ma mémoire
Celle qui fut mon plaisir et ma gloire!

     Le Portrait   Baudelaire

     - - - - - - - - - -

Voilà votre portrait. C'est votre grâce altière,
C'est votre beauté grecque, en la pâle lumière
Filtrée à travers l'or d'un vieux vitrail flamand;
De longs et chauds rayons caressent doucement
Votre lèvre entr'ouverte où flotte la parole,
Et font de vos cheveux une blonde auréole;
L'étincelle amoureuse illumine vos yeux,
Vos yeux doux et troublants, vos yeux mystérieux
Dont le regard se perd dans l'inconnu du rêve.

Hélas! pourquoi faut-il qu'un vent cruel enlève
Sur les fronts adorés la splendeur des vingt ans,
Et qu'un simple reflet résiste plus longtemps
Que la forme vivante, à l'affront des années?

Si vous les regrettez, vos splendeurs profanées,
Comme aux beaux jours d'antan, vous pourrez les revoir
Sur votre vieux portrait, ainsi qu'en un miroir,
Quand la griffe de l'âge aura creusé vos rides.

Et quand viendra la nuit dans vos orbites vides
Triomphant du suprême outrage de la Mort,
Par votre vieux portrait vous serez belle encor.

Mais les choses, aussi, souffrent de la vieillesse;
Les purs diamants noirs de vos yeux de déesse,
Sur la toile brunie, éteindront leur éclat.

Puis, le Temps, poursuivant le fatal attentat,
Couvrira lentement de son immense voile
Votre image effacée... et le lambeau de toile
Au lointain avenir ne vous montrera plus.

Alors, malgré l'envol des siècles révolus,
Vous resterez encore aussi belle, Madame,
Car vos traits sont gravés pour toujours dans mon âme !

BALLADE[10]

(À mesdemoiselles Blanche, Juliette et Héliane)

L'éclatant roi du ciel ne brille pas assez,
Pour que vos charmes, par ses feux, soient éclipsés,
Et votre robe mauve à garniture blanche
    Quand vous apparaissez,
        Blanche !

Comme vous éprouvez le déclin des beaux jours,
Quand vous harmonisez, suivant leur triste cours,
Avec le gris automne une grise toilette
    Aux frimas de velours,
        Juliette !

Il vous est bien permis d'avoir par trop d'orgueil ;
Vous gagnez plus d'un cœur et charmez plus d'un œil,
Lorsque votre élégance au soleil se pavane,
    En parure de deuil,
        Héliane !

Un soir, au bal, parmi d'harmonieux accents,
Les grands lustres frôlaient de rayons caressants
Vos cheveux adorés roulant en avalanche
    Sur vos seins frémissants,
        Blanche !

---

10. Cette ballade fut publiée dans *Les Débats*, 28 octobre 1900, p. 1, col. 1.

Autour de vous la fête avait pris son essor,
Mais vous restiez pensive en le bruyant décor;
Votre cœur palpitait, et vous étiez muette
    Sous les grands lustres d'or,
        Juliette!

Ainsi je vous revois, plus belle que les fleurs
Dont la pâle beauté veut cacher vos pâleurs,
Sous la lumière d'or trop vive qui profane
    Les secrètes douleurs,
        Héliane!

Ces mots présomptueux qu'à mes soupirs je joins,
De vos rires moqueurs deviendront-ils témoins?
Ces paroles d'espoir où mon âme s'épanche,
    Les lirez-vous, au moins,
        Blanche?

Ô lèvres de satin, roses éclosions,
Ne raillez pas de l'Art les saintes visions!
Laissez au froid bourgeois le sarcasme qu'il jette
    À mes illusions,
        Juliette!

Les vers d'un inconnu n'ont pas de lendemains;
S'il vous plaît, mon bouquet d'humbles alexandrins,
Pressez-le donc bien vite, avant qu'il ne se fane,
    Entre vos bras divins,
        Héliane!

Ayez toujours pitié des misérables fous
Qui montent, comme moi, leur cœur à vos genoux,
Après s'être grisés du rêve bleu
    Dans vos grands yeux si doux,
    BLANCHE - JULIETTE - HÉLIANE!

SONNET[11]

Ils vont sous les grands saules du sentier ombreux,
Voiler aux yeux jaloux leur grâce et leur jeunesse ;
Ils vont vider en paix la coupe de l'ivresse,
La blonde nonchalante et son fier amoureux.

Je les ai vus passer, et mon cœur malheureux
Sentit pleurer en lui son immense tristesse,
Ô cher et vieux sentier, où nous aussi, comme eux,
Nous allions vers le soir cacher notre caresse !

Oui, Dante ! tu l'as dit ; rien ! rien n'est plus amer,
Quand par le désespoir, la mort veut nous séduire,
Que le clair souvenir d'un fait qui nous est cher,

Je songe au naufragé que l'onde amère attire,
Et qui, dans la nuit sombre, agonisant, voit luire
Les feux d'un bâtiment qui danse sur la mer.

À LA MUSE[12]

Ô Muse ! quand le souffle attiédi du Printemps
Aura des lourds brouillards dégagé la colline,
Pour relever mon front que le chagrin incline
Nous irons contempler les gouffres éclatants.

---

11. Ce sonnet fut publié dans *Les Débats*, 14 janvier 1901, p. 1, col. 1, sous le
   pseudonyme de *Saigey*. Nous n'aurions jamais connu ce pseudonyme si Gill ne
   nous l'avait révélé dans un de ses cahiers que nous avons intitulé « Terre !
   Univers ! Infini ! » p. 12.
12. Sonnet publié dans *La Presse*, 1er février 1902, p. 17, col. 4 et 5.
   Ce sonnet fut présenté à *La Presse* lors d'un concours littéraire préparé par
   Gaétane de Montreuil. Voici ce que *La Presse*, 25 janvier 1902, p. 17, col. 1,
   nous livre : « À tout seigneur, écrit Gaétane de Montreuil, tout honneur. Le
   premier concours qui fut jamais ouvert dans notre page "Entre nous Mesdames",
   devait être un concours de poésie. J'ai donc l'honneur d'inviter tous les
   nourrissons des Muses à exercer leur plume dans un sonnet dont voici les rimes
   données : printemps, colline, incline, éclatants : domine, antants, longtemps,
   divine ; cours, silence, distance ; retours, immense, toujours. Il faudra leur

Tu me dévoileras le rêve qui domine
Le trouble de ce monde où grondent les antans,
Et mon cœur douloureux conservera longtemps
La paix de son extase idéale et divine.

Muse ! toi dont l'essor m'entraîne vers le cours
Des astres infinis qui planent en silence
Dans l'incommensurable et sublime distance,

Puisses-tu, quelque nuit, oubliant nos retours,
Abandonner mon âme au sein du ciel immense,
Abîmée en un rêve étoilé, pour toujours !

LASSITUDE[13]

Tout m'a quitté ; tout m'a trahi ! Le doux printemps
En vain refleurira les flancs de la colline.
Tout m'a quitté : son profil tendre qui s'incline ;
Tout m'a trahi : sa lèvre et ses yeux éclatants !

Sur la sinistre mer qu'aucun astre domine,
Je livre mon esquif au hasard des antans,
Car les zéphirs trompeurs m'ont bercé trop longtemps
Vers la plage dorée où luit l'aube divine !

Avant que mon destin ait achevé son cours,
Tourmente, emporte-moi dans l'ombre du silence !
De la route fatale abrège, la distance !

---

conserver l'ordre dans lequel elles sont ici présentées. Tous les manuscrits
devront m'être remis mercredi prochain. On ne devra pas s'étonner de cette
condition : il ne faut pas plusieurs lunes pour bâtir un sonnet convenable. Les
meilleures poésies seront publiées samedi prochain dans cette page. À tous nos
collaborateurs je souhaite un égal succès. »

13. Ce sonnet fut publié dans *La Presse*, 1er février 1902, p. 17, col. 2 et 3 sous le
pseudonyme de Charles Gamma. Ainsi, Gill avait remporté ce concours sous
deux noms !

Je veux connaître enfin les départs sans retours !
Puisse, sombre Océan, ton amertume immense
Bientôt m'ensevelir et me garder toujours !

À VICTOR HUGO[14]

Maître, comme il revient souvent, l'anniversaire
Des monarques puissants dont le règne éphémère,
Après quelques printemps, au tombeau doit finir !..
Il faut qu'un siècle passe avant que nous revienne
Ton jour de fête, ô roi de la pensée humaine
     Dans l'immense avenir !

Il suffit, pour marquer la fuite des années
S'engouffrant dans l'abîme avec nos destinées,
Qu'un monde, par un astre en l'éther emporté,
Ait parcouru l'ellipse où son disque s'engage.
Mais les ans sont trop courts : les siècles comptent l'âge
     De l'immortalité !

Te voici donc au seuil de ton apothéose ;
Un autre temps redit la chanson grandiose
Que sur la lyre d'or ton génie accorda.
L'Océan a clamé ton nom à notre plage ;
Puisse sa grande voix te rapporter l'hommage
     Du lointain Canada !

Et si notre vivat aux bravos se marie,
C'est que nous chérissons la langue et la Patrie
Que tu couvres de gloire avec tes chants vainqueurs :
C'est bien ton verbe noble, c'est bien ta noble France
     Qui vibre dans nos cœurs !

---

14. Pièce publiée dans *La Presse*, 28 février 1902, p. 3, col. 4 et 5. Il s'agit d'un article *Gloire à Victor Hugo, son centenaire fêté aux Nouveautés et au Palais Royal*, où la poésie de Gill est donnée en exergue. Cette même pièce sera publiée dans *Le Cap Éternité, poème suivi des Étoiles Filantes*, 1919, p. 126-127.

Malgré les faibles sons d'une lyre inhabile,
Nous voulons célébrer ton œuvre indélébile,
En des vers fugitifs que guette le néant;
Pardon, si notre Muse, ô Maître, ambitionne
Cet orgueil d'élever sa modeste couronne
     Jusqu'à ton front géant!

LES CLOCHES[15]

(À Gaétane de Montreuil)

Les cloches par trois fois, dans l'heure fugitive
Du jour, viennent frapper notre oreille attentive.
En tout endroit chrétien où nous portons nos pas.
Et comme dans les jours, trois fois dans notre vie,
Aux instants solennels, vibre leur harmonie :
Le baptême, l'hymen et les sanglots du glas!

Car elles ont un sens, comme l'accent des lèvres,
Elles disent l'ardeur de nos mystiques fièvres,
Elles ont des sanglots comme nos désespoirs.
Elles sonnent l'orgueil de nos apothéoses,
Et semblent s'attendrir sur les larmes des choses,
Ou palpiter d'extase en le calme des soirs.

Sublimes seulement alors que nous le sommes,
Avec la barbarie et la haine des hommes
Leur inerte métal connaît les noirs destins.
Se laissant abaisser à l'horreur de la guerre,
Il peut sonner, clairon, la charge meurtrière
Ou gronder dans la voix des canons assassins.

---

15. Cette pièce dédiée à Gaétane de Montreuil fut publiée dans *La Presse*, 29 mars 1902, p. 17, col. 3. Par ailleurs Edmond de Nevers devait la citer partiellement dans *La Patrie*, 3 mai, 1902, p. 18, col. 3-7. Enfin Marie Gill la publiera dans *Le Cap Éternité, poème suivi des Étoiles Filantes*, 1919, p. 100-102, mais elle aura soin d'omettre la dédicace.

Quand les pâleurs de l'aube ont chassé les étoiles,
Déjà sont disparus les brouillards et les voiles ;
L'horizon s'illumine à l'orient vermeil,
Sur le satin des fleurs, le cristal des nuits tremble.
La cloche et les oiseaux vont célébrer ensemble
La gaîté toujours belle et neuve du réveil.

Lorsque des cieux muets la volonté profonde
Jette un être de plus à l'arène du monde,
La cloche sonne encor : c'est un autre matin !
Vers le secret d'en haut, sa musique envolée,
Pour l'enfant qui survient dans la rude mêlée,
Doit sans doute implorer l'implacable destin.

Il est l'heure où tout luit. La rose qui se pâme,
Tend son front aux baisers de la céleste flamme ;
Sur les floraisons d'or le soleil glorieux
Répand à pleins rayons la chaleur généreuse...
L'Angélus va jeter sa note harmonieuse
Dans l'éblouissement du midi radieux.

Les humains ont aussi leurs midis de lumière,
Dans l'opulence digne ou la pauvreté fière.
Quand deux cœurs amoureux, par un serment loyal,
Joignent leurs avenirs dans la même espérance,
L'airain, comme pour l'astre à l'apogée immense,
Clame aux échos lointains l'hosanna triomphal !

Voici l'heure où le vent s'apaise dans les branches.
Les colombes des bois, fermant leurs ailes blanches,
Arrêtent, pour dormir, leur babil réjoui...
Dans la limpide paix du divin crépuscule,
C'est encore l'accent des cloches qui module
Un adieu solennel au jour évanoui.

Quand nos sombres déclins touchent à leurs limites ;
Quand déjà la grande ombre envahit nos orbites
Où l'éclair du regard éteint ses feux sacrés,
Pour scander le chagrin de ceux qui nous regrettent
Et pour qu'au fond des cœurs des sanglots les répètent,
Le glas gémit dans l'air ses adieux éplorés.

Planant sur la clameur sourde des multitudes,
Les cloches vont troubler les fières altitudes,
Pour pleurer nos chagrins dans les abîmes bleus ;
Car l'azur est trop loin de la misère humaine,
Pour que, de notre voix puissante, il apprenne
Ce que la vie impose à nos cœurs douloureux.

Pendant bien des midis, pendant bien des aurores,
Et pendant bien des soirs, les mêmes bruits sonores
Charmeront l'avenir ; et leurs vibrations
Salueront les berceaux de leurs tendresses saintes,
Ou sur d'autres cercueils, feront tomber leurs plaintes ;
Seules auront changé les générations !

Ainsi, tout notre orgueil à peine dure une heure,
Mais ce qu'il a créé dans cet instant, demeure
Pour narguer la morsure outrageante du Temps !
Cloches ! nous enfermons dans vos flancs une idée
Pour que votre harmonie en nos cœurs accordée,
Redise notre extase aux échos éclatants.

Hélas ! nous nous taisons avant vous sur la terre.
Mais quand vous résonnez, ainsi qu'une prière,
Sur le recueillement de la foule à genoux,
Vous n'êtes que le bruit ; nous sommes la Pensée !...
Votre bronze sublime où notre âme est passée,
Ne peut parler à Dieu qu'en lui parlant de nous !

Sonnez!... Quand vos accents s'éteindront dans l'espace;
Quand vous aurez subi le sort de ce qui passe
Par l'instabilité des empires mortels;
Après votre néant, dans l'éther insondable,
Le souvenir ému de l'âme impérissable,
Apprendra votre gloire aux demains éternels!

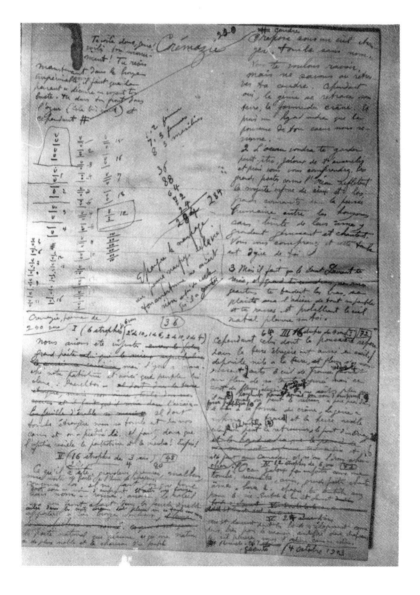

À CRÉMAZIE[16]

Toi qu'a touché du doigt la mort où tout retombe
Et qui dort pour jamais du sommeil de la tombe,
     Couché dans ton cercueil,
Tel dont le cœur glacé repose sous la terre
Sans même avoir charmé ton exil solitaire
     Par tes amis en deuil,

Ô barde, dont les chants sont des chants de victoire
Dont le nom est de ceux qui partagent la gloire
     De l'immortalité,
Dis-nous de quel frisson tu frémis, ô poète,
Quand tu vis insulter de la tombe muette
     La fière majesté?

Oh! dis-nous quel effroi parcourut les rangs sombres
De ce royaume noir où gémissent les ombres,
     Quand vous vîtes soudain,
Un homme soulever vos pierres sépulcrales,
Déchirer vos linceuls, et sur vos faces pâles
     Ricaner son dédain :

«Arrêtez, arrêtez, auriez-vous pu lui dire :
«Quiconque a pénétré le seuil de cet empire
     «Est à jamais sacré,
«Si quelqu'un vient troubler le repos où nous sommes
«Qu'il soit maudit de nous, et que, parmi les hommes,
     «Son nom soit exécré!

---

16. On retrouve un premier plan de cette pièce dans le *Cahier de coupures n° II*, p. 5, col. 2, et dans le *Cahier de coupures n° 1*, p. 46, col. 2. Gill a daté cette pièce du 26 avril 1902. Il la publiera dans *Le Journal*, 29 avril 1902, p. 3, col. 4 et 5, sous le pseudonyme de Charles Marcilly. On retrouve un autre plan de ce *Crémazie*, dans le *Cahier de coupures, n° II*, p. 8, daté du 4 octobre 1903. Le poète d'ajouter «poème de 250 vers.» Il s'agit ici d'une réplique au texte de Benjamin Sulte, *Exode*, dans *The Canadian and Numismatic Journal*, 1899 (p. 58) où Sulte déclare : «La moitié des vers de Crémazie sont remplis d'erreurs historiques, par conséquent son œuvre est en grande partie frauduleuse.»

«Nous avons comparu devant le Roi suprême.
«Dans sa stricte balance, il a pesé lui-même
  «Jusqu'à nos préjugés.
«Du Dieu de la douleur aujourd'hui tristes hôtes,
«Nul de vous ne peut plus nous reprocher nos fautes
  «Quand Dieu nous a jugés.»

Puisque tu n'es plus là, noble et pauvre poète,
Pour protéger ton nom, pour défendre ta tête
  Des coups de l'ennemi;
Puisque auprès de ton front aux sublimes pensées
Les cordes de ton luth à jamais sont brisées,
  Devant l'astre du jour;

Puisqu'ils t'ont insulté dans le fond de ton âme,
Te reprochant d'aimer le pays qui vit naître
  Tes robustes aïeux;
Puisqu'ils ont renié, haï, maudit la France
Pour faire, de ton cœur, mieux jaillir la souffrance,
  Les larmes de tes yeux;

Puisqu'ils ont méprisé la sainte Poésie,
Pensant que ton ouvrage, ô vibrant Crémazie,
  Tomberait dans l'oubli;
Et qu'un profond silence effaçant ta mémoire,
Dans le mépris, ton nom, privé de toute gloire,
  Serait enseveli;

Puisqu'ils ont dit cela et qu'ils se sont crus maîtres
Et qu'un valet sorti de ce troupeau de reîtres
  A souffleté ton front,
Nous nous sommes dressés devant Benjamin Sulte
Pour braver sa fureur, pour venger ton insulte
  Pour laver ton affront;

Et tu nous reviendras, poète sur la terre
Qui vit naître ton cœur et s'ouvrir ta paupière
  Ami, tu dormiras,

Et nous déposerons des couronnes bien belles
De lauriers toujours verts, de lys et d'immortelles
        Où tu reposeras.

LA COURONNE DE JULIA[17]

- I -

        Ce gage
        Des cœurs
        L'hommage
        De fleurs
        Si frêles
        Et belles,
        Saura
        J'espère
        Vous plaire
                Julia.

- II -

        Tressez, mignonne
        Aux doigts jolis
        Une couronne
        Voici le lys
        La rose altière
        Et l'éphémère
        Camélia
        A u front d'opale
                Julia.

---

17. On ne trouvera cette pièce sous le titre de *La couronne de Julia, LVI* ½ que dans le manuscrit *Les Étoiles Filantes*, p. 122 à 124. La ponctuation est celle de Gill. Il faut noter que Charles Gill tente d'imiter le poème *Les Djinns* (1828) de Victor Hugo, XXVIII des *Orientales*. Dans le manuscrit des *Étoiles filantes*, p. 121, il n'y a que le titre *Mésaventure* précédant ce poème.

- III -

L'ombre pare ses voiles
Avec tout ce qui luit
Ces fleurs autres étoiles
Sont faites pour la nuit
De vos cheveux d'ébène
Couronnez jeune reine
Avec leur pur éclat
La fleur de vos sourires
Qui font vibrer les lyres
                    Julia.

- IV -

Ne craignez pas que cette rose
Où le ciel mit tant de splendeur
Plus que votre lèvre soit rose.
Dans sa neige et dans sa candeur
Ce lys a moins de beauté blanche
Que votre front nacré qui penche.
De ses feux l'aurore dora
Ce tendre iris, mais vos prunelles
Reflètent des flammes plus belles
                    Julia.

- V -

Voici déjà que leur satin se fane
Et subit l'inévitable affront
Du sort mortel qui déjà les profane
Mais de périr en aimant un tel front
Toute leur vie orgueilleuse se pâme
Vite inclinez votre âme sur leur âme
Et votre cœur peut-être comprendra
La douce voix qu'ont les fleurs expirantes
Dans leurs adieux aux beautés triomphantes.
                    Julia.

- VI -

Elle dit cette voix qu'il faut tendre sa lèvre
Aux frissons enchantés des baisers du printemps
Dans l'abandon naïf de la première fièvre
Car le destin parfois étouffe avant le temps
Le lys dans le jardin, le cœur dans la poitrine
Et dans les grands yeux purs l'étincelle divine
Et l'ange noir qui veille au seuil de l'au-delà
Vers un même déclin poussant les forces vaines
Fauche ensemble les fleurs et les beautés humaines.
          Julia.

NEIGE DE NOËL[18]

- I -

Le soleil endormi vient d'éteindre ses flammes,
Il neige! C'est Noël. Le mystère des cieux
Donne, en la grande paix du soir silencieux,
La blancheur à la terre et la lumière aux âmes.
L'onde qu'en pur cristal l'abîme constella,
Veut embellir la nuit de la très sainte fête;
C'est le rêve éthéré de l'espace, qui jette
Sur les sombres vivants ce rayon d'au-delà.
Avec le flot lacté des plages éternelles,
Les anges sont venus; ils veillent près de nous;
Et le cœur attendri des croyants à genoux
Peut rythmer son extase aux frissons de leurs ailes.

Le tourbillon s'engouffre à pleine immensité;
Déjà, la terre a mis sa robe à blanche traîne;

---

18. *Neige de Noël, LVI½,* se trouve dans le manuscrit *Les Étoiles Filantes,* p. 124,
    I-125. Gill publiera cette pièce dans *La Patrie,* 3 mai 1902, p. 18, col. 3 à 7.
    Enfin, elle sera reproduite dans *Le Cap Éternité, poème suivi des Étoiles
    Filantes,* 1919, p. 103-104.
    Variantes :
    1. Le Soleil de décembre est disparu sans flammes.
    62. Sur le recueillement de nos fronts inclinés,

Ville, fleuve, forêt, montagne, gouffre et plaine,
D'innocence vêtus, sont prêts, Divinité !

- II -

Quand la goutte d'eau monte, avec l'envol des nues,
Jusqu'au sein glacial des sphères inconnues
Dont le regard stellaire est l'unique témoin,
Elle se cristallise en fin duvet de cygne.
Mais, marquée au rayon d'un plus céleste signe,
La neige de Noël doit venir de plus loin.
Les lys majestueux que des soleils féeriques
Font fleurir sous les pas des groupes séraphiques,
Sont morts dans le jardin sans fin du pays bleu ;
Comme des fleurs d'en bas, qu'un jour sans astre afflige,
Ils ont penché leur front expirant sur leur tige,
Quand ils ont vu partir le petit bébé Dieu.

Le trépas a laissé du ciel sur leurs pétales ;
Il a dû respecter ces virginités pâles,
Car un regard de Dieu sur elles avait lui ;
C'est donc du ciel qui tombe avec leur beauté morte,
Livrée éperdument au souffle qui l'emporte,
Dans l'orgueil de descendre en même temps que Lui.

Et les lys trépassés ont caché les épines ;
Ils ont enseveli la pente des collines
Où bientôt, le Martyr succombera trois fois ;
Ils ont enveloppé, dans l'éclat froid des marbres,
Les oliviers, et les roseaux, et ces grands arbres
Que les hommes pervers assembleront en croix.

Étale-toi, splendeur, entre le globe infime
Où l'humanité rampe, et l'insondable abîme !
Croule aux quatre horizons, avalanche de lys !
Tombe, tombe toujours, pureté, tombe encore,
Pour que Ses yeux, demain, à leur première aurore,
Retrouvent en notre ombre un peu du Paradis !

- III -

Tombe, tombe, cristal ! La paille de l'étable,
Entre le bœuf stupide et l'âne misérable,
Reçoit le corps frileux du grand Nazaréen.
Mais le Monde lassé du mensonge ancien,
Le Monde que remplit Son cœur et Son génie,
Le Monde est le berceau de l'Idée infinie !...
Tombe, tombe, cristal ! Le vertige des cieux,
Déchaîne, cette nuit, tes prismes radieux
Sur l'aube des pardons et sur la fin des haines,
Sur la rédemption des faiblesses humaines,
Sur la miséricorde et la fraternité,
Sur l'espoir des mortels en leur éternité !...
Drape-toi dans la neige immaculée, ô terre !
Pare-toi de candeur, pare-toi de lumière !
Les principes du Maître, enfin, te sont donnés...
Sur l'émerveillement des peuples prosternés,
Tombe, tombe, cristal de la voûte profonde.
Il faut des langes blancs dans le berceau du monde !

À M. ALBERT LOZEAU[19]

Oh ! de quels cieux descend la muse qui t'inspire
Tes accords si touchants dans leur simplicité,
Poète dont la voix pleure, gémit, soupire
En des chants qui vont droit à l'immortalité !

Comme un ruisseau répand son onde fraîche et pare
Sans trouble, sans efforts, au milieu des prés verts,
Les sons calmes et doux que ta lyre murmure
Font entrer en nos cœurs le charme de tes vers.

---

19. Cette pièce fut publiée dans *Le Journal*, 17 mai 1902, p. 6, col. 3, sous le pseudonyme de Charles Marcilly.

Oh! chante! Que ta voix s'épanche à nos oreilles
Comme les cris joyeux qui s'échappent d'un nid,
Comme un rayon serein parmi nos tristes veilles,
Comme au sein de la nuit brille un astre béni!

La douleur t'a sacré de ses brûlantes flammes :
C'est le creuset divin qui grandit la vertu.
La souffrance est le feu qui fait les grandes âmes;
Et qui n'a pas pleuré, crois-moi, n'a pas vécu...

Oh! puisse encore pour toi l'aurore avoir des charmes,
La brise des parfums, le soleil des rayons!
Et puisses-tu goûter la joie après les larmes
Et le zéphir serein après les aquilons.

VIVE LA CANADIENNE[20]

- I -

Dans maint pays, la voix du peuple entonne
L'hymne national, pour fêter la couronne,
Ou la révolte, ou le sinistre airain
Qui gronde et tue en la sanglante plaine.
Plus poétique est notre gai refrain :
                Vive la Canadienne!
Nous préférons chanter, sur des rythmes joyeux,
Parmi tant de bonheurs que le sort nous enlève,
Le charme symbolique et troublant des beaux yeux
Qui planent sur notre âme en y versant leur rêve,
Et, dans l'ombre morose étincelant pour nous,
Semblent garder encore, au fond de leurs prunelles,
De nos soleils absents les splendeurs immortelles,
Vivent la Canadienne et ses jolis yeux doux!

---

20. Cette pièce fut publiée dans *La Presse*, 21 juin 1902, p. 26, col. 3 et 4. Également dans *Le Cap Éternité, poème suivi des Étoiles Filantes*, 1919, p. 117-119. Cette pièce se trouve dans le manuscrit *Les Étoiles Filantes* (indéterminée), sans pagination, quatre pages, sous le titre de *Vive la Canadienne, L*,1/3. Dans le *Cahier de coupures N° I*, p. 3, 4, 12 et 13, 15 à

- II -

Restés Français par la galanterie,
Ensemble nous fêtons la femme et la patrie
Si la vertu n'est pas un vague mot,
Notre chanson n'est frivole ni vaine,
Et l'avenir le prouvera bientôt,
             Vive la Canadienne !
Pour saluer l'orgueil des drapeaux outragés,
Qui flottent, solennels dans les grands jours de fièvre,
Elle connaît des chants tragiques et légers,
Et les fiers souvenirs frissonnent sur sa lèvre.
Nous mettons un espoir sublime à ses genoux,
Car c'est en bon français qu'elle nous dit : — Je t'aime ;
Entre ses bras divins s'écrit notre poème.
Vivent la Canadienne et ses jolis yeux doux !

- III -

Moins que jamais notre horizon est sombre ;
Le sol natal est vaste, et nous gagnons en nombre.
Malgré ceux-là qu'un pays étranger
Dans leur fortune aventureuse entraîne,
Avec le temps s'amoindrit le danger.
             Vive la Canadienne !
Notre sol, aux vainqueurs le travail le reprend ;
Le Canadien, soldat de la sublime guerre
Qui vainc la forêt vierge, est le vrai conquérant ;
Il arrache la vie aux trésors de la terre.
Dans ces rudes chemins, la femme suit l'époux ;
Elle va près de lui, libre, héroïque et pure,
Demander l'avenir à la grande Nature.
Vivent la Canadienne et ses jolis yeux doux !

---

34. *Variantes* :
8. *Le Charme délicat* 11. *Ils semblent refléter, aux feux de* 23. *Elle sait l'art des*
30. *Malgré ceux-là qu'une terre d'exil* 31. *Vers l'industrie et l'aventure entraîne*, 32. *Chaque an de plus amoindrit le péril.*
Il y a interversion entre III et V. 43. *Ils ont cru vers le port fausser notre boussole* ; 44. *Ils ont pensé*

- IV -

En supprimant notre langue à l'école,
L'on a cru quelque part fausser notre boussole ;
L'on a pensé pouvoir briser le sceau
Éblouissant de la Patrie ancienne,
Que nous portons au front dès le berceau.
    Vive la Canadienne !
Qui donc empêchera, dans les roses printemps,
Les jeunesses qui vont jaser sous les érables,
D'échanger en français, à l'aube des vingt ans,
Les éternels serments des amours périssables ?
Une école demeure : ils se rappellent tous
Les mots harmonieux, les tendresses premières,
Quand ils sautaient, bambins, sur les genoux des mères.
Vivent la Canadienne et ses jolis yeux doux !

- V -

Nos conquérants ont flétri leur histoire.
Aussi, le justicier qui mesure la gloire
Des nations et leur iniquité,
Saura venger notre sœur Acadienne
Au tribunal de la postérité.
    Vive la Canadienne !

Ils ont fait arracher, magnanimes vainqueurs,
L'amoureux à la vierge, et l'époux à la femme,
Et l'enfant à la mère ; ils ont brisé des cœurs ;
Ils ont, pour effrayer l'opprimé qui réclame,
Dressé des échafauds et forgé des verrous...
Mais ce n'est pas assez pour qu'une France tombe !
Ils ont en vain creusé, dans leur nuit, notre tombe.
Vivent la Canadienne et ses jolis yeux doux !

- VI -

Sur le sentier où vont nos destinées,
Combien de pauvres fleurs, hélas! gisent fanées...
Mais il en est dont les grands vents du Nord
N'ont pas terni la beauté souveraine;
Nous saurons bien les ravir à la Mort!
                    Vive la Canadienne!
Fils d'Albion! Dieu mit des obstacles sacrés
Devant nos cœurs français qui narguent les conquêtes!
Notre peuple, jamais vous ne l'engloutirez
Dans l'océan vorace où grondent vos tempêtes!
Vous n'étoufferez pas, sous un jargon jaloux,
La langue maternelle élégante et sonore!
Vous n'éteindrez jamais l'astre de notre aurore:
                    Vive la Canadienne aux beaux yeux doux!

À THÉODORE BOTREL[21]

(Hommage de la jeunesse canadienne)

Barde sublime et fier que la grâce accompagne,
Nous t'aimons pour l'honneur de la vieille Bretagne,
Pour le rayonnement de son nom vénéré
Que tu vas répandant partout de grève en grève;
Nous t'aimons pour la gloire immense de ton rêve
Épris d'un Idéal à tout jamais sacré!

---

21. Pièce publiée dans *Le Canada*, 18 avril 1903, p. 4, col. 4 et 5. On trouve la prose
    qui correspond à cette poésie dans *Le Canada*, 16 avril 1903, p. 4, col. 3. Gill
    publiera cet article dans *Impressions quotidiennes*, sous le titre de *Botrel*, et
    signera du pseudonyme de *Clairon*. Enfin, cette pièce en vers fut reproduite dans
    Le Cap Éternité, poème suivi des Étoiles Filantes, 1919, p. 131-132.

Le héros dans tes chants retrempe son courage ;
La veuve, en te lisant, n'achève pas la page
Où vibrent des frissons, des cris et des sanglots ;
La tendre fiancée à qui ta lyre verse
Plus d'amour, te bénit ; et le pêcheur se berce
Au rythme de tes vers comme au roulis des flots.

Quand tu nous parleras des menhirs et des chênes,
Les souvenirs troublés des visions lointaines
Qui portent du granit l'inaltérable sceau,
À nos yeux surgiront, par delà les années...
Rends-nous en gerbes d'or toutes nos fleurs fanées !
Chante ! car nous voulons revoir notre berceau !

Chante ! Nous entendons les sons confus et vagues
Des bardes d'autrefois, par la plainte des vagues
Redits à l'infini... Qui de nous, sans frémir,
Dans le tourment des jours évoquant son enfance,
Reconnaîtrait soudain la naïve romance
Qu'on fredonnait tout bas le soir, pour l'endormir ?

Réveille longuement notre écho monotone
Aux accords variés de la chanson bretonne ;
Et quand, malgré les cœurs qui te veulent ici,
Tu reverras Port Blanc, si le marin sans crainte,
Le pauvre paysan ou la fileuse sainte
T'interrogent sur nous, répète-leur ceci :

Chevaliers défenseurs des causes éternelles,
Nous sommes, comme vous, obstinés et fidèles ;
Le drapeau de Montcalm, un jour, nous dit adieu,
Mais nous restons Français, en dépit des conquêtes,
Ô Breton ! qui, malgré le siècle et ses tempêtes,
Aimez encor le ciel et croyez au bon Dieu !

DU BLANC DE L'AZUR ET DU ROSE[22]

Pour orner l'or fin de son médaillon,
Grand'mère demande un portrait de Rose,
Mais la belle enfant, moins qu'un papillon
Nous ferait l'honneur d'un semblant de pose.

Puisque j'ai garni ma palette en vain,
Je voudrais, aux sons berceurs de la lyre
Le front inspiré par l'art souverain,
En des strophes d'or chanter son sourire.

Et ma plume hélas! ne saurait fixer
Ces traits dont l'image en mon âme reste,
Car mon style obscur ne peut enchâsser
Dans le verbe humain la beauté céleste.

Non! pour réussir en vers ce portrait,
Pour prêter la vie à ce frais mélange
De pureté rose et blanche, il faudrait
Une plume prise à l'aile d'un ange.

Bonne grand'maman, si vous voulez voir
Votre Rose peinte, à l'heure où le soir
Avec le sommeil descend sur la Terre,
Dites-lui ceci : «Ferme ta paupière
Et ne bouge plus, comme si dodo
Sur tes jolis yeux mettait son bandeau
Te voyant ainsi, plus faible et plus belle,
Sur toi, ton bon ange étendra son aile
Toute grande afin de te garder mieux
Contre l'Esprit noir et mystérieux.

---

22. Ce poème se trouve dans le manuscrit *Les Étoiles Filantes* sans pagination, trois
pages. Gill l'a publié dans *Le Journal de Françoise*, (*Gazette canadienne de la
famille*), 19 décembre 1903, p. 240. Enfin, il fut publié dans *Le Cap Éternité,
poème suivi des Étoiles Filantes*, 1919, p. 137-139.

Lors, en tapinois, sans bruit et bien vite
Dérobe au satin léger qui t'abrite
Une plume... Prends ! sans peur d'offenser
Ton aimé du Ciel ; on ne peut blesser
Les anges qu'au cœur ; ils n'ont de la peine
Au fond de leur âme auguste et sereine,
Que si leurs amis les petits enfants
Ont de gros chagrins ou font les méchants...
Mets le blanc trésor sous la blanche toile
De ton oreiller : un rayon d'étoile
Viendrait le chercher. Ce que tu voudras,
Avec ce joyau demain tu l'auras...
Bonne nuit !... Ton ange attend ta prière...
Avant de dormir, ferme ta paupière. »

Dans le tiède nid de son doux sommeil,
Si Rose demain retrouve, au réveil,
La plume arrachée à l'aile divine
Sur laquelle un flot de rosée en pleurs
Mêle des éclats perlés aux pâleurs
         De la noble hermine,

Toutes ces clartés pour vous décriront
Les neiges du cœur, le marbre du front,
Et la gamme blanche égrenant ses notes
Sur le col de cygne où la pureté
Met de blancs frissons, et l'émail lacté
         Nacrant les quenottes.

Le pétale pris au grand lys ailé
A pu sillonner l'azur constellé
Dont la majesté t'a baignée de gloire ;
Et, dans le nocturne éblouissement,
Des rayons de lune ont pieusement
         Argenté sa moire.

Aussi dira-t-il combien le cristal
De l'iris est bleu, sur quel idéal
De limpidité s'ouvre la prunelle,
Et par quel effet du mystérieux
Il fait clair de lune au fond des beaux yeux
           De mademoiselle.

L'aile interrompait son cours vers le sol
Pour illuminer plus longtemps son vol
Au rayonnement des apothéoses.
Il faut le miroir de ce souvenir
Qui dans les levants vit s'épanouir
           Les nuages roses,

Pour énumérer tous les incarnats
Nuançant l'oreille aux plis délicats
Où la mèche d'or librement se joue,
Et, sans les meurtrir sous des mots trop lourds,
Décrire la lèvre et le fin velours
           De la rose joue.

Le fragment sacré, dans l'éther sans fin
A porté l'essor du fier séraphin,
Parmi des frou-frous d'ailes éperdues.
Ayant pu sonder le mystère bleu,
Mieux qu'un astre ouvrant son grand œil de feu
           Sur les étendues,

Il saura parler d'un astre infini
Pour nous révéler le foyer béni
Dont le cœur de Rose a gardé la flamme...
Et nous comprendrons le rêve enchanté
Qui doit voltiger dans l'immensité
           De sa petite âme.

MON SECRET[23]

Si je vous le disais pourtant que je vous aime.
Musset.

Si je vous le disais que vous êtes jolie
Que lorsque vous riez, je me sens tout joyeux
Et qu'à vous regarder, vous si belle, on oublie
Qu'il est un autre ciel que celui de vos yeux ?

Si je vous le disais que sur vos lèvres roses,
Une abeille viendrait, avec amour, penser
Ce doux miel qu'elle va butiner sur les roses
Qu'un rayon fait éclore et rougir un baiser ?

Si je vous le disais que depuis la soirée
Où je vous vis alors pour la première fois,
Votre image toujours gracieuse et dorée
Passe comme un éclair dans mes rêves parfois ?

Si je vous le disais !.. mais je n'en veux rien dire,
Mon secret, voyez-vous, je le garde pour moi,
Car si je le disais, l'on en pourrait médire,
Et vous-même, peut-être, en auriez quelque émoi.

C R É M A Z I E [24]

- I -

Le premier parmi nous, aux voûtes souveraines
Il a plané, le front perdu dans les éclairs ;
Il a fait résonner la fierté des beaux vers
Dans le ciel constellé des gloires canadiennes.

---

23. Cette pièce fut publiée dans *La Patrie*, 7 janvier 1905, p. 22, col. 1 et 2.
24. Pièce publiée dans *Le Monument Crémazie, séance d'inauguration le 24 juin 1906, brochure commémorative*, Montréal, Beauchemin 1906, p. 39 à 42. Sera reproduite dans *Le Canada*, 25 juin 1906, p. 2, col. 4. Enfin, dans *Le Cap Éternité, poème suivi des Étoiles Filantes*, 1919, p. 120-124. Dans l'édition de

Et sur notre Parnasse il reste le plus grand
Par la force énergique et la haute pensée[25]

Qui voltige, amplement limpide et cadencée,
Du frisson triomphal au sanglot déchirant.

Attentif à l'écho de nos magnificences,
Il a, du drapeau blanc déroulant les vieux plis,
Salué la splendeur morte des fleurs de lys,
Et sa Muse a pleuré sur nos désespérances.

Et comme l'épée altière des aïeux,
Il a taillé son œuvre à même notre drame ;
Tout le rêve d'un peuple a tenu dans son âme
Pareille au lac géant qui reflète les cieux.

Plus tard, il s'est ému devant le Tricolore,
Étant de ces vaillants et fidèles soldats
Dont l'amour filial ne se mesure pas
Aux teintes du drapeau que la Patrie arbore.

Les siècles de son nom devront se souvenir,
Si la fatalité nous ravit à la gloire ;
Il fait revivre en nous les grandeurs de l'histoire,
Et nous vivrons par lui dans l'immense avenir.

Souvent, au cours de l'âge, une voix inspirée
Qui vibre, seul écho d'un peuple enseveli,
Réveille, au fond des temps comme au fond de l'oubli,
Le passé de ce peuple et sa langue sacrée.

1919, Marie Gill a inversé les parties I et II. Nous rétablissons ici la forme originale.
25. *Variante : par la forme.*

Nous l'aimons pour les chants auxquels il préluda,
Pour le verbe qui vit quand meurent les empires,
Nous dont le cœur français palpite au son des lyres,
Nous l'aimons pour la France et pour le Canada !

Le rêveur s'endormit, emporté par ses ailes
Dans les vertigineux lointains de l'Idéal,
Et tomba brusquement, dans l'océan fatal[26]
Noyant à tout jamais[27] son bandeau d'étincelles...

Il a sombré dans les abîmes d'une loi
Qui punit l'imprudence et sauve l'infamie.
Naufragé, ballotté sur une onde ennemie
Où la ruse est boussole avant la bonne foi.

Il s'est, devant la honte, enfui dans la misère.
Du même coup, le sort l'a deux fois exilé,
Puisqu'au scintillement de l'azur étoilé
Sa Muse pour toujours a fermé sa paupière.

Toute l'affliction, tout le deuil, tout le fiel
De sa tragique fin l'a rendu vulnérable[28] ;
Non moins que le génie au souffle impérissable,
La profonde douleur l'a rapproché du ciel !

- II -

Ô Crémazie ! ô sombre destinée !
Ô dur exil ! Ô tombe abandonnée !..
     Par la Vie et la Mort
Tu fus trahi ; car même dans ta cendre,
Le Canada n'a daigné te défendre
     Contre le sort.

---

26. *Variante : Et tomba brusquement, sur le pavé banal*
27. *Variante : Brisant à tout jamais*
28. *Variante : De sa tragique fin l'a rendu vénérable ;*

Nous te laissions languir aux gémonies
Malgré tes chants, malgré les harmonies
        Que ta voix modula;
Mais une basse et dégradante offense
A cravaché notre reconnaissance,
        Et nous voilà!

C'est plus qu'un nom, c'est toute la Patrie
Que le transfuge insulteur a flétrie
        Avec ton souvenir;
C'est sur nos cœurs indignés que retombe
Ce que l'injure a vomi sur ta tombe
        Pour l'avilir.

Ô trépassé! pour toi la terre est tendre
En te donnant de ne pouvoir entendre
        La voix des renégats;
Mais par delà les vagues en démence,
Le cri d'un peuple, au fond du noir silence,
        Tu l'entendras!

Ce vers sublime accordé sur ta lyre,
Que le drapeau de Carillon inspire
        Au vieillard à genoux,
Nous le clamons à ta grande poussière;
«Vous qui dormez dans votre froide bière,
        Réveillez-vous!»

Assez longtemps, ton auguste mémoire
A reposé dans une paix sans gloire,
        Sous le laurier fané...
Voici venir l'aurore grandiose!
Réveille-toi pour ton apothéose:
        L'heure a sonné!

- III[29]

C'est l'heure du réveil. Qu'importent à tes mânes
Les mépris du vulgaire et les haines profanes !
Triomphe désormais de la Fatalité !
Dans la paix du cercueil un peuple te contemple ;
Lève-toi, solennel, au portique du Temple
Où tu sacrifias ta vie à la Beauté !

---

29. *Variantes* : Dans cette troisième partie, Marie Gill et monseigneur Olivier Maurault introduisirent trois nouvelles strophes dans l'édition de 1919. Le manuscrit de Gill comportait huit strophes. Dans les strophes cinq et six, nous obtenons dans l'édition de 1919 les variantes suivantes.
Strophe cinq :
2. *Nous le dresserons haut devant la multitude,*
5. *Il faut qu'il apparaisse au long regard des âges,*
Strophe six :
1. *Nous irons contempler, par un matin de fête,*
5. *Nous connaîtrons l'orgueil de couronner de roses*
Voici les trois strophes de l'édition de 1919, p. 123. Si elles sont de Gill, nous n'avons pu en retracer le manuscrit.

> Les bords du Saint-Laurent reverront le vieux maître,
> Car nous joindrons bientôt, pour le faire renaître,
> La majesté du marbre à l'éternel airain.
> Pour qu'il ne souffre plus et jamais ne s'envole,
> Nous le scellerons bien dans le double symbole
> De l'airain qui demeure et du marbre serein.
>
> Quand il sera debout, si parfois la poussière
> Que soulève le vent des grands chemins, altère
> L'éclat des traits de bronze ou du blanc piédestal,
> L'aube compatissante aux splendeurs profanées,
> Avant que l'astre roi n'éveille les journées,
> Lavera cet affront dans son divin cristal.
>
> Et dans l'immensité de notre âme fervente,
> Nous lui ferons une autre aurore éblouissante
> Dont les pleurs laveront les taches du passé.
> Sur sa gloire, à nos yeux déjà marmoréenne,
> Comme sur la statue où l'aube en pleurs s'égrène
> Quelque chose de pur aura tout effacé.

Près de ton monument que l'été poétise,
Un rêve planera, malgré la froide bise
Qui des dernières fleurs aura fauché l'orgueil;
Le vent, seul promeneur des désertes allées,
Fera tourbillonner les valses affolées
Où les feuilles d'érable étourdissent leur deuil.

Grands papillons blessés ouvrant en vain leurs ailes,
Les feuilles tomberont, poétiquement belles,
Comme si, dans l'adieu de l'automnal décor,
L'emblème consacré, l'arbre de la patrie
Voulait, pauvre poète, honorer ton génie,
Par l'hommage éploré de sa frondaison d'or.

Écoute le soldat expirant sur ta stèle;
Lui que tu fis mourir d'une mort immortelle,
Son râle d'agonie en cri d'espoir changé
Te convie au réveil sacré des grands artistes;
Souris à l'avenir et lève tes yeux tristes
Vers la voûte étoilée où ton rêve a plongé.

Immobile à jamais dans ta noble attitude,
Dresse-toi maintenant devant la multitude,
Entre le Mont-Royal et le fleuve géant;
Ainsi que dans ton œuvre effleurant les nuages,
Apparais, Crémazie, au long regard des âges,
Enfin maître du sort et vainqueur du néant.

Nous verrons admirer, par ce midi de fête,
Le soleil des grands jours auréolant ta tête,
Comme d'un diadème auguste de clarté;
Et, tout émus d'avoir compris le sens des choses,
Nous connaissons l'orgueil de couronner de roses
Un front couronné d'or par l'Immortalité.

De ce qui vit toujours, symbole dérisoire,
Ce bronze ne vient pas insulter à ta gloire
En lui voulant offrir un éternel demain.
L'aède souffre et meurt, mais l'œuvre souveraine
Plane sur le néant de la poussière humaine;
Le souvenir survit au formidable airain.

Ô maître! dans l'azur des âmes fraternelles
Ta muse triomphante élargira ses ailes,
Après l'irrévocable oubli des jours amers;
Les belles te liront, et, d'idéal éprises,
Comme des fleurs au souffle harmonieux des brises,
Leurs lèvres frémiront en chantant tes grands vers.

OH! N'INSULTEZ PAS...[30]

Victor Hugo s'est trompé quand il a pris, dans les «Chants du Crépuscule» la défense de la femme déchue. Il aurait dû se constituer le défenseur du fonctionnaire malhonnête et modifier ses vers comme suit :

Oh! n'insultez pas un fonctionnaire qui tombe!
Qui sait à quel assaut le pauvre homme succombe?
Qui sait combien de jours sa faim a combattu?
Quand la vente du pot'd'vin ébranlait sa vertu,
Qui de nous n'a pas vu de ces âmes brisées
S'y cramponner longtemps de leurs forces ruinées?
Comme au bout d'une branche on voit étinceler
Une goutte de pluie où le ciel vient briller,
Qu'on secoue avec l'arbre et qui tremble et qui lutte,
Perle avant de tomber et fange après sa chute!
Oui, mais à qui la faute? À toi, politicien!
Cette fange, tu veilles à son entretien
Le jour où tu reçois des cadeaux magnifiques
Des prétendus amis que l'on sait trop pratiques
Pour daigner t'octroyer une lettre de change,
S'ils ne reçoivent rien, par après, en échange.

---

30. Cette pièce fut reproduite dans *Le Nationaliste*, 10 juillet 1910, p. 5, col. 1 et 2, sous le pseudonyme de Charles Marcilly. On sait qu'il s'agit d'une paraphrase de la pièce de Victor Hugo. En voici le texte :
    Oh! n'insultez jamais une femme qui tombe!
    Qui sait sous quel fardeau la pauvre âme succombe?
    Qui sait combien de jours sa faim a combattu?
    Quand le vent du malheur ébranlait leur vertu,
    Qui de nous n'a pas vu de ces femmes brisées
    S'y cramponner longtemps de leurs mains épuisées!
    Comme au bout d'une branche on voit étinceler
    Une goutte de pluie où le ciel vient briller,
    Qu'on secoue avec l'arbre et qui tremble et qui lutte,
    Perle avant de tomber et fange après sa chute!
    La faute en est à nous. À toi, riche! à ton or!
    Cette fange d'ailleurs contient l'eau pure encor,
    Pour que la goutte d'eau sorte de la poussière, .
    Il suffit, c'est ainsi que tout remonte au jour,
    D'un rayon de soleil ou d'un rayon d'amour!

GEORGE-ÉTIENNE CARTIER[31]

Cartier ! tu combattis toujours franc et sans dol ;
La majesté du temps sur ton rêve est passée ;
L'avenir connaîtra ta profonde pensée,
Car dans l'azur des cieux ta gloire a pris son vol !

Maintenant que l'Histoire a flagellé l'Envie
Dont la lèvre hideuse affligea ta fierté,
Élève sur l'autel de la postérité,
En leçon pour nos fils, l'exemple de ta vie.

Grand cœur que l'idéal a fait seul palpiter
Plus haut que l'intérêt matériel de l'heure,
Dans le temps écoulé ton œuvre qui demeure
Nargue les fronts étroits qu'il te fallut dompter.

Sur nos frères lointains quand l'injustice tombe,
Puisse ton souvenir nous mener au combat,
En ces jours de bassesse où plus d'un renégat
Ose se réclamer de ton cœur sur ta tombe !

Sous tes traits, ô grand homme, à la face du ciel,
C'est l'antique droiture et la chevalerie,
L'honneur, le dévouement, c'est toute la patrie
Qu'un sculpteur fixera dans le bronze éternel !...

---

31. Cette pièce fut publiée dans *La Presse*, 13 avril 1912, p. 1, col. 6-8. Puis elle apparaît dans *Le Cap Éternité, poème suivi des Étoiles Filantes*, 1919, p. 125. Gill avait également reproduit les deux dernières strophes dans une lettre à Louis-Joseph Doucet, datée du 18 avril 1912 ; ces strophes ne furent pas publiées dans l'édition de 1919. L'on trouve aux Archives nationales du Canada un immense portrait de Cartier peint par Charles Gill.

Muse, clame son nom dans tes apothéoses !
Que tes rayons soient doux à sa pierre, ô soleil !
Enfants, par vos chansons, allégez son sommeil !
Hommes, brûlez l'encens ! Femmes, jetez des roses !

Prophète dévoilant l'avenir incertain,
Quand notre voile errait au vent, abandonnée,
Ton regard pénétra dans notre destinée ;
Tu devinas l'écueil de l'horizon lointain.

Les générations ceignent du noble emblème,
Dans la lumière d'or ta tempe aux cheveux gris ;
Enfin penseur altier ! le siècle t'a compris :
Ce n'est plus un parti, c'est un peuple qui t'aime !

LES TROIS VOIX[32]

À mon ami Henri Bertrand

Sur le tendre rosier qui veille au cimetière,
Trois oiseaux ont chanté la chanson de l'adieu ;
Sur le seul confident de son cœur dans la terre,
Trois oiseaux ont chanté la chanson du mystère :
L'un était noir, l'autre était blanc, et l'autre bleu.

L'oiseau noir a gémi : — La coupe sombre est pleine...
Jamais plus dans tes yeux ne luira son regard...
La douleur est durable et toute joie est vaine...
Aux roses du rosier viens confier ta peine !..
Jamais plus dans tes yeux ! c'est trop tard ! c'est trop tard !

---

32. Lors du décès de l'épouse d'Henri Bertrand, Gill devait composer cette pièce en
vers dont on trouve le manuscrit dans le *Cahier de coupures, nº II*, p. 5, col. 2,
sous le titre : *Les trois voix, (Rosette), à mon ami Henri Bertrand*. Cette pièce
date du début de l'année 1912.

L'oiseau blanc a chanté : — Ce que la tombe emporte,
Au livre de tes jours demeure pour jamais,
Quand le glas a sonné, seule la chair est morte !
Évoque en ton passé, quand ta peine est trop forte,
Celle qui sut t'aimer autant que tu l'aimais.

La voix de l'oiseau bleu résonna la dernière :
— Je suis couleur du ciel : l'abîme est mon séjour.
Je n'ai rien à gémir sur l'humaine poussière,
Mais deux cœurs m'entendront chanter dans la lumière,
Quand je réveillerai leur éternel amour.

LA CONFÉRENCE INTERROMPUE[33]

À Marcel Dugas

Avant que la sublime aurore de l'histoire
Auréole leurs fronts par la Muse ennoblis
Nos aèdes en vain luttent dans la nuit noire
Dont le morne linceul les couvre de ses plis.

Merci d'avoir, au seuil des injustes oublis,
Pieusement tressé pour honorer leur gloire,
Le laurier solennel, les roses et les lys
Sur l'emblème sacré de la lyre d'ivoire !

Bon jardinier d'Athènes, avec ces rares fleurs
Vous tendiez vos hommages aux discrètes douleurs
La douce pâquerette et la divine sauge...

---

33. Cette pièce fut publiée dans *La Grande Revue* (Montréal), 26 mai 1917, p. 13, col. 2. Elle est dédiée à Marcel Dugas, et datée du 9 mai 1917. Elle sera reproduite dans *Le Cap Éternité, poème suivi des Étoiles Filantes*, 1919, p. 134. On trouve le manuscrit de cette pièce dans le *Cahier de coupures, n° II*, p. 4.

Mais voilà que, grognant, s'éveillèrent soudain
Ceux qui dorment si mal au fond du cœur humain,
Car vous aviez jeté des perles dans leur auge.

MUSA TE DEFENDET[34]

À Albert Lozeau

Devant l'iniquité du destin qui t'accable,
Ton âme habituée aux lumineux sommets
Du royaume de l'Art et de l'Impérissable,
Trop fière pour pleurer, triomphe désormais ;

Car les beaux vers font trêve aux désespoirs muets
Qui mettent plus de nuit au front du misérable,
Les vers harmonieux endorment les regrets,
Comme le bruit des flots qui meurent sur le sable...

Ô victoire du sort ! regarde l'avenir :
Puisque ton cœur chanta, sur ce lit de martyr,
Sans connaître jamais l'amertume ou l'envie,

Tu seras défendu par le grand spectre ailé
Qui veille en l'infini de l'azur étoilé ;
L'Éternité saura te venger de la vie !

HORREUR DE LA GUERRE[35]
(ceci n'est pas de Ronsard)

Je voudrais voir les gens qui poussent à la guerre
Sur un champ de bataille, à l'heure où les corbeaux
Crèvent à coups de bec, et mettent en lambeaux
Tous ces yeux et ces cœurs qui s'enflammaient naguère.

---

34. Cette pièce dédiée à Albert Lozeau fut publiée dans *Le Cap Éternité, poème suivi des Étoiles Filantes*, 1919, p. 133. Elle n'est pas datée.
35. Nous avons trouvé ce sonnet dans les archives de madame Louis-Joseph Doucet de Montréal. Il date de la fin de l'année 1917. Gill ajoutait au bas du manuscrit :

Tandis que flotte au loin le drapeau triomphant,
Et que, parmi ceux-là qui gisent dans la plaine
Les doigts crispés, la bouche ouverte et sans haleine,
L'un reconnaît son frère et l'autre son enfant.

Oh ! je voudrais les voir, lorsque dans la mêlée
La gueule des canons crache à pleine volée
Des paquets de mitraille au nez des combattants ;

Les voir, tous ces gens-là, prêcher leurs théories
Devant ces fronts troués, ces poitrines meurtries
D'où la Mort a chassé les âmes de vingt ans.

«ceci n'est pas de Ronsard». Il voulait sans doute écrire Villion dont il fait la paraphrase. Nous pouvons comparer le troisième vers du premier quatrain de Gill avec ces vers de la *Ballade des pendus :*
«Pies, corbeaulx nous ont les yeulx cavez
Et arraché la barbe et les sourciz.»

Le Cap Éternité
et
les Abénaquis

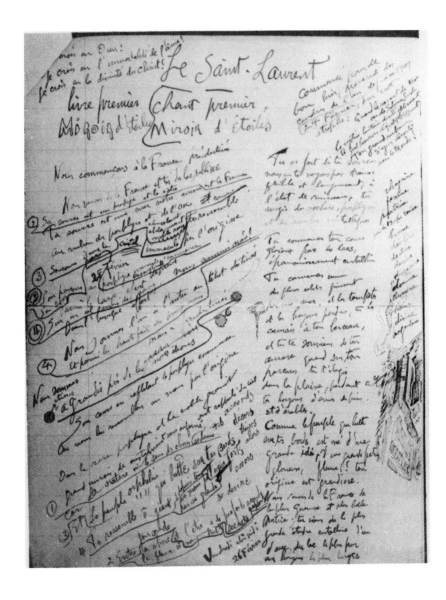

PROLOGUE[1]

J'attendais le vent d'ouest, car à l'Anse Saint-Jean
Je devais m'embarquer pour relever le plan
D'un dangereux récif au large des Sept-Îles.

    J'avais d'abord goûté l'éloignement des villes
5   Dans cette solitude, au pied des hauts glacis,
Chez les bons paysans rompant le bon pain bis,
Pendant que l'on gréait la svelte goélette
Qui, dans l'épais brouillard perdant sa silhouette
Mouillée au fond de l'anse, à l'ancre somnolait.

10   Le jour après le jour lentement s'écoulait,
Monotone et pareil; le fleuve sans écume
Étalait son miroir affligé par la brume;
L'air humide et sonore apportait sur les flots
La naïve chanson de lointains matelots;
15   Aussi, le capitaine à chevelure grise
Réclamait à grands cris le soleil et la brise,
En levant son regard vers le ciel incertain;
Il gravissait le roc abrupt, chaque matin,
Pour observer le temps à l'heure de l'aurore,
20   Et murmurait, hochant la tête : Pas encore!

    La brume enveloppait les larges horizons,
Les bosquets étagés, les glacis, les gazons,
Et tous les mille riens si beaux de la campagne,
Et les sentiers abrupts au flanc de la montagne,
25   Où, jusqu'au sommet, le rêveur épris d'art,
Vers le bleu, tout au loin, chemine du regard.
L'âme se peut distraire, à défaut de lecture,
Dans le livre infini de la grande nature;
Mais il est, dans la brume ainsi que dans la nuit,
30   Des moments où le livre est maître de l'ennui,
Bien long devint le jour et bien longue la veille.

J'avais pris au hasard, dans l'œuvre de Corneille,
Un volume ancien que j'avais emporté
Dans mes derniers colis, en quittant la cité.

35   — Quels héros fait parler le prince de la lyre
Sous ce couvert? pensais-je, en m'installant pour lire...
Le Cid et Polyeucte!... En esprit je reli [*sic*]
Ces chefs-d'œuvre vainqueurs de l'envieux oubli,
Et leurs alexandrins chantent dans ma mémoire,
40   Lorsque j'entends parler de noblesse et de gloire!

Le toit d'un laboureur abritait mon ennui.
— Ce brave homme, me dis-je, a peut-être chez lui
Quelques prix par ses fils remportés à l'école,
Légendes de tournure enfantine et frivole,
45   Qui charment par leur grâce et leur naïveté.
Le matin, sac au dos, mon hôte était monté
Sur une terre neuve, au flanc de la montagne.
Près des enfants filait sa robuste compagne:
— Auriez-vous, demandai-je, un livre à me prêter?
50   Non pas que le dédain me fasse rejeter
Celui-ci, des plus beaux écrits sur cette terre,
Mais je le sais par cœur et n'en ai donc que faire.

— Les contes imprimés sont rares dans l'endroit,
Monsieur le voyageur, et cela se conçoit!
55   Dit-elle, — un a-b-c, deux livres de prière,
Un ancien almanach: voilà notre misère!
D'instruire nos enfants nous aurions bien souci,
Mais, par malheur pour nous, l'école est loin d'ici...
J'ai pourtant un cahier tout rempli d'écriture
60   Et de dessins à l'encre; il est sans signature;
Il nous fut confié par un jeune inconnu
Je ne sais où parti, je ne sais d'où venu,
Qui nous est arrivé par une nuit d'orage.
La tempête l'avait jeté sur le rivage.

65   Aux clartés des éclairs je l'ai vu s'approcher
       Et traînant son canot brisé sur le rocher;
       Puis il vint pour la nuit nous demander asile.
       Il tombait chez du monde ami de l'Évangile !
       Nous avons mis la table et rallumé le feu,
70   Pour qu'avant de dormir il se chauffât un peu.
       Le matin, il s'en fut dans la forêt voisine;
       En un mince galon il tailla la racine
       D'une épinette blanche et cousit son canot,
       En regomma l'écorce et le remit à l'eau.
75   Le Norouet sur les crans brisait les vagues blanches.
       Mes enfants ont caché l'aviron sous les branches,
       Car il voulait partir malgré le temps affreux.

       — Puisqu'il en est ainsi, petits cœurs généreux,
       Leur dit-il, je demeure, en acceptant la chose
80   Qu'un père soucieux de votre bien propose :
       À vous faire l'école ici je resterai.
       Travaillons bien ensemble, et quand le Saguenay
       Sera couvert de glace, enfants, vous saurez lire !
       Allez vers votre père, accourez le lui dire,
85   Mais revenez bien vite avec mon aviron :
       Du naufrage d'hier je veux venger l'affront !

       — De notre vieux fournil on dut changer l'usage,
       Pour qu'il servît d'école à tout le voisinage.
       Dès que furent passés les travaux des moissons,
90   Les enfants appliqués suivirent les leçons.

       Quand il s'ennuyait trop de son canot d'écorce,
       Il se faisait un jeu, si grande était sa force,
       De vaincre tout venant à lever des fardeaux,
       Ou bien avec mon homme il domptait les chevaux.
95   D'autres fois, il partait au loin sur ses raquettes...

       Il semblait tourmenté par des peines secrètes.

Souvent il traduisait pour nous, les soirs d'hiver,
Un conte italien qui parle de l'enfer...
Un beau conte, qui parle aussi du purgatoire,
100   Et des anges du ciel au milieu de leur gloire.
Il en avait encore un autre, plus ancien,
Disait-il, qui s'appelle... Ah! je ne sais plus bien!
On parle là-dedans d'un roi, malheureux père,
Et d'un prince son fils tué pendant la guerre;
105   Un cruel ennemi veut le jeter aux chiens,
Mais pour son enfant mort le père offre ses biens:
Il court chez le vainqueur qui dîne sous la tente,
Et le prie à genoux d'une voix suppliante...
De ce pauvre vieux roi mon cœur s'est souvenu,
110   L'ayant bien remarqué, parce que l'inconnu,
Un soir de poudrerie, en lisant ce passage,
Trois fois dut s'arrêter au milieu de la page,
Et ne put la traduire entière sans pleurer.

D'autres soirs, dans sa chambre il allait se cloîtrer,
115   Et longtemps il lisait, il écrivait peut-être;
La lampe qui brûlait auprès de sa fenêtre,
Sur la neige bien tard jetait une lueur.
Quand vinrent les beaux jours, l'inconnu, moins veilleur,
Descendait pour écrire au bord de la rivière;
120   Je le trouvais toujours assis sur cette pierre,
Penché sur son cahier, près du grand sapin noir
Que, malgré le brouillard, d'ici vous pouvez voir.
Nous n'avons pas connu le secret de cet homme,
Ni quel est son passé ni comment il se nomme;
125   Un jour, à ma demande, il a répondu : — Non!...
Puisque tu prends mon âme, ô nuit, garde mon nom!

Souvent, dans son canot, vers Sainte-Marguerite
Il s'en allait pêcher le saumon et la truite.
Mais lorsque mes enfants travaillaient aux moissons,

130 Emportant ses papiers au lieu des hameçons,
    Il remontait vers l'Ouest, et j'étais bien certaine
    De ne plus le revoir avant une quinzaine.

    Or, un soir, il nous dit en nous serrant la main :
    — Au premier chant du coq je partirai demain.
135 Conservez mon cahier ! prenez soin de ces pages
    Que je n'ose livrer au hasard de naufrages !
    Au revoir ! bons amis, gardez mon souvenir.
    Ces bords hospitaliers me verront revenir.
    Pendant que je serai loin de vous, s'il arrive
140 Qu'un voyageur instruit aborde votre rive,
    Prêtez-lui le cahier : qu'il le lise à loisir
    Et le transcrive au long s'il en a le désir !

    Il partit le matin, au courant favorable.
    La plume et l'encrier l'attendent sur la table.
145 Près de ses chers papiers depuis bientôt un an.
    Les aiguilles encor dorment sur son cadran.

    Il n'était pas tout seul au milieu des tempêtes,
    Car pour lui bien souvent mes filles inquiètes,
    Dans le gros temps d'automne ont prié le bon Dieu.

150 Au lieu d'un «au revoir», avons-nous un adieu ?
    Reviendra-t-il jamais ? Nous gardons l'espérance
    De le revoir un jour, malgré sa longue absence.

    Nous bénissons le temps qu'il a vécu chez nous...
    Ah ! le pauvre jeune homme, il était triste et doux,
155 Et tout plein son bon cœur il avait de la peine !

    — La fileuse, à ces mots, laissa tomber sa laine,
    Jeta deux gros rondins d'érable dans le feu,
    Et tira de l'armoire un épais cahier bleu
    Qu'elle tenait sous clef, en gardienne fidèle.

160 — Voici ! prenez-en soin, s'il vous plaît, reprit-elle,
     En me tendant le livre ardemment convoité.

     Comme titre, il portait : «Le Cap Éternité»,
     En caractères noirs écrits sur le bleu pâle.
     L'or de la fleur de lys élégante et royale
165 Décorait par endroits le couvert azuré ;
     Ailleurs, nouvel enblème également sacré
     Mariant le présent au passé vénérable,
     S'étalait la beauté de la feuille d'érable.

     Je l'ouvris, parcourant en hâte les feuillets
170 Pendant que vers ma chambre, ému, je m'éloignais.
     Les lignes, çà et là, trahissaient les pensées :
     Il semblait qu'en tremblant la main les eût tracées ;
     Indiscret confident des secrètes douleurs,
     Tel feuillet tacheté révélait d'anciens pleurs ;
175 Certains vers tourmentés portaient mainte rature,
     Mais, sur plus d'une page entière, l'écriture
     Semblait formée au jet de l'inspiration,
     En ces moments d'ardente et vive passion
     Où la plume rapide à peine suit la trame
180 De la pensée éclose aux profondeurs de l'âme.

     Je lisais... Je lisais dans l'heure qui s'enfuit,
     Tout le long de ce jour brumeux et de la nuit,
     Penché sur le cahier du malheureux poète.

     Et quand le commandant de notre goélette,
185 Pour l'heure du départ vint prendre mon avis,
     Vers le sommet des monts dardant son regard gris,
     Et me montrant, joyeux, l'éblouissante aurore,
     À mon tour, cette fois, je lui dis : — Pas encore !

     Sur la côte sauvage où le mûrier fleurit,
190 Je transcrivis soigneusement le manuscrit !
     À ma tâche absorbé, dans l'oubli de moi-même,

Je revivais la vie intense du poème,
De son étrange auteur partageant le destin.
Le jour, j'allais m'asseoir à l'ombre du sapin
195 Où le pauvre inconnu s'était mis pour écrire,
Sous les mêmes rameaux qu'il entendit bruire.
Peut-être son esprit planait-il en ces lieux
Aux heures de silence où je le goûtais mieux.
Le soir, je m'installais à sa table rustique :
200 Copiant les dessins et l'œuvre poétique,
Je ne m'interrompais qu'à l'heure du sommeil,
Pour reprendre bientôt mon travail au réveil.
Si bien que tout fut prêt au bout d'une semaine.

— «Maintenant, démarrons!» criai-je au capitaine.

205 — Notre vaisseau fila, toutes voiles au vent.
Je repris quelques mots passés en transcrivant,
Quand je relus ces vers dans le repos du large,
Et je me suis permis quelques notes en marge.

CHANT PREMIER[2]

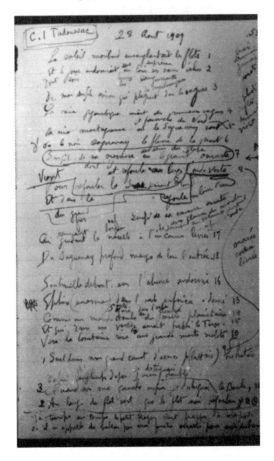

LE GOÉLAND

Le soleil moribond ensanglantait les flots,
Et le jour endormait ses suprêmes échos.
La brise du Surouet roulait des houles lentes.
Dans mon canot d'écorce aux courbes élégantes,

5   Que Paul l'Abénaquis habile avait construit,
Je me hâtais vers Tadoussac et vers la nuit.
À grands coups cadencés, mon aviron de frêne

Poussait le «Goéland» vers la rive lointaine;
Sous mes impulsions rythmiques, il glissait,
10 Le beau canot léger que doucement berçait
La courbe harmonieuse et lente de la houle.
Sur le pourpre du ciel se profilait la «Boule»,
Sphère énorme dans l'onde enfonçant à demi,
Sentinelle qui veille au seuil du gouffre ami
15 Pour ramener la nef à l'inconnu livrée,
Et du fleuve sans fond marquer de loin l'entrée.
Ô globe! as-tu surgi du flot mystérieux?
Ou bien, aux anciens jours, es-tu tombé des cieux,
Comme un monde égaré dans l'orbe planétaire,
20 Et qui, pris de vertige, aurait frappé la Terre?

Dans le grand air du large et dans la paix des bois,
Dans les calmes matins et les soirs pleins d'effrois,
Dans la nuit où le cœur abandonné frissonne,
Dans le libre inconnu je fuyais Babylone...
25 Celle où la pauvreté du juste est un défaut;
Celle où les écus d'or sauvent de l'échafaud;
Où maint gredin puissant, respecté par la foule,
Est un vivant outrage au vieil honneur qu'il foule,
La ville où la façade à l'atroce ornement
30 Cache mal la ruelle où traîne l'excrément;
Celle où ce qui digère écrase ce qui pense;
Où se meurent les arts, où languit la science;
Où des empoisonneurs l'effréné péculat
Des petits innocents trame l'assassinat;
35 Où ton nom dans les cœurs s'oublie, ô Maisonneuve!
Celle où l'on voit de loin, sur les bords du grand fleuve,
Les temples du dollar affliger le ciel bleu,
En s'élevant plus haut que les temples de Dieu!

Les dernières clartés du jour allaient s'éteindre.
40 Depuis longtemps je me croyais tout près d'atteindre
La rive montagneuse et farouche du Nord,
D'où le noir Saguenay, le fleuve de la Mort,

Surgi de sa crevasse ouverte au flanc du monde,
Se joint au Saint-Laurent dont il refoule l'onde.
45   La rive paraissait grandir avec la nuit,
Et l'ombre s'aggravait d'un lamentable bruit :
Plaintes des eaux, soupirs, rumeurs sourdes et vagues.
La houle harmonieuse avait fait place aux vagues ;
Le ciel s'était voilé d'épais nuages gris,
50   Et les oiseaux de mer regagnaient leurs abris.
Le «Goéland» rapide avançait vers la côte
Dont la masse effrayante et de plus en plus haute
Se dressait. L'aviron voltigeait à mon bras,
Et je luttais toujours, mais je n'arrivais pas.
55   Le violet des monts se changeait en brun sombre.
Vainement j'avais cru traverser avant l'ombre,
Car de ces hauts sommets le décevant rempart
Égare le calcul et trompe le regard.
Maintenant, sur les flots qui roulaient des désastres,
60   La nuit tombait, tragique, effrayante, sans astres ;
Et sur ma vie en proie à maint fatal décret,
Sombre pareillement la grande nuit tombait.
Je tentais d'étouffer, au fracas de la lame,
La voix du souvenir qui pleurait dans mon âme ;
65   En vain je voulais fuir un douloureux passé,
Et le sombre remords à mes côtés dressé.

Mais je me demandais si les tragiques ondes
N'allaient m'ensevelir dans leurs vagues profondes.
Je regardais la vie et la mort d'assez haut,
70   Ma liberté, mon aviron et mon canot
Étant mes seuls trésors en ce monde éphémère.
Aussi, me rappelant mainte douleur amère :
— «Autant sombrer ici que dans le désespoir !
Allons, vieux «Goéland» ! qu'importe tout ce noir !
75   Le parcours est affreux, mais, du moins, il est libre !
N'embarque pas trop d'eau ! défends ton équilibre !
Ton maître s'est mépris en jugeant le trajet :
Oppose ta souplesse au furieux Surouet !

Comme un oiseau craintif qui fuit devant l'orage,
80   Le grand canot filait vers la lointaine plage,
Sur les flots déchaînés qu'à peine il effleurait,
Quand, dans l'obscurité, gronda le mascaret...
Le canot se cabra sur la masse liquide,
Tournoya sur lui-même et bondit dans le vide,
85   Prit la vague de biais, releva du devant,
Mais un coup d'aviron le coucha sous le vent.
Alors, des jours heureux me vint la souvenance
Je me revis au seuil de mon adolescence ;
Je revis le Sauvage inventif, assemblant
90   L'écorce d'où son art tirait le «Goéland» :
Comme un sculpteur épris d'un chef-d'œuvre qu'il crée,
Il flattait du regard la carène cambrée,
Calculait telle courbe à la largeur des bords
Et des proportions ménageait les rapports.
95   Je me remémorai sa parole prudente
Au temps déjà lointain où j'allais sous la tente
Causer des vieux chasseurs et voir de jour en jour
L'écorce prendre forme en son svelte contour ;
Quand je lui demandai pour la proue ou la poupe
100 Un ornement futile et d'élégante coupe,
Comme ceux que j'avais au jardin admirés
Sur des petits canots de guirlandes parés.
— Le vent, avait-il dit, prendrait dans ces girouettes !
Tu remercieras Paul au milieu des tempêtes,
105 Quand tu traverseras où d'autres sombreront !

Cependant, j'approchais du Saguenay sans fond ;
Mon aviron heurta la Pointe aux Alouettes.
Je ne distinguais rien des grandes silhouettes,
Mais un phare apparut à mon regard chercheur :
110 Le brasier qui flambait au foyer d'un pêcheur
Guida ma randonnée, et j'atteignis la plage
De la petite baie, au pied du vieux village.

CHANT DEUXIÈME[3]

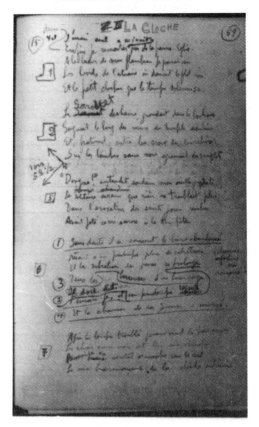

LA CLOCHE DE TADOUSSAC

J'errais seul, à minuit, près de la pauvre église.
À la lueur de mon flambeau, je pouvais voir
Les bords de l'estuaire où dansait le flot noir,
Et le petit clocher que le temps solennise.

5   Quelle nuit ! Le Surouet grondait dans les bouleaux,
Geignait le long des murs du temple séculaire,
Et, fraternel, entre les croix du cimetière,
Sur les tombes sans nom égrenait des sanglots...

Ô fière nation sur qui la terre pèse,
10   Où sont les dignes chefs et tes guerriers sans peur?
Hélas! devant ces croix, le pèlerin songeur
Peut se dire : — Ici gît la race montagnaise!

Elle est là tout entière : en voici le cercueil...
C'était une alliée à la France fidèle.
15   Que les tendres bouleaux pleurent en paix sur elle,
Et que les sapins noirs portent longtemps son deuil!

«Dongne! dongne!» entendit mon oreille inquiète.
Le salutaire airain que rien ne troublait plus
Dans l'évocation des saints jours révolus,
20   Avait jeté ce cri sonore à la tempête.

— Sans doute il se souvient, le bronze abandonné;
Il dort, et son printemps regretté se prolonge
Dans les vibrations berceuses d'un beau songe,
Et la chanson de sa Jeunesse a résonné.

25   Après les temps troublés, quand vient la paix amie,
Les choses, comme nous, ont leur rêve éternel,
Pensais-je en écoutant s'envoler vers le ciel
Le rêve harmonieux de la cloche endormie.

Mais non! sur son appui rustique elle oscillait.
30   Un invisible bras réglait donc cette plainte;
Une douleur humaine inspirait la voix sainte :
Ce n'est pas en rêvant que le bronze parlait.

Lors j'ai crié : — Quel Montagnais dans l'ombre pleure
Le regret d'autrefois au clocher des aïeux?
35   J'irai te voir sonner, sonneur mystérieux,
Et je saurai pourquoi tu sonnes à cette heure!

J'hésiterai sur le seuil du monument sacré [*sic*]
Par les rayons du ciel et par ceux de l'histoire ;
Mais la porte, en grinçant, démasqua la nef noire...
40	Démasqua la nef noire en grinçant !... et j'entrai.

Vainement par trois fois j'appelai. Rien ! Personne !
Le silence gardait les secrets du passé.
Épris de l'invisible, inquiet, j'avançai
Dans la terreur muette où l'inconnu frissonne.

45	Devant l'autel par la veilleuse abandonné,
Veille dans son cercueil l'humble missionnaire ;
Son ombre plaît au Christ autant qu'une lumière !
Sur ce grand souvenir je me suis incliné.

Était-ce lui, l'apôtre intrépide au cœur tendre,
50	Qui, réveillant la cloche au fond des vieux oublis,
Venait renouveler pour les ensevelis
Le plaisir nonpareil qu'ils prenaient à l'entendre ?

Au charme évocateur et magique des sons,
Un peuple mort s'est réveillé dans ma pensée ;
55	Mon cœur a pris le deuil de sa gloire passée,
Que par notre silence ingrat nous offensons.

La cloche fit chanter l'écho des murs antiques ;
Et les chœurs endormis depuis le temps jadis,
Fervents ainsi qu'aux jours des nobles fleurs de lys,
60	Dans l'église déserte ont redit leurs cantiques.

Je t'évoquais, cloche des deuils et des adieux,
Et cloche des fiertés joyeusement sonore,
Saluant par ton chant virginal dans l'aurore,
Le chef Tacouérima toujours victorieux !

65	Je t'entendais frémir d'allégresse au baptême,
Saluer le secret profond de l'Ostensoir,

Convier les croyants à l'oraison du soir,
Et sur les trépassés gémir l'adieu suprême.

Je t'évoquais, sonnant bien loin dans l'Autrefois,
70   Pour le retour du brave à la plage natale,
Pour le pêcheur perdu dans la brume automnale,
Et qui revient au port, appelé par ta voix.

Je revoyais aussi les sveltes sauvagesses,
Au frôlement silencieux de leurs souliers
75   S'avancer vers l'autel avec les fiers guerriers,
En inclinant leur front orné de noires tresses.

Je t'entendis encor, dominant tout le bruit
De la bourgade en feu, quand ton bronze tragique,
Parmi les hurlements de la folle panique,
80   Jeta les sons affreux du tocsin dans la nuit.

J'évoquais tes Noëls perdus... Mais la rafale
S'engouffrant dans la nef, éteignit son flambeau,
La nuit m'enveloppa d'horreur près du tombeau,
Et l'aile de la Mort effleura mon front pâle,

85   «Dogne don! dogne don!» gémit l'airain plus bas
Dans l'épouvantement des profondes ténèbres.
Un frisson glacial parcourut mes vertèbres,
Car j'avais reconnu le rythme lent du glas.

Comment suis-je sorti vivant de cette tombe?
90   Je ne sais quels esprits m'ont entraîné dehors,
Mais après tant de jours écoulés depuis lors,
Le tintement fatal dans ma mémoire tombe!

Le souffle furibond de l'ouragan s'accrut.
La plainte résonna, plus lugubre et plus longue:
95   Dongue! dongue-dongdon! daïngne! don! dôgne-dongue!
Pour l'ouragan fit trêve et la cloche se tut.

L'âme de Nelligan m'a prêté son génie
Pour clamer : Qui soupire ici des désespoirs ?
Cloche des âges morts sonnant à timbres noirs,
100   Dis-moi quelle douleur vibre en ton harmonie !

Un affreux tourbillon fit rugir la forêt
Et les flots fracassés sur la rive écumante ;
Alors je crus entendre, au sein de la tourmente,
Une voix tristement humaine qui criait :

105   — Je suis l'âme qui pleure au pied de la montagne...
Le roi du fleuve noir... le vieillard du passé...
Devant l'oubli fatal mon fantôme est dressé,
Et le suprême adieu du destin m'accompagne !

Et j'ai dit : — Descends donc à mon entendement !
110   Ton verbe aérien loin de mon cœur s'envole,
Car je ne comprends pas si profonde parole.
Alors, tout près de moi, j'entendis clairement :

— Je suis Tacouérima, que le chagrin emporte,
Sur les ailes du vent, au pays montagnais ;
115   Je viens du souvenir où je veille à jamais,
Et j'ai sonné le glas de ma nation morte !

CHANT TROISIÈME[4]

LE DÉSESPOIR

Et le Chef m'apparut devant la vieille église
Un haut panache blanc ornait sa tête grise.
Il s'approcha de moi, lent et majestueux.
Mes sens m'ont-ils trompé, dans cette affreuse veille ?
5   Non ! Il était bien là : je l'ai vu de mes yeux,
Et sa voix d'outre-tombe a frappé mon oreille :

— Moi non plus, ô vivant, je ne t'ai pas compris,
Mais je t'ai vu pleurer sur ma race, et je t'aime !
Ne tremble pas ! Qui donc es-tu, visage blême
10   Qui hantes la tempête où veillent les esprits ?

— Je suis un trépassé relégué dans la vie !
Ô fantôme bercé sur l'aile des grands vents,
Tu me comptes à tort au nombre des vivants.
Vieux chef dont les regrets prolongent l'agonie,
15   Roi des monts éternels et du grand fleuve noir,
Ô vieillard du passé, je suis le Désespoir !
Et ma pensée au fond du souvenir voltige...
Et le destin d'un peuple agonisant m'afflige...
Je suis un trépassé... Dans le bourdonnement
20   De la vie attardé, je trouve mon tourment ;
Mais parfois, sur ma lèvre où le sanglot expire,
Un effrayant sarcasme ose figer le rire.
Mon cœur m'a précédé dans l'éternelle nuit.
Partout sur cette terre où le remords me suit,

25   J'emporte en moi l'horreur des infernaux abîmes.
On dirait que Satan a honte de mes crimes
Ou que sa main fatale a retardé mon glas,
Car s'il a bien scruté la douleur que j'endure,
Et s'il connaît mon sort affreux, il ne peut pas
30   Dans l'enfer éternel accroître ma torture.

— Sois grand par la douleur et chante ton pays !

— La lune, en ce moment, émergeait d'un nuage.
Je m'étais relevé, le front haut, et je dis :
— Adieu !... mon vieux canot m'attend là sur la plage ;
35   La veilleuse du ciel éclaire mon départ...
Adieu, Tacouérima !... Chanter ? Il est trop tard !
J'ai désappris d'aimer, et tu veux que je chante !
Laisse mon désespoir errer dans l'épouvante :
Vainement ton courage a flagellé le mien.

40   Je n'aime plus personne et n'admire plus rien.
Comment donc célébrer, maintenant, ô Patrie,
Tes fleuves, tes martyrs et ta chevalerie !
Un tison rouge brûle où mon cœur palpitait ;
La source de mes vers épiques est tarie,
45   Et sous mes doigts crispés, la lyre d'or se tait.
— Je hais la lâcheté, frère au visage blême ;
Mais je t'ai vu gémir sur ma race, et je t'aime,
Reprit Tacouérima ; sur mon grand fleuve noir,
Au pied des hauts rochers, puisque le sort t'entraîne,
50   J'appelle à ton secours deux bons esprits des soirs ;
N'affronte pas sans eux mon tragique domaine !
Contre tes souvenirs ils te protégeront ;
Toujours, à ton premier appel, ils accourront,
Depuis l'heure où le soir étend son voile sombre,
55   Jusqu'à l'heure où le jour embrase le levant...
— Et le chef montagnais se fondit avec l'ombre .

Alors je confiai ces paroles au vent :
— Que la Mort te soit douce, ô vieillard magnanime !
Rentre en paix dans la nuit qui ne doit point finir ;
60   Que ton chagrin s'envole au souffle de l'abîme,
Et qu'un rêve éternel berce ton souvenir !

CHANT QUATRIÈME[5]

LE SILENCE ET L'OUBLI

Un vent faible soufflait après l'âpre tempête.
J'aperçus, en doublant le dangereux rocher,
Deux anges qui tournaient au-dessus de ma tête ;
Peu à peu, je les vis du canot s'approcher.

5   L'un tenait son index en croix avec sa lèvre.
Bien qu'il trahît l'ardeur d'une mystique fièvre,
Son regard tourmenté pour l'âme était muet ;

En vain j'y voulus lire un suprême langage,
Comme en ceux des mortels dont la lèvre se tait.
10 Un fugitif sourire effleura son visage,
Quand de ses yeux ardents j'affrontai le reflet,
Au bleu rayonnement de l'antique veilleuse.
Son aile lunulée et double rappelait
Du tremblant papillon l'aile silencieuse,
15 Par son brillant velours et son vol indécis
Plein de grâce légère et de souple élégance.
À son geste, à ses yeux, à son vol j'ai compris
Que ce frère de l'ombre était le doux Silence.

L'autre levait son front serein vers l'Infini.
20 Le calme auréolait sa figure impassible,
Et pourtant la pitié divine était visible
Sur la sombre grandeur de ce masque bruni
Par le hâle éternel de l'empire nocturne,
Ou par quelque soleil depuis longtemps éteint.
25 Il portait à son pied le signe de Saturne,
Ce vieux dispensateur du temps et du destin,
Comme s'il eût voulu mépriser ce qui dure.
Du puissant albatros il avait l'envergure ;
Lent et mystérieux et grave, il descendait
30 Au fixe déploiement de ses ailes royales ;
Son large vol plané décrivait des spirales.
Impénétrable et froid, son regard se perdait
Plus loin que la pensée et plus loin que les astres.
Alors je me suis dit que l'effroi des désastres
35 Allait dans le passé rester enseveli,
Car j'avais reconnu le bienfaisant Oubli.

Mon cœur a murmuré tout bas dans ma poitrine :
— Bons esprits qui venez des grands cieux inconnus,
Dans ma nuit sans repos soyez les bienvenus ;
40 Au malheureux errant versez la paix divine !

Le Silence ploya son aile de velours,
Et, précédant l'Oubli, comme il le fait toujours,
Il vint dans mon canot s'installer à la proue.
Mais l'Oubli près de moi sur la poupe s'assit;
45   De ma tempe glacée il approche sa joue.
Sur mon front douloureux que ridait le souci,
L'ange daigna peser ses lèvres éternelles,
Puis il m'enveloppa dans l'ombre de ses ailes.
Son âme m'ensevelit, et je sentis enfin, [*sic*]
50   Aux célestes frissons de ce baiser divin,
La paix de l'Infini dans mon être descendre.

L'Oubli se redressa debout derrière moi;
Je vis son envergure immense au vent se tendre,
Et dans le noir néant plonger son regard froid.
55   Le doux Silence ouvrit ses ailes veloutées...
Et le canot glissa sur le gouffre, sans bruit,
Cependant que le souffle apaisé de la nuit
Caressait doucement ses voiles enchantées.
Ainsi je remontais le fleuve de la Mort,
60   À l'étrange pilote abandonnant mon sort.
Le Silence imposa son règne aux bruits du monde
Dont mon âme évoquait encore les échos:
Clameurs, bourdonnement de la haine qui gronde,
Vils affronts de l'envie et cruauté des mots,
65   Tout s'est évanoui dans une paix profonde.

Et l'aile de l'Oubli sur la poupe dressé,
Empêchant mon regard d'observer en arrière
Le sillage d'argent par l'écorce tracé,
Cachait en même temps les lointains du passé.
70   L'Oubli tendit son aile au seuil du noir mystère;
Du chemin déjà fait je perdis le parcours,
Et je ne vis plus rien dans le recul des jours:
Le remords s'endormit au fond de ma mémoire.
L'Oubli sur mon passé tendit son aile noire,

75 Tendit son aile noire entre l'ombre et mes yeux !
Ô bienfaisant retour des heureuses années !
J'ai scruté sans faiblir la loi des destinées,
Et j'ai levé le front sans crainte vers les cieux,
Devant le souvenir l'ange étendit son aile !
80 Tout s'est évanoui, remords, chagrin, rancœur :
J'ai senti le pardon céleste dans mon cœur,
Et le souffle de Dieu dans mon âme immortelle.

Ainsi je remontais le fleuve de la Mort,
Au sublime pilote abandonnant mon sort.

CHANT CINQUIÈME [6]

CLAIR DE LUNE [1]

85 Quand au zénith trôna la pâle nébuleuse ;
Quand tout devint muet sous le ciel étoilé ;
Dans le passé fatal que le noir chagrin creuse,
À l'œil de mon esprit quand tout se fut voilé ;
Entre les bords abrupts du sombre défilé
90 Où passaient les frissons de la brise berceuse,
Quand tout fut recueilli, la Nuit mystérieuse,
La Nuit, la grande Nuit sereine m'a parlé !

Le jour éblouissant couvre à flots de lumière
Des vérités que l'ombre enseigne à sa manière,
95 Dans un rayon d'étoile effleurant les sommets.

---

1. Le chant IVe *Le Silence et l'Oubli* et le chant Ve *Clair de Lune* ne forment qu'un seul chant dans les manuscrits du poète. D'autre part, Gill publiait le chant IVe *in extenso* dans *La Grande Revue*, 5 mai 1917. C'est Marie Gill qui sectionnait arbitrairement *Le Silence et l'Oubli*, puis après avoir hésité sur le second titre *Nox*, elle fixait son choix sur *Clair de Lune*.

Devant l'escarpement des rochers grandioses,
La nuit du Saguenay m'a révélé des choses
Que le langage humain ne redira jamais.

     La brise qui soufflait dans mes féeriques voiles
100 Nous emportait toujours sous les doux rayons bleus,
Entre les monts altiers, les monts vertigineux
Dont la crête tranchait, noire sur champ d'étoiles.

     Que tes fleuves si grands, ô mon pauvre pays,
Te fassent pardonner tant d'hommes si petits!...
105 Quel spectacle de force et de majesté grave!
Ah! comme ce mirage en le cerveau se grave!
Le mien l'évoque encor, nettement buriné.
Là-bas, un banc de marbre argenté par la lune,
Posé comme un joyau sur la falaise brune,
110 Charme d'un gai reflet le triste Saguenay;
Plus loin, le marbre pur en rose se colore,
Comme si la splendeur d'une ancienne aurore
avait dans sa noblesse enfermé des rayons;
Ailleurs, groupant leur masse en épais bataillons,
115 Les amas de granit, au gré de leur caprice,
Rapprochent leurs flancs nus sillonnés de ravins,
Escaladant le ciel de gradins en gradins,
Et le tournant subit démasque un précipice;
Partout les rochers gris brunissent à fleur d'eau :
120 Au pied de la falaise, au détour de la crique,
Court un ruban de fer où le flot magnétique,
En troublant la boussole a marqué son niveau.

     Je vogue glorieux dans un rêve de Dante.
Les monts qu'a devinés l'immortel Florentin,
125 En trompant mon regard rapprochent le lointain,
Par leur fronton géant que l'ombre encore augmente.

Escarpés par endroits, ailleurs courbés en pente,
Ils masquent l'horizon, de leur profil hautain;
Et, défiant le ciel que tant de gloire atteint,
130 Ils dressent leur stature énorme et menaçante.

Pour affronter l'attaque inlassable du Temps,
En guise de créneaux une forêt couronne
Leur mur fortifié que maint cap bastionne.

Mais ce rempart m'encercle, et je crois, par instants,
135 Que son immensité fatale m'emprisonne
Comme en un bagne affreux construit par des Titans.

Dans sa profonde paix s'endormait la nature.
Au vent qui défaillait nous voguions lentement,
Quand le souffle apaisé sur les eaux sans murmure,
140 Au détour d'un îlot tomba complètement.

Alors les exilés du vaste firmament
Sur un rythme si doux agitèrent leurs ailes,
Que les soupirs de l'air à peine en ont frémi.

Comme au soleil couchant les sveltes hirondelles
145 Effleurent le miroir d'un beau lac endormi,
Ainsi le «Goéland» fila sur l'eau profonde
En rayant d'un long trait la surface de l'onde.

Bientôt se profilant sur l'astrale splendeur,
Deux falaises à pic dressèrent leur grandeur
150 Au seuil de l'Inconnu; sentinelles sublimes
Elles veillaient le fleuve et dominaient les cimes.

Le fraternel Silence et l'Oubli bienveillant
Guidèrent le canot vers les deux promontoires;
À peine entrions-nous à l'ombre de ces gloires,
155 Que la trop courte nuit pâlit à l'orient.

Les célestes esprits comme elle s'envolèrent ;
Pendant quelques instants au zénith ils planèrent,
Puis vers un autre monde ils prirent leur essor.

Ainsi j'ai remonté le fleuve de la Mort.

CHANT SIXIÈME [7]

AURORE

Règne en paix sur le fleuve, ô solitude immense !
Ô vent, ne gronde pas ! Ô montagnes, dormez !
À l'heure où tout se tait sous les cieux blasphémés,
La voix de l'Infini parle à la conscience.

5   Entre ces deux géants dont le roc éternel.
Surgi du gouffre noir monte au gouffre du rêve,
La pensée ennoblie et plus grande s'élève
De l'abîme de l'âme à l'abîme du ciel.

Quel monde vois-je ici ! d'où vient la masse d'encre
10   Qui baigne sur ces bords le granit et le fer ?
Sur quelle nuit, sur quel néant, sur quel enfer
Frémit cette onde où l'homme en vain jetterait l'ancre ?

Du haut des sommets gris, l'ombre comme un linceul
Tombe sur la tristesse et sur la solitude ;
15   Mon cri trouble un instant la morne quiétude :
Dans l'ombre qui descend, l'écho me répond seul.

Rien de ce qui bourdonne et rien de ce qui chante
Ou hurle, ne répond : ni le loup ni l'oiseau :
Rien de ce qui gémit, pas même le roseau,
20   Ne répond en ces lieux que le mystère hante.

Ô baie Éternité, j'aime tes sombres flots !
Ton insondable lit s'enfonce entre des rives

Dont les rochers dressés en cimes convulsives,
Gardent tragiquement l'empreinte du chaos.

25 Désormais, l'art m'attache au bord du fleuve abîme ;
Je le voudrais chanter dans mes vers, mais en vain
Je tente d'exprimer ce qu'il a de divin
Et d'infernalement effrayant et sublime.

Les accents que mon âme évoque avec effroi,
30 Expirent sur ma lèvre en proie à l'épouvante...
Ton esprit n'est pas loin de ce spectacle, ô Dante !
Ô Dante Alighieri ! mon maître, inspire-moi !

Poète des mots brefs et des grandes pensées,
Toi qui sais pénétrer les humaines douleurs
35 Et dans le Paradis cueillir les saintes fleurs,
Qu'au souffle de tes chants mes strophes soient bercées !

Apprends-moi comme il faut monter, le front serein,
Vers les sommets sacrés qui conduisent aux astres,
Et, le cœur abîmé dans la nuit des désastres,
40 Faire sur le granit sonner le vers d'airain !
....

Mais déjà l'aube terne aux teintes indécises
Révélait des détails au flanc du grand rocher ;
Je voyais peu à peu les formes s'ébaucher,
Et les contours saillir en lignes plus précises.
45 Bientôt le coloris de l'espace éthéré
Passa du gris à l'ambre et de l'ambre au bleu pâle ;
Les flots prirent les tons chatoyants de l'opale ;
L'Orient s'allumait à son foyer sacré.
Le gris matutinal en bas régnait encore.
50 Quand l'éblouissement glorieux de l'aurore
Embrasa le sommet du Cap Éternité
Qui tendait au salut du jour sa majesté.

Pendant que l'Infini se fleurissait de roses,
Les fulgurants rayons pour le moment ont lui...
55 Et j'ai pensé, scrutant le sens profond des choses :
— «Le ciel aime les fronts qui s'approchent de lui ;
Pour les mieux embellir sa splendeur les embrase,
Chair ou granit, d'un feu triomphal et pareil :
Il donne aux uns l'éclat d'un astre à son réveil,
60 Aux autres la lumière auguste de l'extase !»

CHANT SEPTIÈME [8]

AVE MARIA

De nouveau, la douleur envahissait mon être.
Dès que la nuit trop brève au Levant eut pâli,
Quand furent disparus le Silence et l'Oubli,
J'ai senti le remords de mon passé paraître.

5   De nouveau la douleur envahissait mon être.

Sur le premier degré du grand cap Trinité,
La mère de Jésus se dressait dans l'aurore...
Cependant que ma voix troublait l'écho sonore,
Le cri silencieux de mon cœur est monté

10   Plus haut que le sommet du grand cap Trinité.

— « Ave ! Je vous salue, ô Vierge immaculée !
Ave ! Je vous salue, ô Mère du bon Dieu !
Reine qui triomphez dans le royaume bleu
Dont vous portez au front la couronne étoilée,

15   Ave ! Je vous salue, ô Vierge immaculée !...

Mais j'ai perdu le droit de contempler le ciel,
Et je suis trop méchant pour prier, Vierge Sainte ;
J'hésite à vous parler ; je m'approche avec crainte
De ce vertigineux et formidable autel,

20   Car j'ai perdu le droit de contempler le ciel.

Pourtant, des affligés vous êtes l'espérance,
Et vous tendez les bras au pécheur repentant ;
Son soupir étouffé, votre oreille l'entend
Comme les chants joyeux de la tendre innocence,

25   Puisque des affligés vous êtes l'espérance.

      Ô Reine des Martyrs, Mère du Rédempteur,
      Venez à mon secours au bord du précipice !...
      Votre âme est un Miroir de céleste Justice,
      Et votre corps sans tache est l'Urne de l'Honneur,

30   Ô Reine des Martyrs, Mère du Rédempteur !

      Je veux guérir ma peine en chantant ma patrie.
      Faites qu'au rêve bleu de votre doux regard
      Descende sur mon œuvre un rayon du grand art !
      Donnez plus de noblesse à ma lyre attendrie :

35   Je veux guérir ma peine en chantant ma patrie.

      Laissez venir à moi le chœur des Séraphins.
      Pour que les beaux yeux purs toujours puissent me lire,
      Faites qu'aux harpes d'or il accorde ma lyre,
      Et qu'il berce mon rêve avec ses chants divins.

40   Laissez venir à moi le chœur des séraphins.

      Étoile du Matin, donnez-moi la lumière !
      Pour chanter dignement les martyrs et les preux,
      Pour qu'en un style clair, sonore et généreux,
      J'évoque ces grands morts couchés dans leur poussière,

45   Étoile du Matin, donnez-moi la lumière !

      Devant votre Infini je vous aime à genoux.
      L'amour qui monte à vous, monte jusqu'à Dieu même ;
      Vous aimer, c'est lui dire avec l'esprit : Je t'aime ;
      C'est l'adorer deux fois que l'adorer en vous !

50   Souffrez qu'un malheureux vous adore à genoux.

Oui, certes, je le sais, Dieu seul est adorable.
Mais puisqu' un sang divin en vous a palpité,
Et qu'en vous se complaît la Sainte Trinité,
Votre nom douloureux est plus que vénérable :

55   Par le sang de Jésus vous êtes adorable !

Tant que sur les linceuls les mères pleureront,
Et tant que la candeur souffrira pour le crime,
Jamais croyant, épris d'un idéal sublime,
Vers un culte plus beau ne lèvera son front,

60   Tant que sur les linceuls les mères pleureront !

Je viens vous implorer au saint nom du Calvaire.
Osant, malgré ma honte et mon indignité,
Comparer aux douleurs de la Divinité
Le juste châtiment d'un pécheur sur la terre,

65   Je viens vous implorer au saint nom du Calvaire.

Au gibet de la Vie on m'a crucifié !
J'ai ployé sous le faix et j'ai subi l'injure ;
Une tourbe odieuse a raillé ma torture,
Quand, trahi, sans espoir, éperdu, j'ai crié.

70   Au gibet de la Vie on m'a crucifié !

Refuge des Pécheurs, Rose mystérieuse,
Lumière qui montrez la rive aux naufragés
Et la porte du ciel aux pauvres affligés,
Ne m'abandonnez pas dans la tourmente affreuse !

75   Refuge des pécheurs, Rose mystérieuse !

Daignez vous rappeler l'enfant qui vous aimait !
Celui qui maintenant affronte les orages,

Vous cherchait du regard au milieu des nuages
Que son illusion en anges transformait.

80   Daignez vous rappeler l'enfant qui vous aimait !

Il vous voyait sourire au fond de l'Empyrée.
Il vous priait tout bas, mains jointes et tremblant ;
Et quand il s'endormait dans son petit lit blanc
En pressant sur son cœur votre image sacrée,

85   Il vous voyait sourire au fond de l'Empyrée.

Front sublime, incliné sur l'aurore de Dieu,
Ne vous détournez plus de ma longue agonie,
Pour qu'au rayonnement de la grâce infinie
Le repentir me vienne à l'heure de l'adieu,

90   Front sublime, incliné sur l'aurore de Dieu !

Ave !... par un sanglot ma prière s'achève...
Mais l'âme à votre cœur parle mieux que la voix...
Quand je m'endormirai pour la dernière fois,
Comme au temps du lit blanc daignez bénir mon rêve !

95   Ave !... par un sanglot ma prière s'achève.

CHANT HUITIÈME[9]

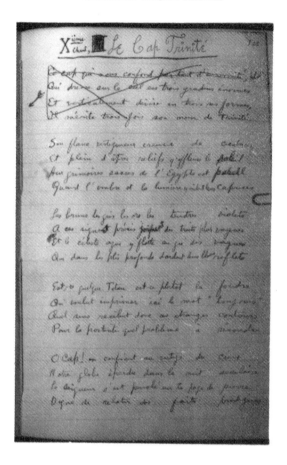

LE CAP TRINITÉ

Ce rocher qui de Dieu montre la majesté,
Qui dresse sur le ciel ses trois gradins énormes,
Et verticalement divise en trois ses formes,
Il mérite trois fois son nom de Trinité.

5   Son flanc vertigineux, creusé de cicatrices
Et plein d'âpres reliefs qu'effleure le soleil,

Aux grimoires sacrés de l'Égypte est pareil,
Quand l'ombre et la lumière y mêlent leurs caprices.

Les bruns, les gris, les ors, les tendres violets,
10   À ces signes précis joignent des traits plus vagues,
Et le céleste azur y flotte au gré des vagues,
Qui dans les plis profonds dardent leurs gais reflets.

Est-ce quelque Titan, est-ce plutôt la foudre,
Qui voulut imprimer ici le mot «toujours»?
15   Quels sens recèlent donc ces étranges contours?
Pour la postérité quel problème à résoudre!

Ô Cap! en confiant au vertige des cieux
Notre globe éperdu dans la nuit séculaire,
Le Seigneur s'est penché sur ta page de pierre,
20   Digne de relater des faits prodigieux.

Il a mis sur ton front l'obscur secret des causes,
Les lois de la nature et ses frémissements,
Pendant qu'elle assignait leur forme aux éléments
Dans l'infini creuset de ses métamorphoses;

25   Et, scellant à jamais les arrêts du destin
Avec l'ardent burin de la foudre qui gronde,
Il a, dans ton granit, gravé le sort du monde,
En symboles trop grands pour le génie humain.

En signes trop profonds, pour que notre œil pénètre
30   La simple vérité des terrestres secrets,
Pendant que nous osons forger des mots abstraits
Et sonder le mystère insondable de l'être.

La Nature nous parle et nous l'interrompons!
Aveugles aux rayons de la sainte lumière,
35   Sourds aux enseignants antiques de la terre, [*sic*]
Nous ne connaissons pas le sol où nous rampons.

Nous n'avons pas assez contemplé les aurores,
Nous n'avons pas assez frémi devant la nuit,

Mornes vivants dont l'âme est en proie au vain bruit
40   Des savantes erreurs et des longs mots sonores !

En vain la Vérité s'offre à notre compas
Et la Création ouvre pour nous son livre :
Avides des secrets radieux qu'il nous livre,
Nous les cherchons ailleurs et ne les trouvons pas.

45   Nous n'avons pas appris le langage des cimes :
Nous ne comprenons pas ce que clament leurs voix,
Quand les cris de l'enfer et du ciel à la fois
Semblent venir à nous dans l'écho des abîmes.

Et l'ange qui régit l'or, le rose et le bleu,
50   Pour nos yeux sans regard n'écarte pas ses voiles,
Quand le roi des rochers et le roi des étoiles
Nous parlent à midi dans le style de Dieu.

CHANT NEUVIÈME[10]

LE CAP ÉTERNITÉ

Fronton vertigineux dont un monde est le temple,
C'est à l'éternité que ce cap fait songer ;
Laisse en face de lui l'heure se prolonger
Silencieusement, ô mon âme, et contemple !

5   Défiant le calcul, au sein du fleuve obscur
Il plonge ; le miroir est digne de l'image.
Et quand le vent s'endort au large, le nuage
Couronne son front libre au pays de l'azur.
Le plomb du nautonier à sa base s'égare,
10   Et d'en haut, bien souvent, notre regard se perd
En cherchant son sommet familier de l'éclair ;

C'est pourquoi le passant étonné le compare
À la mystérieuse et noire Éternité.
Témoin pétrifié des premiers jours du monde,
15   Il était sous le ciel avant l'humanité,
Car plus mystérieux que dans la nuit de l'onde
Où sa base s'enfonce, il plonge dans le temps ;
Et le savant pensif qui marque nos instants,
N'a pu compter son âge à l'aune des années.

20   Il a vu s'accomplir de sombres destinées.
Rien n'a modifié son redoutable aspect.
Il a vu tout changer, pendant qu'il échappait
À la terrestre loi des choses périssables.
Il a vu tout changer, tout naître et tout mourir,
25   Et tout renaître encore, et vivre, et se flétrir :
Les grands pins et le lierre à ses flancs formidables,
Et, dans le tourbillon des siècles emportés,
Les générations, leurs sanglots et leurs rires,
Les faibles et les forts, les bourgs et les cités,
30   Les royaumes obscurs et les puissants empires !

Des reptiles ailés parcouraient ses versants
Longtemps avant que l'homme eût paru sur la terre ;
Longtemps avant sa voix, leurs cris retentissants
Troublaient le vierge écho des bois pleins de mystère.
35   Enfin, dans la forêt où régnait l'animal,
Il a vu dominer l'être à l'âme immortelle,
Celui que ses instincts entraînent vers le mal,
Et qui conserve en lui la divine étincelle.
Sur le globe, bientôt, cette race nouvelle
40   Domina tout, devint innombrable et grandit ;
Mais ses iniquités grandirent avec elle,
Et Dieu qu'elle affligea dans son cœur, la maudit.
Alors les océans de l'abîme jaillirent ;
Les écluses du ciel toutes grandes s'ouvrirent,
45   Et la pluie en torrents effroyables tomba.
Pendant quarante jours, l'onde diluvienne

Tomba, submergeant tout, montagne comme plaine ;
Et tout être qui vit sur terre, succomba.
Le Cap fut submergé : sa cime souveraine,
50   Sa cime habituée aux rayons fulgurants,
Vit tout un monde mort passer dans la pénombre :
Mammouth géant qui lutte et trouble au loin l'eau sombre,
Hommes qu'entre deux eaux emportent les courants,
Aigles dont l'aile lasse en sombrant bat encore...
55   La cime d'où montaient des chansons dans l'aurore,
La cime humiliée a vu, sous ses grands pins,
Se fermer la mâchoire affreuse des requins.
Mais les eaux du déluge enfin se retirèrent.
Les fleuves peu à peu reprirent leur niveau ;
60   Aux âges envolés les âges succédèrent,
Et les graves humains parurent de nouveau.

Longtemps il les a vus, dans l'écorce légère
Sillonner au loin l'onde en plongeant l'aviron ;
Puis vinrent les héros dont notre race est fière :
65   Le chevalier sans peur et le missionnaire,
En passant dans son ombre ont découvert leur front ;
Puis survint le radeau du rude bûcheron
Devant qui s'inclinait la forêt séculaire ;
Et naguères enfin parurent les voiliers
70   Qui flottaient sur la vague, emportés par les brises
Comme des oiseaux noirs aux grandes ailes grises.

Et tout est disparu ! navires, chevaliers,
Et bûcherons joyeux, et martyrs, et sauvages,
Mammouths géants, poissons ailés, hommes pervers
75   Dont les iniquités perdirent l'univers,
Ont passé tour à tour, emportés par les âges,
Comme passent les flots à l'heure du reflux !
Et le terrain de pierre a vu toutes ces choses,
Et bien d'autres encor qui ne reviendront plus ;
80   Et rien n'a transformé ses lignes grandioses :
Depuis les premiers jours, fixe dans son granit,

L'immuable géant dressé sur l'Infini,
Sous le même soleil est demeuré le même !

À peine si, de siècle en siècle, la forêt
85   Qui remplace à son front celle qui disparaît,
Donne au vieil empereur un nouveau diadème.
Lorsque d'un roi puissant la Mort sonne l'appel,
Sa couronne anoblit le roi qui le remplace ;
Mais quand la mort se heurte au granit éternel,
90   Le monarque demeure et la couronne passe !

S'il tressaille parfois, de mille ans en mille ans,
Quand un fragment de roc s'éboule sur ses flancs,
Avec un grand fracas que l'écho répercute
Aux lointains horizons, c'est pour marquer la chute
95   D'un royaume fameux parmi les nations,
Ou pour sonner le glas des générations.
Et lorsque le fragment détaché de la cime
Frôle le flanc sonore et tombe dans l'abîme
Qui l'englobe en grondant et se ferme sur lui,
100 L'eau noire et frissonnante emporte dans sa nuit
Cette vibration jusqu'à la mer lointaine ;
Le Cap Éternité fait dire à l'Océan
Qu'un empire effacé de la mémoire humaine
A rendu sa grandeur éphémère au néant.

105 Des siècles ont passé sans affliger sa gloire !
Il nargue le Vieillard ailé qui fauche tout ;
À son pied souverain, dans l'onde affreuse et noire,
Des siècles sombreront : il restera debout !

Combien de soirs sont morts, combien d'aubes sont nées
110 Sur son front dédaigneux des terrestres années ?
Combien de fois encor l'Océan va blêmir,
Combien de soirs silencieux vont s'endormir
Sur ce front dont l'orgueil dominera les âges
De plus haut qu'il ne règne au milieu des nuages ?

115 Quand sur le sol Laurentien seront passés
     Des jours dont le calcul nous entraîne au vertige;
     Sur les sables mouvants quand seront effacés
     Notre éphémère empreinte et nos derniers vestiges;
     Quand nous aurons été par d'autres remplacés,
120 Et, quand à leur déclin, le vent des cimetières
     Aura sur d'autres morts roulé d'autres poussières;
     Plus loin dans l'avenir, peuples ensevelis,
     Quand le linceul du temps vous aura dans ses plis;
     Après votre néant, quand d'autres millénaires
125 Sur d'autres vanités tendront d'autres oublis,
     Le Cap sera debout sur les eaux solitaires,
     Debout sur les débris des nations altières;
     Le Cap Éternité dressé sur l'Infini
     Sera debout dans son armure de granit.
130 Oh! combien de destins, dans les nuits infernales,
     Auront subi l'assaut des tourmentes fatales!...

     Que verra-t-il, dans l'avenir mystérieux?
     Quels déclins! mais aussi quels essors merveilleux
     D'audace et de calcul, quel art, quelle magie,
135 Quelles éclosions de patient génie,
     Et quels profonds secrets conquis sur l'inconnu!
     Verra-t-il au ciel bleu l'homme enfin parvenu,
     Planer en sûreté sur ses ailes rigides
     Ou frôler l'eau qui dort sans y laisser de rides?...
140 Que verra-t-il dans l'avenir? quels monuments
     D'orgueil et de laideur, et quels effondrements?...
     La prospère beauté des campagnes fertiles
     Au loin remplacera la beauté des forêts.
     Après des ans, des ans, les antiques guérets
145 Feront place aux pavés assourdissants des villes:
     Où vibraient des chansons, sourdront des clameurs viles;
     Où bruissaient les pins, sonneront les louis d'or.
     Au grand mot de «progrès» qui servira d'excuse,
     Les peuples se fieront à des hommes de ruse

150 Qui viendront établir, par leur œuvre de mort,
     Le règne de la force et du mercantilisme ;
     Et ce sera l'oubli des siècles d'héroïsme.
     Mais l'humaine pensée, à l'antique idéal
     Offrira le retour d'un âge moins pratique.
155 Mourant d'avoir cherché le bien-être physique,
     Les hommes chercheront le bien-être moral.
     Les brutales laideurs du fer et de la suie
     Se perdront aux lointains de leur époque enfuie,
     Et les canons affreux pour longtemps se tairont,
160 Car, las de se tuer, les peuples s'aimeront.
     Puis, les déclins retourneront aux origines,
     Et la forêt reverdira sur les ruines.
     Le sort confondra tout dans ses antiques lois,
     Et tout sera joyeux comme aux jours d'autrefois...
165 Et pendant tout ce temps, majestueux emblème,
     Le Cap Éternité demeurera le même !

     Malgré sa majesté, l'homme le détruirait.
     Cet atome rampant peut saper cette pierre
     Imposante et sublime, et réduire en poussière
170 Le géant, pour un sou de plus à l'intérêt.
     Mais nul n'a trouvé d'or à l'ombre de ta gloire :
     Les morsures des vers rongeurs t'épargneront ;
     Ô Rocher ! ta noblesse évite leur affront.
     L'affamé cherche ailleurs un gain aléatoire.
175 Sphinx des passés perdus, il pose à l'avenir
     Le problème infini du temps et de l'espace.
     Il contemple au zénith l'Éternel face à face,
     Et son terrible non lui peut seul convenir.

     Dans le déclin des jours, il projette son ombre
180 Qui tourne en s'allongeant au loin sur le flot sombre ;
     Depuis midi jusqu'aux ultimes feux du soir,
     Sur l'onde fugitive il marque l'heure en noir
     Et compte la naissance et la mort des années.
     Pour quel monde inquiet, quelles races damnées,

185 Pour quels hôtes grinçants, pour quels spectres maudits,
     Pour quels vieux prisonniers de l'infernal abîme,
     Cette horloge implacable, éternelle et sublime,
     Marque-t-elle l'essor des âges infinis !
     Celui qui le premier l'a nommé sur la terre,
190 Avait de l'être humain mesuré le cercueil,
     Et, plus haut que l'essor de notre immense orgueil,
     Habitué son rêve à la pleine lumière !
     Est-ce toi, vieux Champlain ?... Non ! la postérité
     Demande vainement à l'histoire incomplète,
195 Quel apôtre, quel preux, quel sublime poète
     Devant tant de grandeur a dit : Éternité !
     ....
     ....
     Pourtant, il passera ! Les mois, les millénaires,
     Les secondes, les ans, les siècles et les jours,
     Devant l'éternité coulent d'un même cours.
200 L'atome misérable et les célestes sphères,
     Tout passe, croule, meurt... et le monde et le ciel
     Ne sont que vanité devant l'Être Éternel,
     Car le monde et le ciel passeront avec l'heure,
     Devant le Seigneur Dieu dont le verbe demeure.

CHANT DIXIÈME[11]

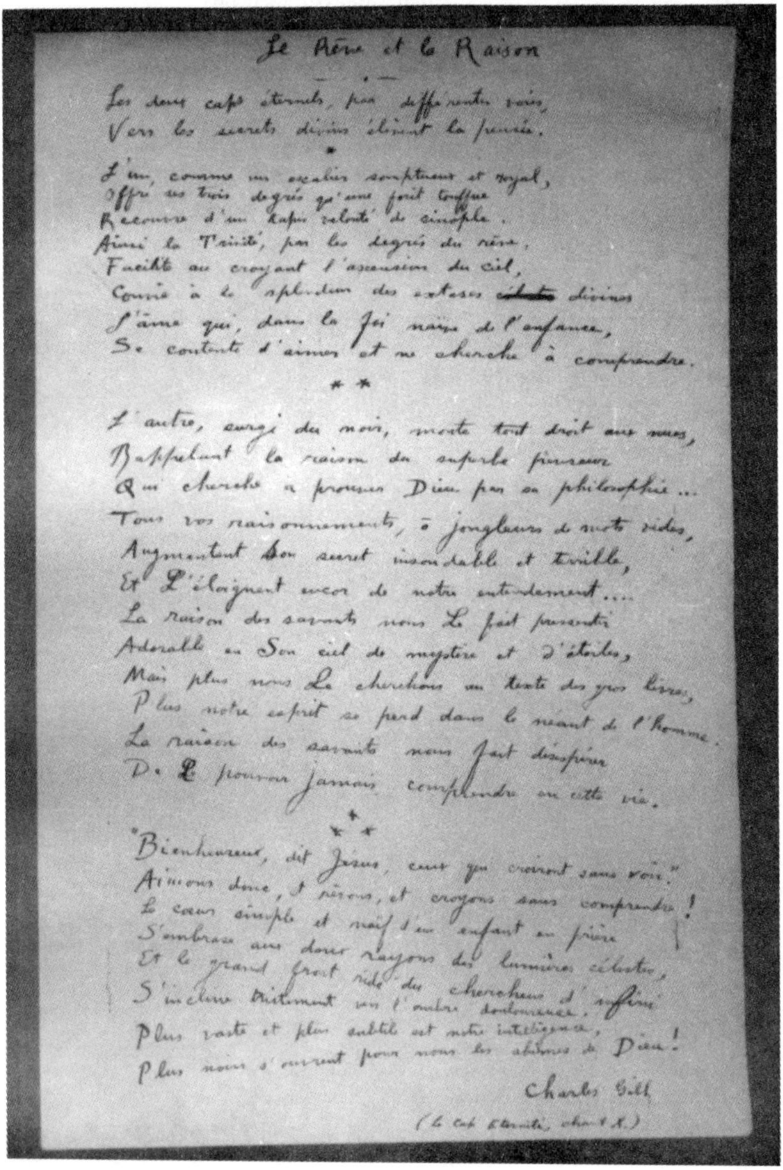

LE RÊVE ET LA RAISON

Les deux Caps éternels, par différentes voies,
Vers les secrets divins élèvent la pensée.

L'un, comme un escalier somptueux et royal,
Offre ses trois degrés qu'une forêt touffue
5   Recouvre d'un tapis velouté de sinople.

Aussi la Trinité, par les degrés du rêve,
Facilite au croyant l'ascension du ciel,
Convie à la splendeur des extases divines
L'âme qui, dans la foi naïve de l'enfance,
10   Se contente d'aimer et ne cherche à comprendre.

L'autre, surgi du noir, monte tout droit aux nues,
Rappelant la raison du superbe penseur
Qui cherche à prouver Dieu par la philosophie.
Tous vos raisonnements, ô jongleurs de mots vides,
15   Augmentent son secret insondable et terrible,
Et l'éloignent encor de notre entendement!...

La raison des savants nous Le fait pressentir
Adorable en Son ciel de mystère et d'étoiles,
Mais plus nous le cherchons au texte des gros livres,
20   Plus notre esprit se perd dans le néant de l'homme.
La raison des savants nous fait désespérer
De Le pouvoir jamais comprendre en cette vie.

«Bienheureux, dit Jésus, ceux qui croiront sans voir.»
Aimons donc, et rêvons, et croyons sans comprendre!

25   Le cœur simple et naïf d'un enfant en prière
S'embrase aux doux rayons des lumières célestes,
Et le grand front ridé du chercheur d'infini
S'incline tristement vers l'ombre douloureuse;
Plus vaste et plus subtile est notre intelligence,
30   Plus noirs s'ouvrent pour nous les abîmes de Dieu!

CHANT ONZIÈME[12]

VERS LA CIME

Combien d'heures, hélas! trop brèves, sont passées,
Pendant que jusqu'à Dieu s'élevaient nos pensées,
Et que, dans le repos du jour silencieux,
J'enivrais de grandeur mon esprit et mes yeux!

5   Le soleil au zénith couronnait sa carrière.
Mon rapide aviron troubla la pureté
De l'onde chatoyante où jouait la lumière,
Et j'atteignis bientôt le Cap Éternité.
Dans l'anse où les cailloux éboulés forment chaîne,
10   Le rocher moins abrupt me permit d'aborder
Près d'un torrent que j'entendais déjà gronder.
....
....
J'ai l'orgueil de gravir la cime souveraine.
Je veux escalader le fier dominateur,
Je veux aller baigner mon front dans ses nuages,
15   Côtoyer son abîme, éprouver ses orages,
Et, plus près de l'azur, m'enivrer de grandeur.

J'hésite, en parcourant du regard l'âpre pente;
Mais le lit du torrent m'indiquant un chemin,
J'aventure mes pas au revers du ravin
20   Qui, le long du flanc roide, obliquement serpente.
Le torrent, par endroits, sur le roc vertical
Brise sa nappe d'eau qui tombe en cascatelle;
Plus loin, du drap lamé l'écluse naturelle
Sous le dôme des pins retient son frais cristal.
25   Le torrent me conduit à mi-chemin du faîte.
Contre la forêt vierge il me faut batailler;
Là, grimpant au bouleau quand l'obstacle m'arrête,
Ici, me cramponnant au souple coudrier.
Et, quoique sans péril la lutte est belle et rude,

30   Plus je m'engage avant dans cette solitude.
     Il me faut contourner d'énormes rochers roux
     Que, de loin, j'avais pris pour de simples cailloux ;
     Les buissons épineux où mon pas s'enchevêtre,
     Les bocages touffus de l'érable et du hêtre,
35   M'avaient paru d'en bas un tapis de gazon.
     Toute une virginale et simple floraison
     Étale ses couleurs sous l'épaisse ramure.
     Je cueille le bluet, la noisette, la mûre
     Et certain petit fruit rouge et délicieux
40   Qui croît en abondance au milieu de la mousse.
     Ô pins harmonieux, comme votre ombre est douce !
     Je dîne en un palais où dîneraient les dieux :
     Ma nappe immaculée est un fragment de marbre,
     Mon cellier est un lac endormi sous les bois,
45   Et l'écorce argentée est la coupe où je bois.
     Un rêve musical frissonne dans un arbre
     Où d'invisibles chœurs gazouillent un concert.
     Dans ma coupe d'écorce, au ruisseau qui murmure,
     Une dernière fois je puise l'onde pure,
50   Et, convive poli, quand finit le dessert,
     Je bois à mon hôtesse, à la grande Nature.

     Le souci d'arriver abrège mon repos.
     Je reprends, maintenant plus fort et plus dispos,
     À même la forêt l'interminable lutte,
55   Car déjà le soleil penche vers son déclin,
     Et je crains que la nuit ne m'arrête en chemin.
     Je me hâte ; l'écho sonore répercute
     Tantôt le craquement des branches sous mes pas,
     Tantôt le bruit plus sourd d'une pierre ébranlée.
60   Il me semble parfois que je n'atteindrai pas
     La cime toute bleue et de pins dentelée,
     Qui toujours se dérobe et paraît au regard
     Toujours de plus en plus hautaine et reculée.
     L'heure rapide passe ; et je songe : — «Il est tard !

65   Je suis bien las !... Pourtant, ô cime inaccessible,
      Ce qui dépend de nous en ce monde, est possible !
      Tu fuis ! En m'épuisant, vers toi je suis monté ;
      Ma force m'abandonne, et tu fuis à mesure ;
      Mais, ô cime orgueilleuse, il est dans ma nature
70   Un pouvoir en réserve, et c'est la volonté ! »

      La dure ascension de nouveau recommence :
      Je grimpe de biais le long du flanc immense,
      Harassé, haletant, et m'aidant de mes bras
      Quand d'un plan vertical j'entreprends l'escalade,
75   Ou que des arbres morts l'inextricable amas
      Se dresse devant moi comme une barricade.

      Partout, le blanc bouleau, le tremble, le sapin,
      Et l'érable sacré, le hêtre, l'épinette,
      Et le vieux chêne aussi mêlent leur silhouette
80   Que, çà et là, domine un gigantesque pin...

      Le soleil flamboyant vers l'horizon s'incline ;
      Voici bientôt venir la minute divine
      Où tout va se parer de son poudroiement d'or.
      Tout se tait dans les cieux. J'approche de la cime,
85   Et mes pas, les premiers, foulent ce lieu sublime !
      Deux mamelons boisés m'en séparent encor :

      Je vole à son assaut ; enfin, je vais l'atteindre !...
      J'y parviens ! Il est temps, car le jour va s'éteindre.
      Mais autour du sommet se dresse un vert rempart ;
90   La couronne des pins, des cèdres et des ormes,
      À ses fleurons altiers arrête mon regard.

      Sur le granit poli des chauves plates-formes,
      Par mon ombre vers l'Est loin de moi précédé,
      Je cours vers un plateau rugueux et dénudé
95   D'où rien ne rétrécit le solennel espace.
      Le vaste écartement de l'angle que j'embrasse
      Entraîne ma pensée au seuil de l'Infini.

Sous les rayons dorés, les montagnes sereines
Jusque à l'horizon développent leurs chaînes
100 Dont l'orgueilleux profil enfin s'est aplani,
Et, ruban satiné, s'allonge sous la nue,
Comme pour défiler, au fond de l'étendue,
Devant le sceptre d'or de quelque majesté
Régnant sur la lumière et sur l'immensité.
105 Serait-ce une féerique illusion des choses ?
Ou bien, dans le recul des solitudes roses,
Par delà l'Océan des monts échelonnés,
Les sommets glorieux se sont-ils prosternés ?
Devant tant de grandeur, la main de Dieu m'écrase.
110 J'entre en communion dans cet immense amour
Qui monte de la terre au soleil qui l'embrase.
Je suis pris du vertige où défaille le jour ;
J'éprouve la splendeur de sa brève agonie.
Parmi les frissons d'or de la limpidité,
115 Mes sens extasiés vibrent en harmonie
Avec la chatoyante et magique beauté
De tout ce que le cœur par les yeux peut comprendre !
Et comme sur le monde où la nuit va descendre,
Dans mon être attendri passe un tressaillement.
120 Aux suprêmes rayons de la mourante flamme
En moi je sens pâlir la lumière de l'âme,
Et je tombe à genoux près de l'escarpement.

CHANT DOUXIÈME[13]

LA FOURMI

Quand je me relevai sur le cap légendaire,
Il projetait une ombre immense au roc voisin ;
Plus le disque écroulé penchait vers son déclin,
Plus sombre s'allongeait tout au loin sur la terre.
5 Couvrant gorges et monts, ce voile violet
En deux plans bien tranchés partageait l'étendue :
Déjà l'aile du Soir à droite frissonnait ;

Jusqu'aux derniers confins où pénétrait la vue,
À gauche, tout vibrait dans le ruissellement
10　De l'or et du rubis répandus comme une onde :
Le Cap et le Soleil se disputaient le monde,
Et Dieu les regardait du haut du firmament.

Rien ne venait troubler le vespéral silence ;
Nul bruit n'inquiétait l'enchantement des yeux ;
15　Ni le bruissement des pins harmonieux,
Ni les soupirs des flots perdus dans la distance.
J'ai penché vers le sol mon front humilié
Devant la vision splendide, et j'ai crié :
— Ô Nature, ô rayons, ô sidéral prodige !
20　Que devient ma fierté d'être un homme, et que suis-je ?
Ô combat solennel d'un astre et d'un sommet,
Je rentre dans ma cendre où mon orgueil s'effondre !
Mais comme si la Terre eût voulu me répondre,
Une fourmi survint qui traînait un bluet.

25　J'ai compris. Elle ancrait au fruit ses mandibules,
Tirait de ci, poussait de là, cambrait son corps ;
Le mouvement triplait ses pattes minuscules.
Bientôt, sur l'âpre sol, l'insecte à bout d'efforts,
Pour traîner son bluet déployant du génie,
30　Inclinait un brin d'herbe en travers d'un gravier,
Et le fardeau roulant cédait à ce levier...
Les choses s'endormaient dans leur paix infinie.
Pendant que le soleil mourait splendidement
J'ai drapé mon néant dans mon âme immortelle,
35　Et j'ai dit au soleil : — Éblouissement d'or,
Autant que ta splendeur une pensée est belle !
Par delà ton éclat plane son fier essor ;
Et ton scintillement, dans la nuit froide et noire,
Pénètre moins loin qu'elle au fond de l'avenir,
40　Car tes feux pâliront avant le souvenir
Que mon âme éblouie emporte de ta gloire !
Et j'ai dit au Rocher : — Devant toi j'ai frémi ;

Mais le regard divin contemple en paix ta pierre,
Et ton dôme effrayant, vu de l'ultime sphère,
45   Ne paraît pas plus haut que cette humble fourmi !
....
....

J'avais vu le fronton se parer de l'aurore
Avant qu'elle eût brillé sur les monts d'alentour ;
Aux rayons du couchant, je revoyais encore,
Sur le même granit se prolonger le jour.
50   Moment prodigieux ! les heures trop rapides,
Dans leur fuite éternelle ont paru ralentir ;
Et le soleil mourant, avant de s'engloutir,
Par delà le grand mur lointain des Laurentides,
Déposa sur la cime un baiser lumineux ;
55   La pierre rutilait, couverte de topaze,
Et les vieux pins royaux se dressaient en extase
Dans l'éblouissement de ces divins adieux !
....
....

(CHANT XVII)[2]

STANCES AUX ÉTOILES[17]

Étoiles ! tourbillon de poussière sublime
Qu'un vent mystique emporte au fond du ciel désert,
À vouloir vous compter, notre calcul se perd
Dans le vertigineux mystère de l'abîme.

5   Étoiles, tourbillon de poussière sublime !

---

2. Les chants treize, quatorze, quinze et seize : *France*, *Vision*, *Ressemblance* ne
sont que des ébauches ; voir les explications aux notes 14 et suivantes. Les
chants dix-huit à trente-deux ne sont que des ébauches ; voir les notes 18 et
suivantes. Esquisse des *Abénaquis* en note 34.

Le puissant télescope ouvre son œil en vain.
Vous n'avez pas livré le secret de votre être,
Et nous vous admirons sans pouvoir vous connaître,
Quand descend dans le soir votre rêve divin.

10   Le puissant télescope ouvre son œil en vain !

Yeux d'or indifférents aux frêles destinées,
Des peuples ont sombré dans le fatal remous,
Avant que vos rayons égarés jusqu'à nous
Aient franchi la distance en des milliers d'années.

15   Yeux d'or indifférents aux frêles destinées !

Vous planez sur la Mort, vous planez sur l'oubli.
Le Temps emporte tout, le siècle comme l'heure ;
Tout se perd, tout s'écroule... et votre aspect demeure
Tel qu'il le fut jadis pour maint enseveli.

20   Vous planez sur la Mort, vous planez sur l'oubli.

Vous hantez le silence altier des solitudes.
Ô points d'or qui veillez en des gouffres muets
Où les clameurs d'en bas ne bourdonnent jamais,
Vous ignorez le cri des viles multitudes.

25   Vous hantez le silence altier des solitudes !

Vous brillez dans mon cœur autant que dans la nuit.
— Ô merveille des cieux, tu tiens là tout entière ! —
J'y garde vos reflets comme en un sanctuaire,
Et plus d'un noir chagrin devant eux s'est enfui.

30   Vous brillez dans mon cœur autant que dans la nuit !

Phares de l'Infini, vous éclairez mon âme !
Votre immense problème atteint l'Éternité ;

Vous me révélez Dieu par votre majesté :
Je vois luire son nom dans vos disques de flamme.

35   Phares de l'Infini, vous éclairez mon âme !

Oh ! guidez-vous les morts dans leur envol vers Dieu ?
Mon esprit, délivré du fardeau périssable,
S'engloutira peut-être en l'ombre irrévocable,
Ignorant de sa route après l'ultime adieu.

40   Oh ! guidez-vous les morts dans leur envol vers Dieu ?

Je t'adore, ô splendeur des étoiles sans nombre !
Élevant ma pensée à ton niveau géant,
J'ai vu l'âme immortelle et nié le néant,
Car, à te comtempler, j'ai grandi dans mon ombre !...

45   Je t'adore, ô splendeur des étoiles sans nombre !

CONCLUSION

PATRIE[33]

Patrie ! ô nom sacré, te comprenons-nous bien ?
Ce n'est pas seulement tel espace de terre
Dont un traité brutal a fixé la frontière,
Qu'évoque pour nos cœurs ton sens magicien.
5   C'est plus que tout cela, Canadiens, la Patrie !
C'est le bleu Saint-Laurent, c'est le noir Saguenay ;
C'est la sainte douleur d'un peuple abandonné,
Notre foi, notre histoire et sa chevalerie,
Le respect du passé, l'espoir en l'avenir ;
10   C'est l'honneur des vaincus dans la lutte inégale...
Champlain, Brébeuf, Montcalm, Frontenac, et Lasalle !
La Patrie, ô grands morts, c'est votre souvenir.
....
....

Notes et variantes

LE PROLOGUE[1]

Dans le manuscrit de Gill, le *Prologue* n'est pas mentionné. Par ailleurs, monseigneur Olivier Maurault, dans une lettre du 27 juillet 1919, explique à Marie Gill, que les excédents des frais de l'édition de 1919 sont dus «aux corrections d'auteurs : ce qui était assez plaisant dans notre cas.» Gill n'aurait pas écrit ce prologue de la manière reconstituée dans l'édition de 1919. Il reste qu'une bonne partie de ce texte serait l'œuvre de Marie Gill qui connaissait bien les règles de la versification.

1. J'attendais *qu'un* vent d'Ouest, *souffle* à l'Anse Saint-Jean, p. 1.
2. Je devais *partir* pour *préparer* le plan, p. 1.
3. D'un dangereux récif *et d'un phare* aux Sept-Îles, p. 1.
15. *Et notre* capitaine à chevelure grise, p. 1.
18. *Il se rendait au bord des flots* chaque matin, p. 2.
19. *Interroger* le temps à l'heure de l'aurore, p. 2.
20. *Puis, secouant les bras*, murmurait : Pas encore ! p. 2.
27. *Aussi* l'âme se *plonge*, à défaut de lecture, p. 2.
34. Dans mes derniers *paquets*, en quittant la cité, p. 2.
37. Le Cid et Polyeucte !... En esprit je *relis*, p. 3.
38. Ces *livres merveilleux*, vainqueurs *des noirs oublis*, p. 3.
44. Légendes *d'apparence* enfantine et frivole, p. 3.
45. *Mais chefs-d'œuvre* de grâce et *de* naïveté, p. 3.

---

1. Les variantes selon le manuscrit sont en italique et rédigées par Marie Gill (p. 1 à 12).

LE GOÉLAND [2]

Le cahier X[e] (manuscrit) du *Saint-Laurent* se divisait en
deux parties: une première que Gill appelait «plan en prose»;
une seconde, composée de prose versifiée. Nous indiquerons les
variantes dans l'ordre suivant: le texte en prose écrit par Charles
Gill, les vers rédigés par Marie Gill, les vers écrits par Charles
Gill, enfin les variantes que l'on trouve dans diverses publica-
tions.

Chant I
LE GOÉLAND (TADOUSSAC)

Le texte en prose est daté d'août et de septembre 1908
(p. 1 à 3).

Comme le soleil allait se coucher j'apperçus [*sic*] enfin à ma
gauche la montagne de la Boule qui marque l'entrée du Saguenay.
La mer baissait et je dus avironner énergiquement pour remonter
le courant noir du fleuve sinistre qui refoulait au large les ondes

vertes laurentiennes. Je me dirigeais en plein sur le couchant. Le ciel roulait de gros nuages gris mais une barre sanglante marquait l'horizon entre les deux chaînes de montagnes où s'encaisse le Saguenay. Depuis longtemps je me croyais près d'atteindre cette côte formidable et j'avironnais toujours et les noires montagnes semblaient sortir des flots toujours de plus en plus hautes, mais je n'arrivais pas — p. 1 — Quand enfin je tirai mon canot près du gros caillou sur la plage de la baie de Tadoussac, les dernières vibrations grises du soir s'éteignaient. J'escaladai le petit rocher de la presqu'île qui s'avance entre la baie de Tadoussac et le Saguenay. À mes pieds le petit village étendait ses misérables masures ; de l'autre côté de la baie quelques villas émergeaient grises, des massifs sombres ; au centre de la courbe, était la vieille église des missions montagnaises, le plus ancien temple élevé sur le sol canadien à la gloire du Christ... le plus ancien et aussi le plus sacré parce que le plus humble. Je foulais donc ce lieu célèbre par son importance stratégique dans les premiers temps de l'occupation française, renommé pour sa beauté, célèbre aussi pour la traite des fourrures et aussi hélas par l'anéantissement de la vaillante race montagnaise. Ô Tadoussac ! la honte de tes infâmes trafiquants ne peut s'oublier devant la beauté de ton site et la gloire de ton temple. Les hommes qui viendront garderont la mémoire des scènes dégradantes qui ont pendant un siècle déshonoré cette nature grandiose et sévère. C'est ici que la cupidité de l'homme civilisé livrait la désolation au fier enfant des bois ; ici plus que nulle part l'odieuse traite a fait ses ravages ; c'est ici que les marchands d'eau de feu ont édifié leur fortune sur la désolation et sur la mort. Ici les chasseurs échangeaient à vil prix pour quelques gourdes de poison le produit des chasses d'une saison, ici mouillaient les navires... ici était [sic] l'arsenal et les magasins d'approvisionnements... Cependant la nuit avait confondu le ciel et les montagnes, les dernières lumières du village étaient éteintes aux petites fenêtres à carreaux étroits. J'allumai un flambeau de résine et d'écorce et redescendis sur la plage retourner mon canot, car le vent s'élevait et je craignais l'orage. Tout dormait excepté la nature, point de traces de villages, par de bruit humain. — p. 2 et 3. —

Chant I
LE GOÉLAND

Les variantes du manuscrit rédigé par Marie Gill (p. 13 à 18) sont les suivantes :

6. Je me hâtais vers Tadoussac et vers la *N*uit, p. 13.
16. Et du fleuve *profond* marquer de loin l'entrée, p. 14.
17. Ô globe *es-tu* surgi du flot mystérieux ? p. 14.
85. Pri*t* la vague de biais, releva du devant, p. 17.
89. Je revis le *s*auvage inventif, assemblant, p. 17.

Chant I
LE GOÉLAND

Les variantes paraissent dans le manuscrit de Charles Gill daté de février 1909 (p. 214 à 217).

3. La brise du *Soroit* roulait des houles lentes, p. 214.
8. *Entraînait le canot* vers la rive lointaine
9, 10, 11 Ces vers sont en position 13, 14, 15.
10. Le beau canot *solide* et léger que (*doucement*) berçait
13. *Globe* énorme dans l'onde enfonçant à demi
16. Et du fleuve *aux flots noirs* marquer de loin l'entrée, p. 215.
17. Ô globe *es-tu* surgi du flot mystérieux
20-21. *Du moins j'avais pu fuir dans mes courses errantes*, p. 216.
22. *Par* les calmes matins et les soirs pleins d'effrois
23. *Et* la nuit où le cœur abandonné frissonne
24. *Du moins dans tout cela, j'avais fui* Babylone
27. *La ville des gredins aimés par la racaille*
28. *Celle du viol qu'on loue et de l'honneur qu'on raille*
34-32. L'ordre fut interverti.
34. *Pour des petits enfants tramer l'assassinat*
32. *Morte pour les beaux-arts, morte pour la science*
34-35. *Ville par son conseil d'échevins très fameuse,*
La Babylone où la laideur trop somptueuse
A remplacé partout les anciennes beautés
Où le profil inquiétant des importés.
35. *Sur ton masque français s'étale* ô Maisonneuve !
36. *Celle où l'on voit, quand on y vient par le grand fleuve*

37. Les temples *du commerce* affliger le ciel bleu,

41, 42,

43, 44. Ces vers sont en position 9, 10, 11, 12.

42. D'où *le fleuve profond et sombre* de la Mort, p. 215.

43. *Sortant* de sa crevasse ouverte aux flancs du monde

45. La rive *qui semblait* grandir avec la nuit

46. Et *d'où montait dans* l'ombre un lamentable bruit.

47. *Et des bords écumeux montaient* des rumeurs vagues

47-48. *Il vaut mieux aborder de jour par ce Surouet*
Pensais-je en mesurant de l'œil l'âpre trajet.

49. *Mais* le ciel *se couvrait* d'épais nuages gris

56. *J'avais en vain pensé* traverser avant l'ombre,

59. *(Maintenant)* sur les flots *menaçants* qui roulaient
des désastres.

66-67. *Et toujours je luttais dans l'orage et dans l'ombre*
Vers les bords menaçants qui dressaient leur mur sombre
Dont les maigres sapins dentelaient le profil
Le beau canot dansait au milieu du péril.

67. *Et* je me demandais si les tragiques ondes

68-69. *Je n'avais rien à perdre et rien à regretter*

72. Aussi, me rappelant *une (mainte)* douleur amère ;

74. « Allons vieux Goëland» *avançons dans le noir.*

80. *Le «Goëland» suivait sa course vers la plage*, p. 216 ½

82. *Soudain, sur mes devants* gronda le mascaret !...

85. Prit de *biais la vague et piqua* du devant

88. Je me revis *au temps* de mon adolescence

87. Alors, *je me souvins des jours de Pierreville*

89. *Chez Paul l'Abénaquis, le bon faiseur habile*

90. *Le bon ouvrier d'art, aujourd'hui trépassé*

91. *Et je le revoyais à l'œuvre intéressé*

99. *Un soir*, je demandai pour la proue et la poupe

100. *Une crête courbe* et d'élégante coupe

102. *Sur maint petit canot* de guirlande paré.

106-107. *La nuit, sur toute chose avait jeté ses voiles*
Et j'allais au hasard sous le ciel sans étoiles.
Déviant trop à gauche au courant du reflux
Quant, au fond sablonneux et haut je m'apperçus [sic]

107. *Que j'avais dépassé* la Pointe aux Alouettes

108. *Je ne voyais plus rien* des grandes silhouettes

111. Guida ma randonnée et *j'abordai* la plage.

On serait porté à croire que Charles Gill était satisfait de ce chant premier, *Le Goéland,* lorsque le 30 juin 1912, il écrit à l'abbé Camille Roy et lui cite les vers 21 à 38, sans aucune variante avec le texte de février 1909. Entre ces deux dates, Gill avait hésité non seulement quant à la facture des vers, mais aussi quant au titre que ce premier chant devait porter. Bien que le 28 août 1909, Gill intitule son premier chant : «Tadoussac», ceci n'empêche en aucune façon le thème du premier chant de chevaucher sur le second chant : «La Cloche de Tadoussac».

Chant I
TADOUSSAC (LE GOËLAND)

Les variantes dans ce manuscrit de Charles Gill furent rédigées entre le 28 et le 31 août 1909 (p. 54 à 58). Les vers paraissent dans l'ordre suivant.

   1.   Le soleil moribond ensanglantait les flots, p. 54 ½
   2.   Et le jour endormait les rythmiques échos.
 47.   *De mon souple aviron qui plongeait dans les vagues*
 46.   *La rive gigantesque avait des rumeurs vagues*
 41.   La rive montagneuse et farouche du Nord
 42.   D'où le noir Saguenay le fleuve de la Mort, p. 55 ½
 43.   Surgi de sa crevasse ouverte aux flancs du monde
 44.   Se joint au Saint-Laurent dont il refoule l'onde
 54.   *Et moi dans mon canot d'écorce je luttais*
 55.   *Vers la lointaine rive aux grands monts violets*
 11.   *Au large du flot vert que le flot noir refoule*
 12.   *Depuis longtemps déjà je distinguais la Boule*
 13.   Sphère énorme dans l'*ombre enfoncée* à demi
 19.   Comme un monde égaré dans l'orbe planétaire
 20.   Et qui *dans son vertige aurait* frappé la Terre
 14.   Sentinelle debout sur l'abîme endormi
 15.   Qui ramenait la nef à l'inconnu livrée
 16.   Du Saguenay profond marque de loin l'entrée
 39.   Les dernières clartés du jour allaient s'éteindre
 10.   Depuis longtemps je me croyais tout près d'atteindre
 15.   La rive qui semblait grandir avec la Nuit
 55.   Et dont le violet se changeait en vert sombre

56	Et moi je me hâtais d'aborder avant l'ombre
	Les Grands monts se dressaient formidables ; sans bruit
51.	Le grand canot léger s'avançait vers la côte, p. 56
52.	Dont la masse effrayante et de plus en plus haute
53.	Se dressait. L'aviron voltigeait à mon bras
107.	Et je voyais grandir la Pointe aux Alouettes
	Et toujours, je luttais vers les cimes désertes
54.	Et j'avançais toujours, mais je n'arrivais pas.
111.	Quand enfin j'échouai mon canot sur la plage
112.	De la tranquille baie au pied du vieux village
	Les brises de la nuit chassaient du ciel le soir
	Dont les vibrations s'éteignaient dans le noir.
	Je tirai mon canot près de la grosse pierre, p. 57 ½
	Qui sur la plage égale a roulé solitaire
	Aux suprêmes rayons du soir j'escaladai
	La montagne presqu'île au sommet dérobé
	Dont le prolongement forme le port célèbre
	Où Champlain jeta l'ancre aux beaux jours de jadis
	Tadoussac tes échos ont un accent funèbre,
	Et montent du passé comme un De Profundis !
	La rive de la baie, en longue courbe grise
	S'étendait à mes pieds. Je distinguais l'église
	Le temple le plus humble et le plus ancien
	Construit par nos aïeux sur le sol canadien.
	Et pensif j'évoquais nos premières défaites
	La rade où commença la lutte pour le sol
	De Pont Gravé rendant sa poudre à l'Espagnol
	Et près de l'île rouge échouant son vaisseau
	Au moment où le vent qui disperse la brume
	Révèle sa présence à l'amiral Anglais
	C'est ici que Champlain signa la dure paix
	Et de livrer Québec a connu l'amertume
	Ici le trafiquant aggloméra son or
	Ici l'indigne traite a doublé ses ravages
	C'est en ce lieu désert que les chasseurs sauvages
	Donnaient pour l'eau de Mort, l'hermine et le castor
	Tadoussac ! l'avenir flétrira ta mémoire,
	Car malgré ton beau site et ton ancienne gloire,
	Par la cupidité vile déshonoré
	Et sur qui le fardeau de tant de honte pèse. —
	Le poète qui songe à tes désespérés

Peut écrire : Ici gît la race Montagnaise.
À mes pieds Tadoussac avait éteint ses feux, p. 58 ½
Perdu dans cette nuit qu'aucun astre illumine
Je fis un bon flambeau d'écorce et de résine
Et longeant les rochers aux flancs mystérieux
Je descendis à pas rapides sur la plage
Pour tourner mon canot car je craignais l'orage
Les vagues du Sorouest sonnaient le grand clavier
De la rive vibrante et pleine d'harmonie
Et mon âme s'ouvrait au sauvage génie
Que le souffle du large au rythme régulier
Avec les chants d'extase et des plaintes amères
Tirait de l'instrument des vagues et des pierres.
Je m'assis sur la roche, et, le front dans ma main
Bien longtemps j'écoutai le concert surhumain.

Dans ces deux premiers chants, le poète déclare la guerre au fond et à la forme; les variantes dans le manuscrit de 1908, et les idées qui chevauchent sur les deux chants en sont les preuves. Gill se cherche. Le vocabulaire le rebute, les belles idées l'éblouissent. Charles Gill est aux prises avec la Muse. Dès lors, il n'a plus qu'une pensée, qu'un désir : retourner au Saguenay. Par une belle journée du mois d'août 1910, Gill et Doucet s'embarquent pour Tadoussac. Les deux poètes sont accompagnés des demoiselles Boyer, dont Juliette, la maîtresse de Charles. Le voyage s'avère un succès. Soir et matin, les deux poètes «gaillardisent»; bref, c'est une orgie d'alpha à oméga. Voici comment Gill (le 11 septembre 1911) décrit, une année plus tard, cette excursion, :

> Tu reconnaîtras, écrit-il à Doucet, sur l'image ci-contre certaine petite chapelle visitée l'été dernier par deux pochards pourtant respectueux et attendris, mais qui ont failli manquer le bateau après leur pèlerinage et dont l'un, celui dont les pattes sont courtes [Doucet], a failli à l'honneur en enjambant le garde-fou. Il l'était moins [saoul] que son compagnon qui a fait preuve d'une si honorable souplesse en franchissant l'obstacle pour s'effondrer dans le dortoir. (*Correspondance*, Édition 1969, p. 34)

Chant II[3]
LA CLOCHE DE TADOUSSAC

Le texte en prose, écrit en août et en septembre 1908 (p. 3 et 4), est précédé de quelques vers.

Maintenant j'errais seul près de la pauvre église
À la lueur de mon flambeau je pouvais voir
Les bords de l'estuaire où montaient le flot noir
Et le petit clocher que le temps solemnise.

....

Le Surouest avait augmenté sa force et gémissait dans les arbres et dans les croix du cimetière. Tout-à-coup, j'entendis sonner la cloche. Certes, elle rêve, me suis-je dit. Les Choses ont leur rêve comme nous. Mais non ! Je la vis osciller sur son essieu. Qui sonnait cette cloche à pareille heure. Je décidai d'entrer. J'hésitai sur le seuil mystérieux mais la porte s'ouvrit en grinçant et j'entrai. J'appelai, rien ne répondit. J'avançai dans la muette horreur de l'inconnu tragique, jusqu'à la tombe du missionnaire. Était-ce lui qui revenait sonner et convier les morts à la prière de minuit ? Pendant qu'elle sonnait, je l'évoquais sonnant aux baptêmes d'autrefois et sonnant les anciens glas, et guidant les pêcheurs dans la brume ou chantant au mariage ou lançant dans la nuit les notes du tocsin et saluant Tacouérima victorieux, et ses Noëls. Le souffle de l'ouragan s'accrut, je criai «qui soupire ces désespoirs». Alors je crus entendre : «Je suis le vieux chef Tacouérima, et j'ai sonné le glas de ma nation morte»... toujours victorieux. Et je revoyais les conversions des néophytes, quand elle sonnait le baptême, et ses mariages... Les braves guerriers qui conduisaient les timides sauvagesses aux longues tresses noires aux mignons souliers mous tout brodés de rasades... Et j'évoquais aussi le son dans la brume quand elle répondait à l'appel des chasseurs et pêcheurs au large qui ne trouvaient le port... et le tocsin qu'elle sonna terriblement quand la bourgade fut brûlée. J'évoquais ses Noëls perdus... etc. Je suis le vieillard du passé, je suis le regret... le gardien de la forêt... — Esprit, lui répondis-je, tu parles un langage trop clos pour moi, descends à mon niveau, que je te comprenne. Je suis Tacouérima, etc. Et j'ai sonné le glas de ma nation morte. Mais toi visage pâle qui donc es-tu ? Qui que tu sois je t'aime, toi qui es venu dans la tempête au milieu des esprits qui veillent quand les vivants dorment...

Chant II
LA CLOCHE DE TADOUSSAC

Les variantes du manuscrit rédigé par Marie Gill (p. 19 à 25) sont les suivantes :

17.   Dongue ! entendit *soudain* mon oreille inquiète, p. 19.
70.   Pour le retour du brave à *sa* plage natale, p. 25.

Chant III
LA CLOCHE

Les variantes du manuscrit de Charles Gill, sont datées du 31 août et du 1er septembre 1908. On doit remarquer que Gill indique «Chant III» (p. 59 à 63 ½).

  1.   *Enfin, je remontai* près de la pauvre *E*glise, p. 59.
  5.   *Le Sorouet déchaîné* grondait dans les bouleaux
 12.   Ce vers apparaît dans «Tadoussac»
12-13.   *Les marchands d'eau de mort ont fermé son cercueil* p. 58 ½
 17.   «*Dongue* !» entendit *soudain* mon oreille inquiète, p. 59.
 22.   *Pensais-je*, et son printemps *disparu* se prolonge
 33.   *Et* j'ai crié : — Quel Montagnais dans l'ombre pleure, p. 60.
 38.   Par les rayons du *Ciel* et par ceux de l'*Histoire*.
 41.   *En vain ma voix craintive appela*. Rien ! Personne.
 43.   Épris de l'invisible, *en tremblant*, j'avançai.
 52.   Le plaisir *nonpareil* qu'ils prenaient de l'entendre.
57-60.   *La cloche fit chanter l'écho des murs antiques* ;
       Et mon âme entendit les voix du temps jadis,
       Ferventes comme aux jours des nobles fleurs de lys,
       Dans l'église déserte entonner des cantiques. p. 59 ½
 63.   Saluant, par *son* chant virginal dans l'aurore, p. 61.
65-68.   Je t'entendais *chanter* d'allégresse au baptême,
       Annoncer le bon Dieu présent dans l'Ostensoir,
       Convier les *enfants* à l'oraison du soir,
       Et, *sur les trépassés, gémir l'adieu suprême.* p. 60 ½,

73-76. *Et puis* je revoyais *les belles* sauvagesses
      Silencieusement avec leurs souples souliers [*sic*]
      S'avançant à l'Autel *au bras des fiers* guerriers
      Et qui penchaient leur front *timide* aux noires tresses.

81.   J'évoquais *les* Noëls perdus... *quand* la rafale p. 61.

82.   S'engouffrant dans *l'église*, éteignit mon flambeau ;

83.   La *N*uit m'enveloppa d'horreur près du tombeau.

85.   «Do*n*gue don! do*n*gue don!» gémit l'airain plus bas p. 62.

90.   Je ne sais plus *comment je me trouvai* dehors

95.   Gill ne met aucune ponctuation.

103. Alors je crus entendre *au loin dans* la tourmente

108-109 *Je suis l'âme qui pleure au pied de la montagne*
      Le roi du fleuve noir le viellard [*sic*] *du Passé*
      Et par l'oubli fatal mon cœur est caressé
      Car le suprême adieu du destin m'accompagne. p. 61 ½.

116. Gill d'ajouter les vers suivants :
      Moi non plus ô vivant je ne t'ai pas compris
      Mais je t'ai vu pleurer sur ma race, je t'aime;
      Ne tremble pas!... Qui donc es-tu, visage blême
      Venu dans la tempête où veillent les esprits? p. 63.
      fin de «La Cloche».

LA CLOCHE DE TADOUSSAC

Les variantes dans le second numéro du *Terroir*. En 1909, dans le second numéro de la revue *Le Terroir*, Gill publiait les strophes de «La Cloche de Tadoussac» dans l'ordre suivant : 1 à 8, 17 à 20. 25 à 52, 61 à 64, 81 à 104, 113 à 116, p. 37 à 40.

33.   «*Qui sonne là?*» — Quel Montagnais dans l'ombre
      pleure, p. 38.

41.   *En vain ma voix craintive appela.* Rien! Personne!

43.   Épris de l'*I*nvisible, en *tremblant* j'avançai

63.   Saluant par *son* chant virginal dans l'aurore, p. 39.

85.   Do*n*gne don! Do*n*gne don! gémit l'airain plus bas.

82.   S'engouffrant dans *l'église*, éteignit mon flambeau

90.   *Deux fantômes amis* m'ont entraîné dehors

103. Alors je crus entendre, *au loin dans* la tourmente, p. 40.

Chant III⁴
LE DÉSESPOIR

Le texte en prose fut écrit en août et en septembre 1908
(p. 4 à 6).

Je suis grand, je suis fort, je suis un trépassé que le Cercueil
oublie. J'ai l'aspect d'un vivant. Depuis des jours j'erre au milieu
des vents. On dirait que Satan a mesuré mes crimes, et que pour
me punir il me laisse vivre. Peut-être aussi l'enfer a-t-il honte de
mon âme.

Me voici donc à trente ans désespéré et je cherche l'oubli
partout. J'ai chanté les beaux bambins joufflus qui grimpent aux
jupes de leurs mères, espoir de la race, et, les gais habitants et le
pur geste des semences et des défricheurs, tout à l'avenir de force
et de jeunesse. Ailleurs peut-être... et j'ai essayé de fixer les
beautés du Saint-Laurent dans la beauté des mots et les splendeurs
de la... dans la splendeur des vers et dans la majesté des strophes
solennelles. J'avais descendu le cours du grand fleuve depuis sa
source et j'étais guidé par la vieille France, auguste et glorieuse.
Et j'avançais au milieu de ces spectacles féeriques dans l'évocation du passé héroïque. Je m'étais refugié dans un poème qui
célébrait ce que j'avais vu dans l'émerveillement de ce beau rêve
vécu. Mais j'ai perdu celle qui guidait mes pas et mes pensées,
sur les plaines d'Abraham près des remparts de Québec, et seul
j'ai continué la route dans mon grand canot d'écorce résistant et
léger et qui a été construit à Pierreville par les Abénaquis. Je suis
venu jusqu'au fleuve de la mort pour chercher une nature en
sympathie avec mon âme. J'ai souffert trop de maux dans les
sentiers ensoleillés de la vie, parmi les fleurs et les sourires, et les
baisers. J'avais fui la vie dans le poème, mais maintenant, comment chanterais-je, seul, abandonné, sans idéal, maintenant que
l'ange vénérable ne m'accompagne plus, La France immortelle,
et glorieuse, maintenant qu'à l'avant de mon canot ne flotte plus
le manteau d'azur à fleurs de lys d'or, et que je ne sens plus près
de moi passer le frisson de l'épopée et qu'à l'approche des champs
ensanglantés par les guerriers et par les martyrs, je ne sens plus
battre contre mon cœur, le cœur de ma mère patrie. Et j'entendis
de nouveau la voix du vieux chef qui m'a paru s'être rapprochée :
Non loin d'ici est un lieu où quelque fois je vais... et ce lieu est

un portique de l'Éternité, et là dans le crépuscule, si tu parviens, tu retrouveras la dame majestueuse au manteau bleu, parsemé d'or. C'est près d'un grand rocher, ami de la tempête ; tu la trouveras aussi sur le sommet de cette montagne d'où l'on voit au loin ; je l'y ai vue souvent, et surtout à l'aurore, depuis les premières blancheurs de l'aube jusqu'au moment où le soleil dépasse la ligne bleue des montagnes lointaines. Je l'ai vue aussi au couchant depuis le moment où le soleil disparaît derrière la ligne bleue des montagnes lointaines jusqu'aux dernières lueurs du crépuscule. Ainsi parlait le vieillard du passé. Alors il m'infligea ces paroles sévères... Et tu dois espérer accomplir ton destin. La gloire a tourmenté mon âme inassouvie. Que m'apprends-tu ! m'écriai-je, ô guerrier magnanime, conduis-moi à cette grotte. — Retourne sur la plage, tu trouveras mes deux fils, esprits qui obéissent : Le Silence et l'Oubli ; ils t'attendent dans ton canot. Je te ferai conduire. Tu diras que les Montagnais n'ont jamais été vaincus sur le sentier de la guerre. Et tu flétriras les misérables empoisonneurs qui ont causé leur ruine, par cupidité ; ruine d'une nation alliée et fidèle, toujours. Adieu ! Et que les fatigues, et que comme partout ici ces hommes, éléments de pierre, et qu'ils affrontèrent sur leur canot d'écorce les flots en fureur et que jamais la voix d'un guerrier montagnais, n'a tremblé dans son chant de Mort.

Chant III
LE DÉSESPOIR

Il s'agit ici de quatre pages de texte que Marie Gill inséra dans son manuscrit. Ces pages furent écrites par le poète lui-même. Elles dateraient du 24 octobre 1911. Les corrections sont de la main de Marie Gill (p. 22 à 26).

15. *Ô roi de la montagne* et du grand fleuve noir, p. 22.
25. J'emporte en moi l'horreur des infernaux *abymes*.
27. Ou que sa main *maudite* a retardé mon glas,
29. S'il connaît mon *affreux destin*, il ne peut pas,
34. *Je pars* ! mon vieux canot m'attend là sur la plage.
60. Que ton chagrin s'envole au souffle de *l'abyme*,
   Fin du chant III.

Chant III
LE DÉSESPOIR

Dans ces variantes du manuscrit de Charles Gill, nous ne soulignerons que les vers qui paraissent dans l'édition de 1919. À l'époque où ces vers furent écrits, Gill songeait à placer ce chant en quatrième position et non en troisième. Ces variantes furent rédigées entre le 2 et le 6 septembre 1908 (p. 63 à 77 ½).

Alors le chef se dresse devant moi, avec ses plumes et sa peau de loup, et il sortit sur les degrés de l'Église, majestueux, et, il avait les cheveux blancs et il était grave et moi j'ai dit :

13.   *J'ai repris : C'est à tort que tu me crois vivant* (p. 63 ½)
14.   *Toi dont le souvenir prolonge* l'agonie
12.   Ô fantôme bercé sur l'aile des grands vents
11.   Je suis un trépassé *retenu* dans la vie
       Où la Mort à dessein depuis longtemps m'oublie.
       Et parmi tous les cris sinistres ou joyeux
       Avec mes vieux habits comme un vivant je passe
       Dans la comédie où court l'intrigue basse
       Erre mon Désespoir, sombre et mystérieux
21.   Et parfois sur ma lèvre où le sanglot expire
22.   Le sarcasme infernal ose figer le rire. p. 64
       Avant j'avais souffert les amères douleurs
       Dans le sentier ensoleillé et plein de fleurs
       Pleins de sourires, pleins de miel, de baisers roses
       J'ai laissé bien du sang aux épines des roses
19.   Je suis un trépassé ; dans le bourdonnement
20.   De la vie, attardé, *je traîne* mon tourment.
       Peut-être quelqu'esprit des infernaux abymes
26.   *Ayant toisé mon âme* a honte de mes crimes
11.   *Par l'âme et par le cœur* je suis un trépassé
       Pourquoi dans un cœur mort tant de fiel amassé !
       Satan me laisse une âme aux illusions mortes
       J'ai perdu l'espérance au seuil noir de ses portes
       Et ne laissant en moi que remords, et rancœur
       Et retardant toujours le moment qui délivre
       Pour me punir il me condamne à survivre !
11.   Je suis un trépassé *par l'âme et par le cœur*
       Mais je m'étais réfugié dans mon poème

Depuis les Lacs j'ai descendu le Saint-Laurent
Et j'ai chanté les bords que j'allais parcourant
Une divine femme au riche diadème
À l'avant du canot d'écorce apparaissait.
À cette heure indécise et pleine de mystère
Quand se taisent au loin les rumeurs de la terre
Sa majesté sereine et belle se dressait
Ses cheveux étaient blancs ; elle portait l'épée
Majestueuse et fière, elle venait, drapée
Dans son manteau d'azur où brillait l'or des lys
Je sentais dans mon cœur frissonner l'épopée
Et j'évoquais la Gloire au fond des vieux oublis
Je réveillais les preux dans l'ombre ensevelis
Et leur âme inspirait les concerts de ma lyre.

J'avais chanté l'amour, la force et le sourire
Et j'ai voulu sertir, aux doux roulis des flots
La beauté des sommets dans la beauté des mots
La splendeur des levants sur nos apothéoses.
Et des lacs laurentiens, ces miroirs d'Univers
J'ai voulu l'enfermer dans la splendeur des vers
Et dans la majesté des strophes solennelles
La Gloire à ma prière ouvrait ses larges ailes.

Depuis longtemps la Vision ne revient pas
Sur la plage déserte où s'égarent mes pas.
Près des murs de Québec est une vaste plaine
Que des guerriers jadis ont choisie pour arène
C'est en ce lieu fatal qu'elle m'a dit adieu
Depuis longtemps les beaux lys d'or du manteau bleu
Ne m'apparaissent plus dans les feux de l'aurore
Mais je poursuis ma route et je les pleure encore. p. 72.

Échos évanouis ! vision dissipée !
Devant l'histoire et la beauté du sol natal
Ma muse qui regrette un suprême idéal
N'éprouve plus le grand frisson de l'épopée
Bien morts sont les échos qu'elle fit retentir
Quand mes yeux ont pleuré devant les champs célèbres

Ensanglantés par le soldat et le martyr
Ne t'étonne donc pas si j'aime les ténèbres.

Je cingle l'onde verte à grand coups d'aviron
Et seul dans mon canot qui dévore l'espace
Rien ne me chante plus dans l'âme quand je passe
Devant ces bords sacrés où jadis le clairon
Sonna terriblement la sanglante tuerie
Où souvent voltigea notre drapeau vainqueur
Car maintenant je ne sens plus contre mon cœur
Battre le cœur ému de ma Mère Patrie.

Je viens ici gémir loin de l'inepte foule.
Quand tout ce que j'aimais dans mon âme s'écroule,
Il m'est cruel d'aller par le chemin des fleurs
La bêtise joyeuse est dure à la souffrance
Le masque épanoui des satisfaits m'offense
Et leurs éclats de rire outragent mes douleurs
Je suis venu chercher sur ta rive lointaine
Une nature en harmonie avec la mienne
J'irai hanter ton fleuve, et je contemplerai
Ses rochers tourmentés aux formes grandioses
Pour entendre pleurer l'âme triste des choses
Ils sauront me comprendre et je les comprendrai. p. 73.

À la suite de ces vers, Charles Gill devait ajouter : «Tout cela, relu à un an de distance, est plutôt plat. Eh! bien, si mon poème ne peut être mieux écrit que ne l'a été ce chant, il ne sera jamais publié. Avec un pareil sujet, la médiocrité dans la forme est intolérable. J'y mettrai tout le temps voulu, toute la patience nécessaire, car il est bien entendu *qu'il sera splendide ou qu'il ne sera pas.*» (p. 73).

Chant III
LE DÉSESPOIR

Les variantes de ce chant se trouvent dans une lettre à Louis-Joseph Doucet, du 31 mars 1912. Nous avons publié ces vers dans *Correspondance* 1969, p. 64.

14. *Ô toi* dont les regrets prolongent l'agonie !
15. *Âme errante de nuits*, roi du grand fleuve noir,
16. (Ô) Vieillard du souvenir, je suis le désespoir !
18. *L'avenir m'épouvante et le passé* m'afflige.
17. *Le spectre de la Mort à mes côtés* voltige...
20. De la vie attardé, je *traîne* mon tourment ;
21. Et parfois, sur ma lèvre où le sanglot expire,
24. Partout sur cette terre où *le chagrin* me suit
25. J'emporte en moi l'horreur *de l'infernal abyme...*
....
26. On dirait que Satan *a retardé mon glas,*
29. S'il connaît mon destin, *peut-être il ne croit pas*

> *Un tison rouge (flambe) brûle où palpitait mon cœur,*
> *Et mon âme a suivi mes illusions mortes ;*
> *Sur elle l'antre infâme a refermé ses portes,*
> *À mon affreuse vie, à ma propre rancœur,*
> *Pour me torturer mieux, l'ange maudit me livre...*
> *En effet, ô vieillard, ô roi du fleuve noir,*
> *Tu ne m'as pas compris !... Je suis le désespoir,*
> *Je suis un réprouvé que l'Enfer laisse vivre.*

Ces vers que Gill envoyait à Louis-Joseph Doucet devaient être rédigés dans cet ordre : 14, 12, 13, 11, 15, 16, 18, 17, 20, 21, 22, 23, 24, 25, 26, 28 29, 30.

Chant IV[5]
LE SILENCE ET L'OUBLI

Ce texte en prose est daté d'août et de septembre 1908. On doit remarquer que le poète avait placé ce chant en sixième position (p. 7 à 10).

Et je descendis vers le canot. Et je vis alors deux ombres ailées dans mon canot d'écorce que Paul, l'Abénaquis de Pierreville a construit ; mon beau canot solide et élégant et léger. Ils avaient des ailes ; l'un d'eux avait l'œil ardent, le front tourmenté, et quand je le regardai, il mit son index sur sa bouche, et, j'ai compris que cet esprit était le Silence. L'autre avait le front calme et les traits reposés, impassibles. La face surhumaine et ses grands yeux au regard perdu dans le néant plus loin que les étoiles (plus loin que la Pensée et plus loin que les astres). Et je l'ai reconnu, divin Oubli! sois donc le bienvenu dans mon poème et dans ma vie!

Les deux ombres s'assirent dans le canot, le Silence précédant l'Oubli, comme il sied. Ils avaient les ailes silencieuses du papillon. Ils s'assirent donc à l'arrière du canot et ouvrirent leurs ailes, et, au souffle de la nuit, le canot se mit à dévorer l'espace. Et les ailes du Silence me protégeaient contre les vains bruits de la foule, et je me sentais isolé dans mon rêve, et il fit taire les sons et les paroles dans ma mémoire et alors je compris mieux la nature; j'entendis des choses que je ne puis redire avec des mots.
— Et l'Oubli avait de grandes ailes noires qu'il étendit et elles m'empêchaient de voir en arrière; l'Oubli me protégea contre mon passé, et longtemps je m'absorbai dans la centemplation de sa face divine pendant que l'écorce légère glissait sur le gouffre.
— La nuit révèle des choses que cache la lumière. Les rochers surgissent de terre, épouvantent l'âme par les ténèbres quand ils se dressent, noirs, plus noirs que la nuit.

Ô bonheur d'assister sans souvenir au spectacle du monde! Dans la bataille des pensées. Le problème de la destinée, dans l'inconnu dans l'invisible. Le Surouet prenait dans les grandes ailes de l'Oubli et le canot d'écorce filait en rasant les flots. Nous avancions entre ces montagnes gigantesques qui semblaient nous environner de toute part de leurs murailles. La crête inégale qui se détachait en noir sur le champ d'étoiles et à laquelle notre course prêtait l'illusion d'un mouvement fantastique... À ma gauche un banc de marbre argenté par la lune donnait un blême baiser au fleuve noir. De temps à autre des caps formidables avancent et c'est comme une conspiration de l'ombre, comme un amas solide fait des maléfices de la nuit qui voudrait m'écraser. Cette chaîne de roc etc... Les amas de granit... précipice. Parvenus au tournant de l'anse au cheval, le Silence ferma son aile gauche et notre course obliqua de l'autre côté. Et le flot clapotait le long du grand canot qui glissait sur le gouffre au milieu des ténèbres. Puis le vent diminua et notre course se ralentit et le vent tomba et alors le divin Oubli et le bon Silence agitèrent leurs ailes silencieuses, et le canot glissa légèrement sur les flots. Le fleuve était calme et déjà les pâles lueurs de l'aube montaient de l'orient. Alors tout se taisait seul le bruit que murmurait le canot d'écorce qui glissait sur l'onde (alors je m'écriai) et j'ai dit : — Je t'ouvre en paix mon âme ô Solitude immense ! ô vents ne grondez pas, ô mystères dormez à l'heure où tout se tait sous les cieux blasphémés, la voix de l'Infini parle à la Conscience. Mais nous étions déjà entre... de la Grosse Île. Et je vis se profiler nettement les deux grands Caps du Saguenay, les sentinelles. Bientôt je saluai sur ma gauche l'Anse Saint-Jean, l'un des plus jolis coins du monde, joli et coquet, orné de bocages, et de plateaux, abrité des vents par les montagnes. Les deux Caps prenaient des proportions terribles. Nous arrivâmes en présence, au moment où l'aurore illuminait leurs cimes, les montagnes en face projetaient leur ombre aux bases et ces cimes illuminées se reflétaient dans l'eau calme. Et le Silence et l'Oubli avaient cessé d'agiter leurs ailes, et quand le soleil émergea des montagnes, ils disparurent.

Chant IV
LE SILENCE ET L'OUBLI

Ce sont les variantes dans le manuscrit rédigé par Marie Gill (p. 35 à 39).

34.   *J'espérai que l'effroi de mes anciens* désastres, p. 37.
40.   Au *pauvre* malheureux versez la paix divine !
60.   *Au sublime* pilote abandonnant mon sort. p. 38.
76.   *Pour la première fois, depuis bien* des années !

Les vers suivants appartenaient au chant V, *Clair de Lune*. Ils furent incorporés par Marie Gill dans son manuscrit.

107-108.   Il n'y a pas de paragraphe. p. 41.
123.   Je vogue glorieux dans *un* rêve de Dante ! p. 42.

Chant IV
LE SILENCE ET L'OUBLI

Les variantes de ce manuscrit de Charles Gill sont datées d'août et de septembre 1908. Nous avons les mêmes variantes que dans le texte qui se trouve dans le cahier X[e], dans le *Cahier de coupures* n° I, p. 48 à 53.

7. *Le* regard *de ses yeux* pour l'âme était muet ; (p. 79 à 82½).

11. Lent et *majestueux* et grave, il descendait p. 79½.

36-37. Gill ne fait pas de paragraphe.

84. *À l'étrange* pilote abandonnant mon sort, p. 80.

Chant IV
LE SILENCE ET L'OUBLI

Ces variantes furent publiées dans *La Grande Revue* (Montréal).

29. Lent et *majestueux* et grave, il descendait p. 2.

36-37. Il n'y a pas de paragraphe.

85 à 159. Ces vers correspondent littéralement au manuscrit du poète. Nous l'avons déjà signalé : c'est Marie Gill qui a effectué le découpage de ces vers du *Silence et l'Oubli* pour en faire *Clair de Lune*.

Chant V[6]
CLAIR DE LUNE

Dans le cahier X[e], Charles Gill classait ce texte en prose avant le chant «Le Silence et l'Oubli». Gill avait sans doute écrit ce chant bien avant le 24 octobre 1911. Dans une lettre à Louis-Joseph Doucet, il déclarait : «Je viens de te parachever deux chants dont je suis *satisfait* : *Le Désespoir*, et *Clair de Lune*.» Comme les pages manquent dans ce manuscrit, nous serions porté à croire que Marie Gill les a détruites, car elles correspondaient à un journal intime du poète. Il y relatait ses aventures avec Juliette Boyer. Il ne nous reste que le texte en prose daté d'août et de septembre 1908 (p. 6 et 6 ½).

Cependant la tempête s'était calmée. Maintenant les gros nuages noirs fuyaient et la lune répandait ses doux rayons lactés sur la scène de l'ombre et du mystère, et comme je me hâtais vers le canot, une jeune fille merveilleusement belle m'est apparue, portant une lyre d'ivoire à cordes d'or et les voiles légers qui la drapaient avaient la simplicité et la grâce Athéniennes[2] ; et elle passa lentement, me tendant une gerbe de fleurs suaves et douces.

Un instant, elle s'arrêta sur les bords du gouffre, à mes côtés, mais son corps frêle frémit et elle s'éloigna par un sentier et de ce sentier, il sembla que sortait, mais, de très loin, comme au fond de mes heureuses années, des chants d'oiseaux et des rires. Mais ce n'est pas l'amour que je cherche ici ; ce n'est plus la poésie, c'est l'Oubli ! Je me dis : pourtant quelle beauté mais je n'aime pas... pourtant... cette dame, un instant je posai sur elle un regard sombre mais j'ai dit : *Non*, je n'ajouterai pas ce remords à tant d'autres. Elle me regarda de son œil angélique, je déposai un baiser sur son front pur et reculai. — Attention ici. Il y a quelque chose de pas humain. Je ne recule pas ainsi devant cette beauté, sans lutte. Je dois me dire qu'après tout, je n'ai que trente ans et qu'il est temps encore de reprendre ma vie ; ou bien qu'au lieu de fuir le chagrin dans la poésie, il serait mieux de le fuir dans ces bras gracieux, mais sans amour ? À quoi bon ! Une déception de plus ! Ou bien au lieu d'être une apparition elle m'a vu et m'attend sur la plage où je débarque à la brunante. 3 ans auparavant, je l'avais connue, elle m'aimait naïve et confiante, et m'attendait là. — Elle me fit signe de la suivre et je ne la suivis pas et elle me dit : pourquoi t'engager solitaire sur le fleuve redoutable dans la nuit mystérieuse, dans la nuit mystérieuse entre ces montagnes terribles... ne préfères-tu pas entendre chanter les oiseaux dans un rayon de soleil et suivre les blanches... virginales au pied de l'autel pour le serment, et déparer ton cœur... de l'amère douleur à la sainte espérance. Alors je murmurai : — J'ai souffert bien des maux sur les chemins ensoleillés de la vie, parmi les fleurs et les sourires et les baisers. Rêve d'aurore, adieu ! minuit, etc... Comme je me relevais[3], ayant saisi mon flambeau, j'aperçus la radieuse jeune fille que j'avais connue 3 ans auparavant. Alors que, insouciant et heureux de vivre, j'avais fixé ses traits sur la toile, charmé de sa beauté. La fille créature, s'était éprise de moi sans doute. Comment ! Je t'ai reconnu de loin à la lueur de ce flambeau, de la fenêtre de ma chambre ; j'allais l'assujettir car le vent s'élève et

---

2. Charles Gill exécuta deux toiles intitulées «L'inspiration». L'une d'elles appartient à Rodolphe Tourville, l'autre à Roger-Charles Gill. C'est sur cette toile de feu Roger-Charles Gill que l'on retrouve le scène décrite ici par le poète. Juliette Boyer, la maîtresse du poète, posa pour cette toile, exécutée en 1912.
3. C'est ici que commence la seconde version de cette rencontre sur la plage.

je crains l'orage... Je t'ai vu comme tu es triste. Tiens, j'ai pris sur ma table ces fleurs sauvages que tu aimes tant. — Tu te souviens, n'est-ce pas, quand j'en cueillais tout le long de ces montagnes, et que tu les peignais. — Eh bien, j'en cueille toujours en souvenir de toi. Comme je suis contente... mais de te voir si étrange, je suis sorti sans bruit et me voici... je... d'un œil sombre... ne sachant que répondre... fatalité. Je n'aime pas, mais sa beauté merveilleuse, me faisait frissonner. Je rencontrai son bel œil angélique, je l'attirai à moi, et sa taille flexible, ondula dans mes bras de fer, mais... et j'ai pensé dans mon âme : «Je n'ajouterai pas ce remords à tant d'autres. (Elle s'est penchée sur moi pour me consoler) Et je déposai sur son front renversé, un froid, un chaste baiser. (en la soulevant de terre, il faisait Clair de Lune, alors.) Rêve d'aurore, lui dis-je, adieu la nuit tombe sur moi, cette gerbe de fleurs garde-la pour ma tombe — En vain, je voudrais remonter de l'amère douleur à la sainte espérance. J'ai plus de noir dans l'âme que toi dans tes beaux yeux. Adieu, souviens-toi de moi tu chanteras le néant quand je ne serai plus, avec un vers d'amour accordé sur ma lyre. Ce baiser qui palpite sur ta lèvre, je n'oserai goûter la douceur du miel, après avoir bu tout le fiel de la coupe maudite. Ô lèvres, je veux votre prière, et non votre baiser; votre prière avant que l'ombre m'engloutisse, votre prière, car moi je n'ose prier Dieu ! — Et je sautai dans mon canot, et à grands coups d'aviron je m'éloignai.

Ce qui semble corroborer les témoignages du poète dans sa lettre du 24 octobre 1911 à Louis-Joseph Doucet, ce sont ces quelques strophes sous le titre de *Never More*, strophes qui se retrouvent dans le manuscrit *Les Étoiles Filantes*. Nous croyons qu'il s'agit là d'un fragment du chant Vᵉ *Clair de Lune*. Gill n'exploite ce même thème poétique que dans son texte en prose. À cette époque, il était si malheureux qu'il songeait à se suicider.

Chant VII [7]
LES SENTINELLES (AURORE)

Gill avait intitulé ce chant «Les Sentinelles» et il le classait en septième position. Le titre *Aurore*, chant VIᵉ ne se retrouve que dans le manuscrit rédigé par Marie Gill. Enfin, la prose qui correspond à la première strophe de ce chant se trouve dans ce plan en prose sous *Le Silence et l'Oubli*. Il commence par ces mots : «Je t'ouvre en paix mon âme, ô Solitude immense! ô vents ne grondez pas...» (p. 11 et 12).

J'étais en face des deux merveilles au large, une vaste baie séparait les deux caps dont le prolongement borde cette baie en hémicycle et va se perdre dans le lointain bleu, formant une double chaîne aux méandres harmonieux. Enfin, la longue nuit pâlit à l'Orient. Les deux rochers se dressent à l'entrée d'une baie dont les bords s'ouvrent en amphithéâtre et se creusent au centre pour laisser passer une petite rivière qui coule en paix dans les sables entre une double et sinueuse chaîne de montagnes qui va se perdre à l'horizon. Le Cap Éternité s'avance d'un seul bloc, son escarpement donne sur le Saguenay ; du côté de la baie, il est boisé et en glacis, mais c'est sur la baie que surplombe le formidable escarpement du Cap Trinité qui moins haut et moins massif que son rival (compagnon) est plus pittoresque. Il mérite doublement son nom : sa silhouette qui se découpe à trois échelons le fait ressembler à un escalier dressé sur le ciel — et, il est aussi dressé verticalement en trois piliers monstrueux, et ce massif de trilogie, se répète trois fois dans le prolongement des montagnes qui s'étendent au fond de la baie comme une vibration harmonieuse, qui propage une belle note dans le milieu sonore, et, comme si la nature satisfaite de son œuvre n'eût pas voulu s'en tenir à l'original. Il en existe une reproduction en plus petit sur la rive opposée, et vis-à-vis de ce spectacle grandiose. Une anse simule la baie, la coupe du Cap Éternité est de même forme et le petit Trinité est divisé en trois piliers. Mais je pousse le canot vers la baie pour en faire le tour, épris, fasciné, avant de chercher la grotte dont m'avait parlé Tacouérima.

Chant VII
LES SENTINELLES (AURORE)

Les variantes dans ce manuscrit sont de la main de Charles Gill, en août et en septembre 1908. Comme dans son texte en prose, le poète intitula ce chant *Les Sentinelles*. Il le plaça en septième position (p. 83 à 86).

   1.   Règne *donc* sur ce fleuve, ô solitude immense ! p. 86.

  12.   *S'ouvre ce gouffre* où l'homme en vain rejetait l'ancre, p. 83.

  25.   *Maintenant,* l'art m'attache aux bords du *fleuve-abyme* [*sic*], p. 84.

  39.   Et, le cœur *abymé* dans la nuit des désastres, p. 84.

41-60.   Le poète divise ces vers en strophes de quatre.

  42.   *Dessinait* les détails aux flancs du grand rocher

  45.   À partir de ce vers Gill intervertit l'ordre qui devient le suivant : 50, 51, 52, 49 ; 53, 55, 56 ; 57, 58, 59, 60 ; 45, 46, 47, 48. Nous aurons alors les variantes qui suivent :

49-53.   *Sur le fronton du cap un rayon d'or a lui,*

  52.   *Tout le ciel s'égaya d'une rose clarté*

  53.   Pendant *que sur les eaux le ciel jetait des* roses

  45.   *Voici que le décor de* l'espace éthéré

  46.   *Passe* du rose à l'ambre et de l'ambre au bleu pâle ;

  48.   *Et sur les sombres caps, flotte un rayon doré*

  60.   Après ce vers Gill ajoute cette strophe :
Je plonge à coups vibrants la rapide pagaie
Pour longer de plus près le double escarpement
Et contourner ces bords dont le prolongement
Mire ses hauts glacis dans une vaste baie. p. 85 et 86.

Ces quelques vers du chant *Les Sentinelles* (Aurore) devaient être publiés dans la revue *Le Terroir*, n° 1 de janvier 1909, sous le titre général : *Le Cap Éternité (fragments)*. On retrouve donc dans cette publication six strophes de ce chant, dans l'ordre suivant : 21, 22, 23, 24 ; 9, 10, 11, 12 ; 5, 6, 7, 8 ; 25, 26, 27, 28 ; 29, 30, 31, 32 ; 37, 38, 39, 40.

  25.   *L'art vénéré me guide* au bord *du cap unique*, p. 18.

  26.   Je le *veux célébrer* dans mes vers, mais en vain

  27.   *J'ai l'orgueil* d'exprimer ce qu'il a de divin

  28.   Et d'infernalement effrayant et *tragique.*

Chant VIII (VII)[8]
AVE MARIA

Le chant septième ne devait pas être publié, même après avoir remporté la palme au concours de la *Société du Parler français*. Selon Doucet, Charles Gill craignait que l'on ne découvrît, d'une part qu'il était l'ami de Lozeau, d'autre part qu'il s'était rendu, le 15 août 1911, dans la rue Sainte-Famille à Québec pour y rencontrer l'abbé Camille Roy. Le 20 novembre 1911, Doucet n'avait-il pas exhorté Pamphile Le May, Adjutor Rivard et l'abbé Philippe Perrier à être cléments envers Gill? Tous étaient les membres du même jury; comment pouvait-il publier sa pièce? Toutefois, à la demande expresse de son ami Doucet, Gill fera paraître l'*Ave Maria* non seulement dans le *Bulletin du Parler français*, mais dans plusieurs quotidiens montréalais. Le 1er avril 1913, Gill écrit donc ce qui suit à Doucet:

> Je te remercie de m'avoir engagé à publier *de mon vivant* l'AVE MARIA du Cap Éternité. La publication de cette pièce a fait grand plaisir à ma pauvre mère. Ce souvenir heureux d'une grande joie maternelle a pâli l'effet de certains remords bien noirs dans mon cœur pendant que je veillais son agonie, pendant que je priais près de son cadavre, redisant pour son âme les prières que, tout petit, elle m'avait apprises, ou pendant que, retiré dans quelque pièce déserte de la maison mortuaire, je pleurais.
>
> Je n'oublierai jamais que tu m'as décidé à publier l'AVE MARIA avec cette raison : — «Puisque tu as écrit cette pièce avec tant de feu, elle vient de ton cœur. Ce serait de l'hypocrisie d'un nouveau genre, si tu ne la publiais pas.» Bon Doucet, si jamais — chose plus qu'improbable! — tu te rendais coupable de quelque scélératesse envers moi, je te pardonnerais en souvenir de cette bonne action.
>
> (*Correspondance*, édition 1969, p. 102)

Ce texte en prose fut écrit en août et en septembre 1908. Selon les manuscrits du poète, ce chant doit être le VIIIe et non le VIIe (p. 8½ à 10½).

> Je ne devrais peut-être pas oser en parler, mais je dis ce que mon cœur me conseille de dire. Mon admiration hésite entre les deux, accablés de misère et d'amère douleur. Sur un échelon est la statue de la sainte Vierge. Elle devrait être sur le deuxième, sur le degré du Fils. Elle sourit tendrement et ouvre les bras d'un geste de bienveillance. Ainsi je vous retrouve donc dans mon rêve d'azur, quand nous abandonnons, quand nous avons épuisé la coupe amère, quand tout nous abandonne, quand tout nous a dédaigné, trahi, quitté, et moi aussi, on m'a crucifié! Quand nous

avons subi le masque hypocrite des pharisiens, des superbes, et des faux vertueux, *consolatrix afflictorum* consolation des affligés, étoile du matin, reine des anges, je viens à vous, j'ose mettre à vos pieds mon cœur blessé, me rappelant que tout petit, quand je m'endormais dans mon petit lit blanc, sur mon cœur votre image sacrée. Je reviens à vous avec mon cœur d'enfant, sauvez-moi du naufrage (angélique douceur) suave figure et douloureuse, déification de la maternité, humble, porte du ciel, rose mystique (ou mystérieuse) refuge des pécheurs, le génie de Jésus est un rayon de Dieu, mais c'est à votre cœur qu'il a pris la bonté, le pardon des injures, la miséricorde, la mère du bon Dieu, reine des anges. N'éloignez pas le suppliant désespéré. — Et moi, rebuté, méconnu, sans gloire, accablé de douleur, c'est pourquoi maintenant je viens à genoux :

Car je suis trop méchant pour prier, Vierge Sainte.
Et j'ai perdu le droit de regarder le ciel!

Non! Je suis indigne de lever les yeux vers vous et de prononcer votre nom sacré. Pourtant vous êtes la consolatrice des affligés, et l'étoile des naufragés, mais je viens de traverser une affreuse nuit, et mes yeux ont vu... et mon cœur a palpité... et je crains d'affliger par ma présence, vos yeux célestes — d'affliger par mes regards vos yeux célestes! — Mais souvenez-vous du «Petit-Loup» qui vous aimait! Souvenez-vous du bel enfant rose, au cœur sans tache, qui vous cherchait dans les nuages, interrogeant le ciel, et, qui le soir venu, sur votre vision fermait sa paupière, et s'endormait dans son petit lit blanc à couvertures bleues, en pressant sur son cœur votre image sacrée. — Ah! depuis lors ce souvenir a plus d'une fois éclairé d'une fugitive lumière d'aurore le cœur noir du maudit. Faites que je vous revoie, pour que mon âme s'habitue à vous évoquer! Ainsi, vous bercerez mon dernier rêve, vous que mon amour d'enfant a trouvée la première dans sa soif d'au delà, et, bercez mon dernier rêve sur la couche funèbre où je m'endormirai pour la dernière fois! — Je crains que ma présence ne vous soit odieuse! — Ô mère de Jésus! Mère de Dieu qui s'est incarné à l'image de l'homme, en exemple, et malgré leur indignité, des hommes ont un rayon divin et lui ressemblent de loin; les uns par la bonté, d'autres par le génie, d'autres rappellent un peu le Dieu de Nazareth par une humble simplicité — d'autres ont le pouvoir de dire aux paralytiques : — Lève-toi!... Moi, indigne et misérable, il est un point cependant qui malgré tout me rapproche du

Calvaire : C'est d'avoir été crucifié ! Ô mère des affligés vous qui pouvez voir les secrètes pensées des hommes et leurs douleurs passées, regardez dans mon cœur ! Ayez pitié de moi malheureux suppliant à genoux. Regardez dans mon cœur. Souvenez-vous de votre Fils crucifié ! Souvenez-vous de vos douleurs divines et prenez en pitié les humaines douleurs !

Chant VII
AVE MARIA

Ici, c'est la seule variante dans le manuscrit rédigé par Marie Gill. On doit remarquer que pour Marie Gill, *Ave Maria* est le chant VIIe et non le VIIIe (p. 49 à 55).

43.   Pour qu'en un style clair, sombre et *chaleureux*, p. 52.

Chant VII
AVE MARIA

Les variantes, dans ce manuscrit de Charles Gill sont datées d'août et de septembre 1908 (p. 87 à 90).

4.   J'ai senti le remords de mon passé *renaître*, p. 87.
24.   Comme les chants joyeux de la tendre *innocence*, p. 88.

Chant VIII
AVE MARIA

Les variantes du texte publié dans *Le Bulletin du Parler français au Canada*, vol. X, n° 6, livraison de février 1912, p. 213-317. La revue ne publiera que les vers 6 à 95. Les vers 36 à 39 se présenteront dans cet ordre : 36, 38, 37, 39.

Chant X[9]
LE CAP TRINITÉ

Ce texte en prose est daté d'août et de septembre 1908. Selon les manuscrits du poète, *Le Cap Trinité* demeurera le chant X[e] jusqu'au 23 décembre 1911, puis dans son plan de 1912, il deviendra le chant VIIe. Enfin c'est dans le manuscrit de Marie Gill qu'on le retrouve classé au VIIIe rang (p. 17½). Voici tous ses textes en prose avant leur transformation en alexandrins.

Cependant le jour avait atteint la onzième heure ; je remontai le courant pour aller admirer le Cap Trinité, son gros escarpement... etc.,... style de Dieu. Et nous osons prétendre pénétrer les secrets de l'âme et sonder le mystère de l'infini et l'épouvantable problème du néant et de l'être. Aveugles au rayon de lumière, sourds au bruit de la Terre sur la planète errante où nous rampons.

Chant X
LE CAP TRINITÉ

Ce texte en prose dans le «Cahier de coupures n° II, p. 15, est daté des 27 et 28 novembre 1911.

La surface de ce pan de granit est sillonnée de rides, de profondes crevasses coupées à arêtes vives. Il est sillonné de cicatrices, sur lesquelles, quand les rayons tombent obliquement, le soleil donne un aspect bizarre et imprévu. — Par l'opposition des ombres qui projetées par ces nombreuses saillies sur la surface plane, forment un innombrable grimoire, comme si le destin avait voulu écrire en signe de mystère quelque chose de profond, l'histoire de la création, l'origine du monde, quelque secret de la mystérieuse nature, quelque révélation sur l'origine, la formation du globe. — Mais l'homme ne comprend pas. Il a peut-être choisi cet immense et splendide mouvement pour écrire un mot de la grande Vérité. Le destin a voulu graver en lignes d'ombre en un jour de tourmente, l'histoire de ces catastrophes, des faits prodigieux des choses futures sur la création et sur les créatures.

Dans le manuscrit rédigé par Marie Gill et classé sous *Le Cap Éternité* (chant VIII), il n'y a aucune variante (p. 56 à 58).

Chant X
LE CAP TRINITÉ

Les variantes de ce manuscrit de Charles Gill, sont datées d'août et de septembre 1908; ce texte fut terminé, selon le poète, le 23 décembre 1911. Il le signale dans sa *Correspondance* (éd. 1969) avec Louis-Joseph Doucet (p. 48).

10.   À ces signes précis, *figent* des traits vagues p. 102.
12.   Qui dans les plis profonds dardent leurs *bleus* reflets.

31.   Pendant que nous osons *créer des noms* abstraits, p. 103.
32.   *Pour* sonder le mystère insondable de l'être
39.   Mornes vivants dont l'âme est en proie au *vil* bruit
47.   Quand les cris de l'*Enfer* et du *Ciel* à la fois, p. 104.

Gill publiera dans *Le Terroir* neuf strophes du *Cap Trinité* sous le titre général de *Cap Trinité (fragments)*. Voici l'ordre de ces vers : 5, 6, 7, 8; 15, 16, 13, 14; 17, 18, 19, 20; 21, 22, 23, 24; 25, 26, 27, 28; 37, 38, 39, 40; 41, 42, 43, 44; 45, 46, 47, 48; 49, 50, 51, 52, avec les variantes suivantes :

5.   *Son grand escarpement* creusé de cicatrices, p. 19.
13-16.   L'ordre des vers est interverti, p. 20.

Chant IX[10]
LE CAP ÉTERNITÉ

Ce texte en prose est daté d'août et de septembre 1908 (p. 13 à 17). Les vers inclus ici dans le texte en prose sont les premiers jets de l'inspiration du poète. Aux endroits où ces vers avaient été utilisés comme tels dans l'édition de 1919, nous en avons souligné les variantes.

Cependant les courants m'avaient peu à peu entraîné vers le Cap Éternité, et sa masse me menaçait et les pensées grandirent

dans mon âme. Quelle image! Ô merveille! Ô force, ô majesté!
Son sommet où le lierre aux pins royaux s'accroche.

Se pare le premier des premiers feux du jour
Quand le gris matinal couvre tout alentour
Car le ciel embellit le front qui s'en approche
Pour lui les jours sont plus longs........ ant [*sic*]
Qu'en bas, puisqu'il reçoit.................... e [*sic*]
.... e [*sic*]
Le soleil de l'aurore et l'adieu du couchant
Car le soir...... les heures trop rapides
Paraissent, un instant dans leur vol s'attarder
Sur des hauteurs qu'un rayon d'or vient inonder
Par dessus le grand mur lointain des Laurentides.

Prolongeant pour sa cime un règne glorieux
Quand l'ombre règne en bas l'Autre mourant l'embrase
Et les vieux pins royaux se dressent en extase
Dans le bouleversement de ces derniers adieux. p. 13.

Et plus loin que dans le fleuve, il plonge dans le temps — il
pénètre plus loin dans la nuit des années. Immuable témoin des
premiers jours du monde, il assiste, témoin pétrifié aux multiples
changements. Il a vu baisser le niveau de l'eau, il a tout vu passer ;
les animaux préhistoriques, puis sont venus les oiseaux et plus
tard l'Ours. Après, le sauvage dans ses canots d'écorce — puis
vinrent les pionniers les explorateurs les missionnaires — longtemps après les bûcherons qui descendaient sur leurs radeaux, puis
les grands voiliers, oiseaux noirs aux ailes grises et maintenant les
blancs cygnes, les navires aux ailes fermées qui glissent aux fracas
de leurs palmes rouges qui fouettent l'onde — Les blancs
voyageurs qui font retentir l'écho, de leurs cris stridents qui
s'effectuent sur la terre, les hommes, les idées — Rien n'a modifié
son aspect. Les victoires, les désastres, seulement sa verdure
change. Le monarque est le même ; les rois se transmettent des
couronnes, ici ce sont les couronnes qui passent.

105.   *Vainqueur du noir* viellard [*sic*] ailé qui fauche tout,
104.   Des siècles ont passé sans affliger sa gloire ;
106.   À son pied souverain, dans l'onde affreuse et noire
107.   Des siècles sombreront ; — il restera debout.

À peine si dans son duel séculaire avec la foudre, à de rares intervalles, un fragment de roche se détache et tombe comme pour apprendre au fleuve la chute des empires. Il se détache et frappe de roc en roc — et l'écho répercute le bruit de sa chute, comme pour sonner le glas des générations. Si quelque débris de siècle en sièce s'est détaché pour sombrer dans l'abîme, ce fut pour marquer la fin de quelque empire plus grand que les autres, effacé du souvenir des hommes. Ô peuple, oubliés! Babylone! Carthage! Ninive! où êtes-vous? Troie! où sont tes murs? Et plus loin que dans l'azur, il s'avancera dans l'avenir, survivant à notre oubli, comme à l'oubli de ceux dont nous ne pouvons prévoir l'origine. Qui sait? que sera-t-il? Quelles humanités se succéderont et après combien de siècles, verra-t-il le grand retour à l'origine, quand la destruction aura passé — reverra-t-il les forêts désertes?

Son ombre qui s'allonge sur le Saguenay tourne et en rend plus sombre l'onde noire. Tout le long du jour il mesure l'heure aux abîmes mystérieux et tout le long des siècles il conte la naissance et la chute régulière des jours (années). À quels damnés, à quel hôte du noir abîme mystérieux, plein d'effroi cette éternelle horloge doit-elle compter les siècles accumulés! «Ne pas oublier plus tard, descendus aux Enfers, l'heure par cette ombre. Car l'heure comptée paraît plus lente.» Et quoique, devant l'infinité de Dieu, éphémère, il est doublement pour nous l'image de l'éternité, par la continuité de sa forme qui semble perpétuer le moment où il s'est figé et par l'image plus directe et impressionnante de sa cime et de ses bases perdues. Car tout est relatif, les fractions de secondes, les heures, les jours, les mois, les ans, les siècles et les millénaires et les bornes où s'arrêtent notre pouvoir intellectuel et notre calcul — tout cela est la même chose devant l'ÉTERNITÉ. Tout est la même chose aux yeux de l'Éternel. Et, il est là comme un sphinx qui s'avance, les deux pointes de roc sont ses pattes, et l'escarpement son poitrail et son cou. Et sa tête ne se voit pas, il possède les secrets terribles et l'homme en frémit.

174.   Sphinx *venu* du passé qui *pose* à l'avenir
175.   Le problème infini du temps et de l'espace
176.   Il contemple au Zénith l'*éternel* face à face,
177.   Et son terrible nom lui peut seul convenir.
188.   Celui qui le premier l'a nommé sur la terre
189.   Avait de l'être humain mesuré le cercueil
190.   Et plus haut que l'essor de notre *vain* orgueil

191. *Habitué son rêve à la pleine lumière*
192. *Et l'admiration.... et* la postérité
193. Demande vainement à l'Histoire *muette*
194. Quel apôtre *inspiré* quel sublime poète
195. *A fait sur le géant planer l'*éternité. p. 17.

Mais je m'arrache aux méditations. J'aborde au Cap, pour y monter. Je vais aborder dans l'anse où les cailloux éboulés forment chaîne.

Chant IX
LE CAP ÉTERNITÉ

Les variantes de ce manuscrit sont l'œuvre de Marie Gill (p. 59 à 69).

2. C'est à L'Éternité que ce cap fait songer; p. 59.
13-14. Il y a un paragraphe.
88. Mais quand la Mort se heurte au granit éternel, p. 63.

Chant IX
LE CAP ÉTERNITÉ

Voici les variantes de ce manuscrit de Charles Gill. Elles sont datées d'août et de septembre 1908 (p. 96 à 101).

8. Couronne son *sommet compagnon* de l'azur p. 96
13. À la *terrible et formidable* Éternité !
13-14. Il y a un paragraphe.
15. Il *a surgi de terre* avant l'humanité
20. Il a vu s'accomplir *la loi des* destinées
30. *D'étranges vertébrés* parcouraient ses versants, p. 96½
33. Troublaient *la grande paix* des bois pleins de mystères :
34. Enfin *de* la forêt *conquise* à l'animal
37. Et qui *garde* en *ses yeux* la divine étincelle
39. *Nargua tous les périls, devint forte* et grandit...
55. La cime *submergée* a vu sous ses grands pins, p. 97.
56-57. Il y a un paragraphe.
60. Et *les hommes enfin* parurent de nouveau.
62. *Sillonnant* l'onde *noire* en plongeant l'aviron.

118.	Quand nous *serons* par d'autres *peuples* remplacés, p. 98½
128-129.	Il y a un paragraphe. p. 99.
129.	Oh! combien de destins, dans *l'immense intervalle,*
130.	*Se seront abîmés sur la pente fatale!*
135-136.	Il y a un paragraphe.
137.	*Planant* en sûreté *dans les espaces viles.*
138.	Ou *frôlant calme et fier* sur ses ailes rigides
	La surface des eaux sans y laisser de rides?
140-141.	Il y a un paragraphe.
147.	Au *mot creux* de «progrès» qui servira d'excuse, p. 99½.
149.	Qui *sauront assurer dans* leur œuvre de mort
155.	Mourant d'avoir *trouvé* le bien-être physique
157.	Les *stridentes* laideurs du fer et de la suie
162.	*Mais* la forêt reverdira sur les ruines
171.	Ce vers est remplacé par 173.
173.	Ce vers est remplacé par 171. p. 100.
175-178.	Cette strophe vient après le vers 196, p. 100½.
196.	(175-178) Après ce quatrain on aura:
	Pourtant, devant Celui qui créa la lumière
	Il n'est, au sens profond de la réalité
	Qu'un Jalon du néant dans sa forme éphémère
	Mais il évoque bien pour l'être de poussière
	L'épouvantablement divine Éternité
	Par son granit qui semble éterniser l'instant
	Où s'est éteint jadis le grand four crépitant
	Par sa base dans l'onde insondable perdue
	Et par son front altier qu'enveloppe la vue, p. 101.
196.	*Car tout est relatif; les siècles et les jours*
197.	*Les secondes, les ans, les mois, les millénaires.* p. 101.

Chant X
LE CAP ÉTERNITÉ

Il s'agit ici des variantes du *Cahier de coupures* n° 1, p. 40
à 45. Ce texte n'est pas daté. Gill notait que ce chant était le Xe.

8.	Couronne son front libre *aux confins* de l'azur
13.	*À la terrible et formidable éternité.*
13-14.	Il y a un paragraphe.
15.	Il *a surgi de terre* avant l'humanité

22.   *Au terrestre destin des choses périssables*
28.   *Il a vu tout passer la gloire des cités*
29.   *La flore, et l'animal, et l'homme et les* empires
30.   *D'étranges vertébrés* parcouraient ses versants
34.   Enfin *de* la forêt *conquise* à l'animal
35.   *Le Cap vit émerger* l'être à l'âme immortelle.
37.   *Et qui garde en ses yeux* la divine étincelle.
39.   Domina tout, devint *plus nombreuse* et grandit
59.   *Aux âges disparus* les âges succédèrent
60.   *Et les hommes* enfin parurent de nouveau.
62.   Sillonner *l'onde noire* en plongeant l'aviron
85.   *Donne au vieux roi du fleuve* un nouveau diadème
87.   Sa couronne *ennoblit* le roi qui le remplace
95.   *Et* pour sonner le glas des générations.
97.   *Frôle l'escarpement* et tombe dans l'abîme.
99.   *Et l'onde frissonnante* emporte dans sa nuit
115.   Des jours dont le calcul entraîne *aux noirs* vertiges
124.   Sur d'autres vanités *verseront leurs* oublis
131-187. Les mêmes variantes que dans le manuscrit de 1908.
195.   Devant tant de grandeur *nomma l'Éternité* :
195-196. *Ibidem* le manuscrit de 1908.
174.   Sphinx *venu* du Passé *qui pose* à l'Avenir,
196-203. *Ibidem* le manuscrit de 1908.

Gill devait publier dans *Le Terroir* six strophes de ce chant sous le titre général du *Cap Éternité (fragments)*. Voici l'ordre de ces vers : 1, 2, 3, 4 ; 5, 6, 7, 8 ; 173, 174, 175, 176, 177 ; 187, 188, 189, 190 ; 105, 104, 106, 107. Nous ne relevons que trois variantes.

5.   *Plus avant que la sonde*, au sein du fleuve obscur
174.   *Sphinx venu du passé*, qui pose à l'avenir
176.   Il *regarde* au zénith l'Éternel face à face, p. 19.

Chant XI[11]
LE RÊVE ET LA RAISON

À l'encontre de l'édition de 1919, et du manuscrit rédigé par Marie Gill, le poète avait titré son texte en prose, daté d'août et de septembre 1908, *Le Rêve et la Raison, chant XIe* (p. 12 et 13).

J'hésite entre les deux ; l'un a la majesté sereine, l'autre la poésie du mystère. Celui-ci... tourmenté, énormes formes, certes il évoque bien la Sainte Trinité. Tous deux mènent à Dieu ; l'un offre ses trois degrés pour faciliter l'ascension céleste. Ses degrés nous invitent à visiter l'azur comme le mystère de la Trinité, convie le croyant aux méditations divines. — Comme le mystère d'où il tire son nom élève plus facilement par les degrés du rêve à l'extase céleste, la pensée du croyant qui ne cherche pas à comprendre avant d'aimer. — L'autre venu de la nuit où plonge sa base solide monte tout droit aux nuages, comme la raison du philosophe qui évoque Dieu dans son principe et l'adore, éternel, le sachant nécessaire, infini, cause des causes. Car ce mot : Éternité augmente, s'il est possible l'insondable mystère de Dieu, l'éloigne encore des bornes de notre intelligence et par cela même nous le fait pressentir, deviner, plus adorable dans son ombre majestueuse, mais nous fait désespérer de le pouvoir jamais comprendre, en cette vie. Devons-nous chercher à approfondir, à tout peser et à tout sonder l'inexplicable, chercher par la science, ou plutôt par le cœur et adorer les plus profondes pensées du génie, les plus claires démonstrations de la métaphysique, les plus solides raisonnements de la philosophie (ne démontreront jamais Dieu aussi clairement) — N'approcheront pas du mystère de Dieu autant que la prière naïve et fervente d'un enfant. —

Voici les variantes de ce manuscrit, *Le Rêve et la Raison*, rédigé par Marie Gill (p. 70 et 71).

     6.   *Ainsi* la Trinité, par les degrés du rêve, p. 70.
13-14.   Ce vers doit être intercalé :
           Et l'adore éternel, infini, nécessaire.
    15.   Augmentant *Son* secret, *secret* insondable et terrible,
    16.   Et *L'*éloignent encor de notre entendement !... p. 71.
    19.   Mais plus nous *Le* cherchons au texte des gros livres,

Les variantes de ce manuscrit, *Le Rêve et la Raison*, de Charles Gill, sont datées d'août et de septembre 1908. Vers le 23 mars 1912, Gill fera parvenir le même texte à son ami Louis-Joseph Doucet (*Correspondance*, édition 1969, p. 62 et 63).

13.   Qui cherche à prouver Dieu par *sa* philosophie, p. 92.
13-14. Gill intercale ce vers :
        Et L'adore, éternel, infini, nécessaire.
14-30. *Ibidem* le manuscrit de Marie Gill.

Chant XII (XI)[12]
VERS LA CIME

Ce texte en prose date d'août et de septembre 1908. Re-marquons que, dans ce manuscrit, *Vers la cime* est le chant XIIe, et non le XIe comme il est indiqué dans le manuscrit rédigé par Marie Gill et l'édition de 1919 (p. 18 à 20).

Le rocher moins escarpé m'a permis d'aborder près d'un torrent que j'entendais gronder sous les arbres. Je frémissais de joie et d'orgueil à l'idée que j'allais gravir le fameux rocher, que j'allais côtoyer ses abîmes et baigner mon front dans ses nuages, et voir le Canada du bout de sa grandeur. Mais en toisant le géant, mon regard s'épouvante. J'hésite devant l'effrayante pente, mais le lit du torrent m'indique un chemin et j'aventure mes pas au revers du ravin qu'il creuse le long de la montagne, car il ne descend pas en ligne droite mais en décrivant une longue courbe à même le flanc gigantesque. Par endroits, il plonge, vertical, brisant sa nappe d'eau qui tombe en cascatelle. Plus loin, l'écluse naturelle d'un éboulis retient son frais cristal sous le dôme des ormes et des pins. Ainsi suivant d'assez près le cours du torrent, je me rapproche à mi-chemin du sommet.

Jusque-là, j'avais eu assez beau jeu, mais c'est alors que la lutte commence. À tout instant, je me trouvais en présence de rochers escarpés, de hautes murailles que d'en bas j'avais pris pour des cailloux faciles à contourner ou à escalader et ce tapis vert que d'en bas j'avais pris pour la mousse était la cime touffue des ormes, des hêtres, des bouleaux. Je me pratiquai un chemin en bataillant contre les obstacles de la forêt. Ailleurs parmi les arbustes et les fleurs champêtres dans le sous bois verdoyant et plein d'essences, ici me cramponnant au souple coudrier le long d'un précipice, là grimpant au fût argenté d'un gros bouleau. Je montais toujours dans le calme religieux de la forêt. Je n'entendais que le bruit de mes pas sur les branches mortes à travers toute une floraison virginale et sauvage, j'avançais. Il y a là beaucoup de bluets, et des graines rouges, en grappes délicieuses qui poussent dans la mousse, et des cerises et des framboises. Je me dirige maintenant vers l'escarpement. J'aperçois le sommet à travers les branches. Il me semble que je ne l'atteindrai jamais. Cette fois je repars à même le versant. La mousse qui recouvre la roche glisse sous moi. Ailleurs il faut franchir au saut de redoutables crevasses, faire maint détour... et toujours le sommet entrevu entre les branches semble inaccessible, sous bois, à travers la feuillée quelque rayon filtré faisait étinceler le mica dans les roches. Je me suis d'abord trompé de voie et j'arrive sur un mamelon, mais je redescends et reprends par ailleurs, bien déterminé. p. 19.

Souvent dans cette escalade il faut autant se servir de ses bras que de ses jambes, et il faut se hisser le long des écarts en grimpant aux arbres. Il est de frais ombrages près de ce ruisseau capricieux qui par endroits se repose, des lieux charmants et gracieux. p. 20.

Les variantes du manuscrit *Vers la cime* sont rédigées par Marie Gill (p. 74 à 80).

2.	Pendant que jusqu'à Dieu s'élevaient *mes* pensées, p. 74.
5-6.	Le vers suivant fut intercalé :
	Déjà midi, pensais-je, ô jour trop éphémère!
11.	Près d'un torrent *caché* que j'entendais gronder
	Dans ce vers, *caché* fut rayé et remplacé par *déjà*.
25.	Le *chemin* me conduit à *mi-hauteur* du faîte, p. 75.
26.	*Mais* contre la forêt il me faut batailler :
44-45.	Ce vers fut intercalé :
	Et l'écorce argentée est la coupe où je bois. p. 76.
45.	Un rêve *harmonieux* frissonne dans un arbre
51.	*Mais* le souci *de l'heure* abrège mon repos. p. 77.
61.	Qui toujours se dérobe et *semble à mon* regard
63.	*Un moment je m'arrête* et je songe : «Il est tard!»
71.	Je grimpe *en biaisant* le long du flanc immense, p. 78.
76.	Partout, *le bouleau blanc et le sombre* sapin,
77.	Et *l'orme au parasol, et la noire* épinette,
80.	*Mais déjà* le soleil *à* l'horizon s'incline;
83.	*Ô douce émotion!* J'approche de la cime,
88.	Mais *tout* autour *de moi* se dresse un vert rempart; p. 79.
93.	Je *puis gagner sans peine un point plus* dénudé,
94.	D'où *mon regard ravi s'enfonce dans* l'espace.

95. *L'immense* écartement de l'angle *qu'*il embrasse.
104. *Est-ce* féerique illusion des choses?

Les variantes de *Vers la cime* dans le «Cahier de coupures» n° 1, p. 36 à 40. Il s'agit d'un texte dactylographié qui a dû servir à l'édition de 1919. Ce chant correspond littéralement au manuscrit de Marie Gill, à l'exception de ces variantes:

Le chant commence au vers 5.

78. Et le vieux chêne aussi *dressant* leur silhouette
107-108. Il y a un paragraphe.

Chant XIII (XII)[13]
LA FOURMI

Dans le texte en prose, ce chant est le XIIIe et non le XIIe comme dans le manuscrit de Marie Gill. *La Fourmi* date des mois d'août et de septembre 1908 (p. 21 et 22). Voici le texte en prose qui précède la versification.

Vaste Océan de sommets, de vallons et d'abîmes. — C'était l'heure où le soleil descend dans la pourpre occidentale. J'avais atteint le point le plus élevé, mais il était tout boisé d'arbres touffus qui étouffent le regard. Je gagnai rapidement le promontoire. Sur les chauves plates-formes granitiques d'où le spectacle est inoubliable. Étendue! Espace! Le regard (œil) plonge par dessus les montagnes, en découvre d'autres échelonnées, s'enfonce par delà le cours de la rivière Sainte Marguerite encaissée dans ses hautes rives et, s'étend plus loin, après s'être reposé sur de larges vallées onduleuses, (s'étend jusqu'à) découvre encore de nou͏... ͏crêtes et va s'arrêter émerveillé sur la ligne bleue des chaînes lointaines qui ferment enfin cet horizon féerique. En bas le Saguenay, nappe paisible entre ses rives accidentées. J'y arrivai au soleil couchant. L'ombre du cap s'allongeait sur la Terre et partageait l'étendue. D'un côté tout était gris; de l'autre tout était rouge et or: Le Cap et le Soleil se partageaient le monde. Et tout était silencieux. Les soupirs du fleuve ne s'entendaient pas. Humilité devant tant de splendeur, j'ai crié: Ô nature! Ô rayons d'or! que suis-je devant vous! Ô lutte d'un astre et d'un sommet, je m'incline et j'admire!... Mais comme si la Terre eût voulu me répondre, je vis une fourmi. Elle traînait à grand peine un bluet, se cambrait, tirait, poussait... tant et si bien que n'en pouvant plus, à bout d'efforts, elle eut une idée géniale, et d'un brin d'herbe appuyé sur un caillou, fit un levier. Et le bluet roula. Et moi, je regardais la petite fourmi dans la poussière pendant que le Soleil et le Cap se disputaient le monde. Et je me suis dit : — Ô dôme épouvantable, vu d'en haut, ne serait pas plus grand que cette petite fourmi, et cet astre n'est pas plus éblouissant qu'une pensée, et ses rayons pâliront avant le souvenir qu'elle emportera de lui.[4]

Ces variantes de *La Fourmi* (chant XII) sont celles de Marie Gill.

33-34.   Sont intercalés entre ces vers :
En face du grand Cap qui lui masquait la terre, p. 81.
La petite fourmi luttait dans la poussière,
Et Dieu la regardait du haut du firmament !

Dans les variantes de ce manuscrit de Charles Gill, l'on doit remarquer que ce chant en vers est classé le XIe et non le XIIe. Bien que ce manuscrit soit daté d'août et de septembre 1908, ces vers furent composés vers le mois de février 1909 (p. 81 et 84).

1.   Quand je *parvins au bord du fronton légendaire*, p. 111.
33-34.   *Ibidem* le manuscrit de Marie Gill.
45-46.   L'ordre des vers est interverti et on a :
50. *Voici venir le soir* ; les heures trop rapides
51. *Paraissent un moment dans leur vol s'attarder.*
   Pour le sommet qu'un rayon d'or vient inonder,
53. *Par dessus* le grand mur lointain des Laurentides,
49. *Prolongeant pour le Cap son règne glorieux,*
52. *Avant de l'engloutir l'astre mourant l'embrase* ;
56. Et les vieux pins royaux se dressent en extase,
57. Dans l'éblouissement de ses derniers adieux. p. 113.

---

4. «Charles Gill, écrit Albert Laberge, parle de l'idée d'un beau suicide, un beau geste, plonger du Cap Éternité dans le Saguenay.» Archives d'Albert Laberge, collection du Centre de Recherches en Littérature canadienne-française, à l'Université d'Ottawa.

Ce fragment de *La Fourmi* paraît dans *Le Terroir* du mois de mars 1909, p. 65 à 67. Gill devait publier des fragments de ce chant dont il divisait les strophes par groupes de douze vers.

1.   *Vers le soir, je parvins au fronton* légendaire, p. 65.

33-34.   *Ibidem* le manuscrit de Marie Gill.

46-47.   Gill plaça ces vers au début de son poème :

> Son sommet, où le lierre au pin s'accroche,
> Se pare le dernier des derniers feux du jour,
> Car le ciel embellit le front qui s'en approche.
> Alors que sur les monts étagés alentour
> Règne déjà la nuit, les heures trop rapides
> Paraissent un moment dans leur vol s'attarder
> Pour le géant qu'un rayon d'or vient inonder.
> Par-dessus le grand mur lointain des Laurentides,
> Prolongeant pour le Cap son règne glorieux,
> Avant de s'engloutir l'astre mourant l'embrase ;
> Et les vieux pins royaux se dressent en extase
> Dans l'éblouissement de ses derniers adieux. p. 65.

C'est ce sommet qui en 1909 inspirait ces derniers vers d'une envolée peu commune ; ce même sommet devait en 1912 porter le poète vers des idées bien noires et bien morbides.

Si nous excluons *Les Stances aux Étoiles* qui datent de 1899, c'est ici que devrait se terminer *Le Cap Éternité*, puisque les autres chants ne comprennent que des ébauches littéraires. Elles furent rédigées en prose. Toutefois les quelques pages boiteuses qui suivent suffisent à nous montrer ce qu'aurait été le poème s'il avait été terminé. Il existerait un *Chant Treizième*, sans titre, que nous n'avons pas pu retrouver dans les archives de Gill.

CHANT QUATORZIÈME[14]
FRANCE (p. 23 à 26)

Cependant le soleil était disparu derrière les lointaines montagnes. Depuis quelques instants j'observais la forme d'un beau nuage rose, l'ombre de la terre sur l'atmosphère, gigantesque arc plus sombre... lorsque soudain j'entendis frissonner derrière moi, et un léger craquement de branches mortes, mais si doux, si léger que semblable à celui qu'aurait pu faire un souffle. Je me retournai. C'était la dame bleue, la déesse aux fleurs de lys d'or. La vieille France, auguste et vénérable. Je me jetai à ses pieds ; elle me releva avec douceur et me pressa sur sa poitrine. — (ici le texte est écrit en sténographie)

Sa taille était haute. Une tunique blanche couleur de ses bras, et sans manches et un ample manteau d'azur couleur de ses yeux à fleurs de lys d'or sur ses épaules. Elle ceignait d'un glaive et son large front était couronné d'un diadème. Et son regard était doux, et son sourire était la grâce et cela contrastait avec la force majestueuse de son port. Mais comme il était ferme le modelé de cette lèvre si gracieuse dans le sourire ! « Tu m'as contristée par tes doutes et je t'avais dit que je ne serais plus à toi et de ne plus m'évoquer au point du jour, mais tu es venu à moi. Tu me retrouveras (p. 23) toujours sur les sommets ; ce promontoire s'avance, debout dans la lumière, surgi des eaux noires, tu me trouveras toujours à l'avant garde. Jusqu'ici tu m'as vue dans l'aurore, ici je viens au crépuscule du haut de ce granit éternel. Je regarde, je contemple au couchant ces immenses domaines, cet empire sur lequel (mon soleil) aussi (s'est) éteint. (couché) Mais comme celui qui vient de disparaître éclaire encore par ses rayons réflétés par l'atmosphère, l'étendue, la plaine et les montagnes — les rayons de ma gloire passée éclairent encore le ciel de ce pays et, ô prodige, leurs vibrations se continuent ; et la nuit ne vient pas ; et moi je viens ici pleurer dans la gloire du crépuscule, voir si ces rayons de fidélité de tradition, de piété filiale et d'honneur ne s'éteignent pas ; et je mets mon âme dans les regards que je promène ici jusqu'aux limites que tes yeux mortels ne peuvent découvrir. Et ces frissons de l'âme passent sur la plaine et les vibrations de la douce lumière ne s'affaiblissent pas, étaient et sont toujours en harmonie avec l'âme du peuple ; parfois un nuage couvre la plaine et la menace de son ombre quand les grands scélérats de la politique ont surpris son ignorance et sa bonne foi (p. 24) mais le nuage se dissipe bientôt. Ah ! bon peuple ! Ah ! grande foi ! car il lui est plus facile de résister à l'infamie de ses traîtres qu'à la domination de ses vainqueurs. C'est une pensée qui t'a conduit ici, ami tu trouveras toujours la France sur les sommets de la pensée et dans le rayonnement de la beauté. Je vois dans le lointain ces plaines fertiles du Lac St-Jean où peut se développer un peuple. La nature a donné à ces rochers le caractère des Thermopyles ; qu'un peuple libre et courageux grandisse à leur ombre ! — Souvent dans les jours tristes et pâles de l'automne, dans les tourbillons des feuilles mortes, je passe comme un deuil et quand tu entends crier la forêt, geindre les ormes, sangloter les érables qui se fracassent et gémir éperdument la grande voix majestueuse des pins, c'est l'âme de la vieille France que tu entends et ce sont des regrets qui sanglotent qui crient et qui gémissent. Je viens ici dans le crépuscule (Pour l'évocation je venais dans l'aurore ; pour la réalité je viens au crépuscule. Par la littérature vous resterez ! Qu'importe les couleurs des contes et... c'est la langue et un peuple. L'âme... par les lettres. Cette âme est là, mais... hélas... Il entre dans leur système ces vendus de ne pas s'apercevoir qu'il est humble d'unir ici des chants de la Patrie... foulés aux pieds, etc... Et si tu m'aimes, écris ce poème qu'ensemble nous avons rêvé ; décris les lieux que j'ai parcourus avec toi, souffre... etc... La Pensée... douloureux... rayon d'Infini. (Une de la famille de colons à l'anse St-Jean... elle parle ; elle me dit ce qu'elle voit et entend... et soudain s'arrête... elle pleurait) c'est par les chansons qu'on chante aux petits pour les endormir, les rondes enfantines et les grands vers... que...

Que les anges de Dieu protègent ta pensée !

J'emportai dans mon cœur ces paroles ailées. Mais la nuit ne régnera pas sur vous ! continuez à grandir. Je viendrai bientôt dans une double aurore saluer le soleil qui se lève sur vos moissons, et les rayons sacrés qui marqueront l'accomplissement de vos destinées. » Ainsi parlait la France immortelle et sacrée. Et moi depuis quelques instants je retenais mes sanglots mais quand elle parla de la double aurore je me prosternai le front dans la poussière (p. 25) et je saisis la traîne du manteau bleu et mes baisers s'y mêlèrent, à mes larmes... puis je la vis s'évanouir et disparaître entre mes doigts crispés. Alors je relevai le front. La France était disparue. Les premières étoiles brillaient dans le ciel serein. L'ombre tombait sur le silence et la solitude. Un air tiède montait des ondes endormies. Un oiseau solitaire vint se percher sur l'aigrette flexible d'une épinette noire, et le poids de son beau petit corps allongé fit osciller l'aigrette, et au bercement des oscillations harmonieuses et lentes, il entonna l'adieu du jour. (p. 26)

Nous avons ici, de *France*, quelques vers de Gill (ces vers figurent dans le manuscrit qui est daté des mois d'août et de septembre 1908) p. 121½ et 122. Ils ne furent jamais publiés.

1. Son frêle corps fit osciller le frêle appui
2. L'appui ploya sous le frêle fardeau
3. Sur le faîte élancé d'une noire épinette
4. Au bercement inspirateur des harmonies
5. Aux doux fléchissements des harmonies.
6. Et le petit oiseau solitaire du Soir
7. Vint se percher sur le sommet d'une épinette
8. Il chanta. Les oiseaux parlent à qui?
9. Il chanta ses notes pures, cristallines, aussi
10. Pures que le ciel limpide avec elles s'harmonisaient [*sic*]
11. Aussi lumineuses et vibrantes que les rayons roses
12. Saupoudrés d'or; cristallines, filées, se prolongeant et
13. S'éteignant comme à regret dans cette pureté lumineuse
14. Et j'écoutais et je n'ai pas compris et j'ai pensé:
15. Qu'est-ce que les oiseaux ont à dire au bon Dieu!

Les variantes de ces mêmes vers sont les suivantes:

Alors, au bercement rythmique de l'aigrette,
 Comme s'il eût voulu se plaindre à l'au-delà,
Le beau poète ailé tendrement modula
L'adieu de la lumière et de la noble Dame.
Les concerts éplorés qui vibrent dans mon âme,
Et qui, pour s'exprimer, n'ont point trouvé d'accents;
Tout ce qui chante en moi, tout ce que je ressens
 Pour les grands souvenirs et les gloires passées,
Tout ce qu'un cœur ému peut mettre en un adieu,
15 *Le petit oiseau gris le disait* au bon Dieu!

Longtemps, je l'écoutai, songeur; et mes pensées
S'envolèrent au ciel avec ce chant d'amour
Qui pleurait le regret de la France et du Jour.

Chant Quinzième
LA VISION[15]

Ce texte en prose fut écrit en août et en septembre 1908 (p. 25 à 29½). Nous n'avons que cette prose. Il n'y a pas de versification.

Alors je restai là, je me sentis terriblement seul sur le promontoire dans l'effrayant mystère des solitudes. Mon âme était toute gonflée de la France. Les bruits apaisés montaient d'en bas, indistincts. Oui, maintenant mon désespoir était passé! Je me sentais une flamme sublime d'idéal au cœur; maintenant j'avais un but sacré à accomplir dans ma vie! Oui! J'allais contribuer avec la dernière énergie avec toute la suprême énergie dont mon style serait capable, en suppléant par le cœur et par l'amour aux faibles lumières de mes talents... J'allais contribuer dans des proportions infimes, il est vrai, mais faire mon possible, à l'accomplissement des destinées françaises en le Nouveau-Monde! Et loin d'être écrasé par la tâche écrasante de chanter en vers dignes d'elle les gestes de la France sur les rives du Saint-Laurent et de décrire les larges horizons, les incomparables et grandioses beautés de mon pays, je me suis senti grandir, car (j'ai compris que l'amour m'élevait jusqu'à mon sujet. J'allais m'y jeter éperdument de tout mon être.) Je laisserais passer le souffle de l'héroïsme dans les cordes de mon luth, le souffle éolien du passé et les (p. 25½) grandes brises du large fleuve. La France a un rôle civilisateur à accomplir dans l'histoire de l'Humanité. Elle a toujours été à l'avant garde des grands mouvements, des gestes nobles et des dévouements. Presque toutes les grandes idées qui ont agité le Monde se sont épanouies sous son ciel — plusieurs ont été mises en pratique par des nations plus pratiques — mais c'est du cœur de la France qu'elles viennent. Eh bien, nous sommes, sur ce sol du Nouveau-Monde les dépositaires de ces trésors sacrés. Trop faibles encore pour nous hisser au piédestal de notre destin, nous sentons bien en nous l'âme de la France. En nous revivent les multiples éléments de sa force généreuse et il faudra bien que tôt ou tard ici, chante l'âme française. Presque toutes les vieilles provinces de France ont vu jadis s'éloigner leurs (p. 27½) enfants pour notre monde mystérieux. Ici revivent, par le nom, par les traditions, par les types, par les caractères, par l'âme de la Bretagne, la Normandie, la Gascogne, l'Anjou, la Picardie, et la Vendée et la Touraine, et la Champagne, et la Lorraine. Eh ! bien ! il faut que cette France vive ! Et s'il est vrai que la littérature, que les poèmes sont pour beaucoup dans la conservation des traditions, eh ! bien ! je mettrai toute mon âme à écrire un de ces poèmes. (p. 28½).

Je fis quelques pas sur la pierre déserte ; je ne tenais pas en place. Les bruits du fleuve montaient en rumeurs etc... Il me semblait que je planais sur le monde. Alors j'eus le plan de mon poème. J'en conçus les grandes lignes d'abord, puis les développements. Un instant tout fut présent à mon esprit. Alors une fierté sublime passa dans mon être et j'ai senti que j'étais devenu (grand) moins petit. (p. 29½)

Chant seizième
RESSEMBLANCE[16]

Ce texte en prose fut écrit en août et en septembre 1908 (p. 29½ et 30). Ce chant existe à l'état de prose seulement.

Je planais et j'eus la vison du Saint-Laurent, comme si vu de très haut // Les lacs ; le parcours du ruban vert... et jusqu'à l'Océan. Tout cela m'apparut dans la magie de l'extase. Oui ! Je te chanterai fleuve, car tu nous ressembles. Le destin l'a voulu (ici le poème «Ressemblance») et après : «le peuple enseveli près du grand fleuve mort,» — : Je veux chanter ce fleuve et célébrer ce peuple ; j'irai depuis les miroirs d'étoiles à l'océan, et je décrirai ce que j'aurai vu, et j'appellerai dans l'aurore et dans le crépuscule l'ange majestueux, la belle dame au manteau fleurdelysé pour évoquer les héros et les martyrs ; et je sentirai l'épopée frissonner près de moi, et la dame me dira les grandes actions. (p. 29½) «Ah ! Cap Éternité, c'est que maintenant mes souvenirs me reviennent ; mais des bons ; l'art m'a guéri et c'est en chantant que j'oublierai... Tu m'as frappé dès l'enfance... Je reconnais ces lieux où j'étais venu etc. Quand j'étais enfant, mon grand-père (Sénécal) m'a conduit en face de ton imposant spectacle. Comme la foule se pressait sur le pont, il m'éleva dans ses bras. Toujours ce souvenir m'est resté. La première fois que j'ai élevé mon front devant la grandeur, j'ai aperçu ta cime. La première fois que j'ai regardé par— dessus les têtes, la foule des hommes, la grande nature muette, ç'a été pour contempler ton granit, Et plus tard bohème, peintre, vagabond, j'ai planté ma tente à ton flanc; J'installais mon chevalet dans la barque devant toi, mais je rêvais au lieu de peindre — et la barque qui portait la toile blanche voguait au gré des brises et des courants devant ta majesté. C'est encore devant toi que, au lieu de m'arrêter à la forme extérieure, la ligne et à la couleur, la nature m'a parlé un plus profond langage que celui de la couleur et de la forme. Devant l'impossibilité de te peindre, j'ai éprouvé le besoin de traduire mes impressions; il fallait que je crie mon admiration et j'ai voulu écrire. Tu m'as sacré poète; mais maintenant je reconnais, comme autrefois devant ma toile, que je suis au-dessous et que je n'exprime pas ce que tu m'as mis dans l'âme.» (p. 30)

Chant XVII[15]
STANCES AUX ÉTOILES

Ces *Stances aux Étoiles* comptent parmi les premières poésies de Charles Gill. On trouve ces *Stances* de Gill dans: le manuscrit *Les Étoiles Filantes*, troisième partie, *En Haut*, p. 66-68; dans le «Cahier de Coupures», n° II, p. 7; le titre figure dans *La Presse*, 26 mai 1899, p. 7, où l'on publie le programme de la séance publique de l'École littéraire de Montréal; on complimente les *Stances* de Gill dans *La Presse*, 27 mai 1899, p. 7; elles sont publiées dans *La Patrie*, 27 mai 1899, p. 9; dans *Les Débats*, 20 mai 1900, p. 8; enfin dans *Les Soirées du Château Ramezay*, p. 136-137. Ce texte en prose est donc postérieur aux vers (p. 26 et 27), ce qui est rare chez lui.

J'avais soif d'Infini; les émotions de la nuit et celles du jour m'avaient stimulé plutôt que brisé. Les plus brillantes étaient déjà éclatantes. Je saluai d'abord Saturne le pâle qui planait dans la balance et le tison de Mars devant le Sagittaire et l'éclatante Vénus à l'occident, dans les Poissons. Puis l'ombre augmenta et toutes les étoiles connues et visibles sans cristal se montrèrent et je les saluai dans mon âme et j'en nommai plusieurs en moi-même que j'évoquai. Mais mes yeux rencontrèrent les yeux de la nuit, les étoiles. Alors je cessai d'être pierre, mais pour devenir une âme (plus loin je me coucherai dans les fougères touffues) pour voir une à une s'allumer les étoiles. Je demeurai debout au bord du promontoire afin que mon regard fût maître de l'horizon, et voir ainsi. Puis ma pensée s'éleva dans la voie lactée parmi les amas d'univers, et je fus pris de vertige, et je saluai l'Infini par ces stances de ma jeunesse. Les rêves des ondes endormies montaient en vagues harmonies, comme le bruit très lointain des peuples, où se croisait l'écho de leurs égayements, de leurs chansons de leurs rires et de leurs râles et de leurs sanglots parmi le fracas apaisé des choses mortes, c'était le sens de l'harmonie qui montait de l'abîme en musique lointaine.

«La pièce *Orgueil* devra suivre *Stances aux Étoiles*», écrit Gill.

Il n'est pas certain que Marie Gill se soit rendu compte que *Orgueil* faisait partie des *Stances*. Les deux textes datent de 1899.

Comme le manuscrit *Orgueil* était introuvable, nous citons ici le texte publié dans l'édition de 1919, p. 112.

1. Le regard des humains dans le gouffre s'abîme,
2. L'immensité l'égare au sein du merveilleux;
3. Mais, planant en l'abstrait, essor mystérieux.
4. Leur esprit peut atteindre à l'horizon sublime,
5. Puisqu'au delà des temps révolus emporté,
6. Il a deviné Dieu dans son Éternité.

Les variantes de ce texte *Orgueil* se retrouvent dans *Les Soirées du Château de Ramezay*, 1900, p. 131.

1. Le regard des humains dans *l'Infini* s'abîme,
2. L'immensité l'égare au *seuil* du merveilleux;
3. Mais, planant en l'abstrait, essor mystérieux,
4. *Leur esprit va plus loin que l'insondable abîme,*
5. *Puisque au-delà du Temps et du Nombre emporté,*
6. Il a deviné Dieu dans son Éternité...

Stances aux étoiles: les variantes du manuscrit *Les Étoiles Filantes* sont datées de mai 1899, p. 66 à 68. La page 66 manque dans ce manuscrit.

8. *Le Mortel vous admire, astres, sans* vous connaître, p. 67.
13. Avant que vos rayons égarés *devers* nous,
16. Vous planez *sur l'oubli des passés révolus.*
19. Tel *que l'ont vu jadis ceux qui ne vous voient* plus.

20.   *Ibidem* le vers 16.

22-23.   Gill intervertit l'ordre de ces vers.

23.   *Comme les bruits* d'en bas ne bourdonnent jamais

22.   *Dans le glacial Ether, hôtes* des gouffres muets,

Voici les variantes de *Stances aux étoiles* dans le «Cahier de coupures» nº II, p. 7. Ce texte n'est pas daté.

6.   *Le merveilleux cristal vers vous se dresse* en vain;

10.   *Ibidem* le vers 6.

16.   Vous planez sur *l'oubli des âges révolus*!

19.   *Quand de maint vaste orgueil le souvenir n'est plus.*

20.   *Ibidem* le vers 16.

22.   *Lumières* qui veillez *dans* les gouffres muets

23.   Où les clameurs d'en-bas *ne vibreront* jamais,

26.   *J'ai soif de vos rayons plus* que (*dans*) ta *grande* nuit!

28.   *J'enferme dans mon cœur* comme en un sanctuaire
    Votre paix souveraine, ô perles de lumière,

29.   Et plus d'un noir chagrin devant elle s'enfuit!

30.   *J'ai soif de vos rayons* plus que la *grande* nuit!

33.   *Et Dieu vous a fait grands pour que sa* majesté

34.   *Se reflète à jamais* dans vos disques de flamme...

36.   *Vous guidez jusqu'à Dieu l'essor des trépassés!*

39.   *À travers les effrois des abîmes glacés,* [sic]

40.   *Ibidem* le vers 36.

Les variantes de ces *Stances* furent publiées dans *La Patrie* du 27 mai 1899, p. 9.

16.   Dans cette strophe l'ordre des vers est interverti et on a:
    16, 12, 13, 14.

16.   Vous planez sur le monde *et* sur ses *destinées.*

12.   Des peuples sont *tombés* dans le fatal remous,

13.   Avant que les rayons que *vous lancez* vers nous,

21.   *Vous régnez en* silence *au sein* des solitudes.

23.   Où les clameurs d'en-bas *ne vibreront* jamais

25.   *Ibidem* le vers 21.

31.   Phares de l'Infini, vous éclairez *les* âmes!

32-33.   L'ordre de ces vers est interverti.

33.   Vous *nous* révélez Dieu par votre majesté

32.   *Vous êtes le miroir de son* éternité.

35.   *Ibidem* le vers 31.

Les variantes de ces *Stances* furent publiées dans *Les Soirées du Château de Ramezay*, 1900, p. 136 et 137.

13. Avant que vos rayons égarés *devers* nous p. 136.
22-23. *Ibidem* le manuscrit *Les Étoiles Filantes*.

Chant dix-huitième[18]
LES SECRETS DU ROCHER

Ce texte en prose fut écrit en août et en septembre 1908 (p. 26½ et 27). Il n'existe pas de texte en vers qui corresponde à ce *chant en prose*.

Et j'oubliais mon être ; il me sembla que j'étais de pierre et que j'étais immense, que des milliers de plantes, d'arbres vivaient à mon flanc que j'étais depuis les temps oubliés et que mon granit se dressait d'aise sous les rayons du soleil et dans les fraîches nuits d'été et que je défiais la foudre et que ses assauts étaient pour moi une caresse un ardent et passionné baiser qui pouvait laisser une morsure à mon épiderme mais qui faisait vibrer dans ma base les blocs de mon granit impassible et qui passait en moi comme un frisson. (Mais ayant vu les étoiles) Et que par ces arbres, ces ruisseaux à mes flancs je vivais et je chantais. La douleur de la pierre est l'ennui ; mon supplice était d'être éternel, impassible depuis des centaines de siècles dans un repos forcé après l'ébullition de la fournaise natale et les convulsions ; les frémissements de ma jeunesse, ainsi ce qui est douleur pour les arbres et les animaux, ce qui les fait saigner, se plaindre et mourir, me fait vivre moi, me réveille ; et je frissonne d'extase quand au printemps, le dégel surprend mes pierres qui se fendent. C'est pour moi cette vie intense que je convoite et à laquelle je (soupir) tends. Et mon rêve est d'être pulvérisé. Comme l'ont été quelques-uns de mes fragments (par l'air, par la foudre ou par l'eau) dont la poussière s'est mêlée à la terre et est passée de là dans la vie des arbres et a connu les frissons plus perfectionnés de l'amour et des plantes qui prennent leur sève à cette terre, dans les animaux et dans l'artère de l'homme (p. 27).

Chant dix-neuvième[19]
SOMMEIL

Ce texte en prose fut écrit en août et en septembre 1908 (p. 28 et 29½).

Cependant la lune s'était levée, et la magie stellaire en fut diminuée. Le ciel devint opalin et seuls les plus brillants parmi les astres résistèrent aux rayons lunaires. Je vais dormir ici, pensais-je. Il est inutile de songer à descendre la nuit le long des précipices par où je suis venu ; et ayant remarqué près de moi une tale [*sic*] de fougères touffues, j'allumai tout près un bon feu de sapin pour effrayer les ours. Je m'y couchai pour dormir. Mais avec la lune un petit vent frais s'était élevé, et, je cherchai un endroit où je serais plus abrité contre le vent. Et après avoir cherché pendant quelques instants, je vis au clair de lune, une énorme roche fendue par la hauteur et dont les deux fragments escarpés de trois pieds à la base se joignaient, appuyés l'un à l'autre par le haut, et le passage ainsi pratiqué était fermé à une extrémité par un rideau de lierre, et, j'ai pensé : je dormirai bien là. J'arrachai la fraîche mousse qui couvrait le sol de ce palais, et j'y ai entassé des fougères sèches et des rameaux de cèdre, et j'allumai près de l'entrée un bon feu de bûches sèches pour effrayer les ours, et, dès que je me fus couché, le Silence et l'Oubli (p. 28) apparurent. Le Silence debout dans la gueule de l'antre, promena son regard sur les noires montagnes, et l'Oubli divin et secourable se pencha sur moi : il étendit son aile noire sur mon front et le doux sommeil enténébra mes yeux et vint ensevelir mes cruelles pensées. Son aile recouvrit mes paupières baissées.

Quand je me réveillai, il faisait grand jour depuis longtemps, le soleil était levé. Oh ! comme l'on dort bien dans l'éternel granit ! Comme l'on y doit reposer en paix pour l'éternel sommeil ! etc. Dans cette même ruche, cimenter les extrémités, etc. J'ai le désir ambitieux de dormir mon éternel sommeil ! à l'éternel abri du Cap Éternité. Les Morts sont dérangés, parfois dans les cimetières que l'on bouleverse, et le bruit des vivants leur arrive. Ô toi, le berceau de mes plus beaux rêves, je te veux pour ma tombe. J'ai le désir d'avoir ma sépulture à l'ombre des pins qui couronnent ta cime. Je veux dormir à tout jamais dans ton granit, loin du bourdonnement méprisable des vivants, dans le silence auguste et la sérénité.

Les grands vents déchaînés dans les soirs d'orage me chanteront un requiem — la plainte des grands bois — et les étoiles me veilleront de plus près. — (p. 29) Dans ton roc formidable, abriter mon néant, ma cendre réfugiée. Je t'aime, ô rocher, et je te veux pour ma tombe. Ô toi qui lis ces vers, si par hasard ils te chantent juste au cœur, et si tu es fortuné, fais mettre ma poussière dans ce roc, au sommet, sans larmes, sans curieux — Les étoiles me veilleront et les grands vents gémiront. Je t'en conjure, dépose là ma poussière ! Si j'ai trop rampé, du moins que ma cendre s'eno-blisse [*sic*] dans la paix de son sommeil entre ces deux abîmes. Si j'ai été trop petit par ma vie, que je sois grand par ma TOMBE ! (p. 28½).

Charles Gill reprend ici l'idée première de son plan, du 31 janvier 1904 : «Je te veux pour tombe».

Chant vingtième
LA FORÊT VIERGE

Ce texte en prose fut écrit en août et en septembre 1908 (p. 30½ à 32).

Je cherchai l'entrée de l'antre dont m'avait parlé le vieillard du passé. Il existe une profonde fissure en arrière de l'escarpe-ment. Je me penchai sur ce gouffre et j'appelai rien ne me répondit. Sans doute, me dis-je, il fait grand jour, et, les esprits se montre-raient ici le soir. Et je cherchai l'entrée de l'antre. Je marchai longtemps sur les hauteurs parmi les larges tables de granit où les fougères, où les bleuets et les bois de cèdres où les pépinières croissaient. Rien ! Finalement, environ à un mille de l'escarpe-ment, je vis un beau petit lac qui alimente la rivière- torrent dont j'avais suivi le cours pour l'ascension du promontoire. Les bords de ce lac sont boisés d'aulnes, de bouleaux et de cèdres, et, des fleurs charmantes y croissent. J'y remarquai des travaux de cas-tors, ces animaux extraordinaires avaient endigué l'une des dé-charges du lac, mieux que ne l'aurait su faire un ingénieur. Là non plus, je ne remarquai pas de fissure dans le roc, indiquant l'entrée d'un antre. Ayant pêché deux belles truites dans le lac, je les fis rôtir à la broche et les dévorai avec (p. 31) délices car la veille, je n'avais mangé que des bluets. (p. 32)

Chant vingt-et-unième[21]
LE MERISIER

Ce texte en prose fut écrit en août et en septembre 1908
(p. 32 et 33).

Mais le vent s'élevait rapidement et les nuages gris que
j'avais remarqués à l'ouest le matin, couvraient maintenant le ciel.
Allons! pensais-je, il faut descendre avant la tempête; le vent sort,
et j'aurai le temps de regagner l'Anse St-Jean, où je retrouverai
de bons amis, et où j'écrirai les choses extraordinaires qui me sont
arrivées. Et je m'engageai dans le ravin, pour descendre. Parfois,
entre les arbres j'entrevoyais le Saguenay, noir, menaçant; il
roulait de grosses vagues écumeuses. Parvenu à peu près au tiers
de la hauteur, je me trouvai devant un précipice; la rivière s'y
précipitait avec un bruit épouvantable. Je fis un long détour, dans
la direction de l'escarpement, et découvris une descente praticable
quoique périlleuse. Un moment, je faillis glisser dans la crevasse
assez profonde. Heureusement, je pus me cramponner à temps à
un merisier, et je repris mon équilibre, mais l'arbre était cassé. Je
jetai un coup d'œil au précipice, et j'eus la certitude que le pauvre
petit arbre m'avait sauvé la vie. (p. 32) Il ne portait que deux
fruits; deux belles merises, bien mûres. Je pris les deux merises,
et les semai en terre au pied de ce tronc brisé. Petit merisier, lui
dis-je: tu poussais heureux sur ta mousse, ces fruits étaient les
premiers que tu portas, tes premières fleurs au printemps ne
reviendront plus. Eh! bien, je te dois la vie; tu ne mourras pas
complètement. Par ces tendres merises filles de ta sève, tu repous-
seras d'autres racines dans le sol natal, et de nouveau, tu grandiras
accroché au flanc du rocher. Je descendais rapidement, emporté
par mon poids — me retenant ici et là aux branches et aux aspérités
du roc, plus loin me laissant glisser sur la mousse. Bientôt, je fus sur
les roches rondes de l'anse où j'avais tiré mon canot, précisément à
l'endroit où se situait la rivière dont j'avais longtemps suivi le
parcours. La ravine se jette dans le Saguenay. Je lestai mon canot
du devant, avec une grosse roche. (Je le lestai légèrement, afin
que le devant sorti de l'eau, offrît plus de prise à la grande brise
de l'ouest.) Le murmure grandissant des arbres et des flots montait
en moi. (p. 33)

Chant vingt-deuxième[22]
L'ANTRE

Ce texte en prose fut écrit en août et en septembre 1908 (p. 33 à 37).

La brise était capricieuse et le canot dansait sur la crête des vagues. Avec ce vent, pensais-je, je serai bientôt à l'Anse St-Jean... à peine, avais-je doublé la pointe de la petite anse qu'un vent terrible, un terrible coup de vent en coulis, une de ces bourrasques, me précipita avec force sur l'escarpement du Cap Éternité. Je me pendis à l'aviron flexible, et l'enfonçai à coups redoublés dans les flots écumants pour tâcher d'éviter le mur effroyable où j'allais heurter et chavirer, de l'éviter en décrivant un cercle allongé, sous le vent. Vains efforts ! Je calculais du regard la plage où j'allais toucher : un méplat verdâtre près d'une crevasse. Je réussis d'abord à tenir le vent et le canot demeura presque immobile sous la trombe, mais bientôt je vis que je perdais du terrain dans la lutte acharnée pour la vie, mes mains s'étaient couvertes d'ampoules à l'intérieur, et j'avais moins de prise sur l'aviron. Le canot s'emplissait d'eau, je n'aurai pas le temps me dis-je d'aller atterrir, le vent me pousse sur cette muraille où je vais chavirer — Si je pouvais pénétrer dans une crevasse. J'allais toucher le sombre granit. Il semblait maintenant venir à moi et je voyais les détails se préciser, et prendre des proportions invraisemblables et une de ces crevasses verticales à fleur d'eau, qui de loin me paraissait être de la largeur d'un aviron et qui sont en réalité deux fois larges comme un canot. Alors un suprême espoir décupla mes forces. Je m'étais épuisé, à vouloir décrire la longue courbe sous le vent, mais je saisis de nouveau l'aviron et en frappai les vagues, (p. 34) à rebours et à droite pour faire dévier la pince du canot à droite et de l'engager dans la crevasse. La pince dévia de quelques pouces. Je m'en allais droit sur l'horrible bloc vert dont maintenant je voyais étinceler les paillettes de mica. Cinq secondes encore et tout était fini, et mes bras étaient de laine, et il me sembla qu'ils allaient échapper l'aviron et la noire Mort passa devant mes yeux. Alors, je me rappelai ce que m'avait dit le vieillard du passé et je ne voulais pas mourir. Je voulais vivre encore pour aimer et pour chanter et même pour souffrir, mais vivre ! Alors, je crispai sur l'aviron mes mains ensanglantées, et dans une crise de nerfs, arc-bouté en travers des vagues, les dents aux genoux, et j'imprimai une suprême impulsion au souple aviron qui ploya comme un arc et s'enfonça en grondant comme un fer rouge dans l'onde bouillonnante et le canot dévia de trois pieds et pénétra comme une bombe dans cette crevasse. Je tombai épuisé au fond du canot qui s'arrêta de lui-même, doucement bercé dans l'ombre pendant que la tempête redoublait au large. (p. 35) Je fus bientôt remis et vidai le canot, et attendis, confortablement encanté dans le canot, la suite des événements. Cette tempête, pensais-je, est trop violente pour durer voici venir le baissant qui aura vite fait de m'entraîner jusqu'à l'Anse St-Jean, où j'ai de bons amis et où j'écrirai les choses extraordinaires que j'ai vues. J'étais doucement bercé dans l'antre sombre, bien à l'abri de la tourmente qui faisait rage au dehors. Et je pensais dans mon âme : — Le granit m'accueille au sortir de la tempête; ainsi l'éternité accueillera mon âme après les orages de la vie. Il ne faut pas trembler devant la mort ni désespérer mais lutter jusqu'au bout, et gouverner pour que l'esquif des jours évite le naufrage épouvantable. Quel repos ! quel bien être ici ! Et je me félicitais, prenant plaisir à regarder en sûreté monter et descendre ces vagues qui avaient failli m'ensevelir. Certes la Mort est une grande paix. Mais le tonnerre se mit à gronder comme pour me démentir. D'abord il roula sourdement, r,our,our, puis le tonnerre, fracassant, éclata et le grand éclat fracassant et bref éclata. Je baissai la tête par un geste d'instinct et m'arrondis le dos en me cramponnant aux bords du canot (p. 36) Il me semble que le Cap était secoué par sa base et que tout allait s'effondrer. Et longtemps le bruit assourdissant courut dans les pierres, s'affaiblissant, puis augmentant, grondant sourdement comme une menace, finit par se confondre au bruit des vagues; le repos, définitif n'existe pas; le mouvement, l'action, le travail sont la condition primordiale de la vie. Tout ce qui vit, intensément vibre et le mouvement des atomes... les métaux, les minéraux et les étoiles, les molécules de fer qui se dilatent au feu, et les âmes puisque la Mort n'est qu'un mot... et les anges, et Dieu. (p. 37)

Chant vingt-troisième[23]
PORTA INFERI

Ce texte en prose fut écrit en août et en septembre 1908 (p. 37 et 38).

Depuis le commencement du baissant, un courant mystérieux m'entraînait au fond de la crevasse. J'y résistai d'abord en me retenant aux aspérités du roc, mais le courant devint si fort que je dus lâcher prise. J'étais entraîné dans l'obscurité froide avec une vitesse terrible, sans rien voir, je plongeai encore l'aviron dans l'eau sonore, pour lancer le canot sur la paroi de l'antre et avoir une chance d'échapper ainsi au courant, en rencontrant peut-être une saillie qui m'arrêterait, mais le canot glissa sur la paroi lisse, puis continua sa randonnée diabolique en tournoyant, emporté par le rapide. Hélas ! dans quel abîme vais-je m'engloutir ! pensais-je. Bientôt, je sentis que (p. 37) ma course se ralentissait, et je crus voir poindre loin devant moi une lueur phosphorescente et plus j'avançais, plus cette lueur s'accentuait, bientôt le courant cessa, j'étais sur un vaste étang, dans une grotte éclairée par l'eau phosphorescente. Je promenai mes regards stupéfiés tout autour de la grotte. Rien ! (p. 38)

Chant vingt-quatrième[24]
DANTE

Ce texte en prose fut écrit en août et en septembre 1908 (p. 38 à 40).

Un courant m'entraîna derrière une saillie de roc où se trouvait une grève douce et où débouchait un petit ruisseau ; et sur le bord de ce ruisseau se tenait Dante. Tu m'as invoqué, dit-il, me voici. Je t'attendais. Ô Maître ! ô lumière si étrange, je comprends bien, lui dis-je que la tempête m'a jeté dans l'antre dont m'a parlé hier le vieillard du passé. Mais je voulais retrouver la France. Je l'ai revue sur le sommet. Maître, dis-moi par où je pourrais revoir la lumière du ciel et m'aider à sortir d'ici. Et lui à moi : tu es dans le vestibule de l'Enfer éternel ! Viens sonder avec moi l'abîme des désastres et faire sur le roc sonner ton vers d'airain après tu graviras avec le front serein les sommets... qui conduisent aux astres. Il est plusieurs entrées de l'Enfer (il y a sept entrées de l'enfer, et 3 du ciel, car plus nombreux sont ceux qui vont en bas que ceux qui montent... 7 péchés capitaux, et trois vertus).

Apprends que cette porte est celle de l'Envie
Dis-le bien aux Français du Canada tes frères.

qui toutes aboutissent à ce vestibule par divers chemins, suis-moi le long de ce ruisseau, et nous ne tarderons pas à lire l'inscription de la porte (p. 38) fatale. Inutile, lui répondis-je, ô génie, je connais ces lieux sombres par tes écrits et comment oserais-je en entreprendre la narration après toi ? Cependant, reprit le génial florentin, il est un bolge dont j'ai parlé, c'est l'antre où sont châtiés ceux qui ont trahi leur patrie, et sache que tu rencontreras là beaucoup de tes compatriotes. Eh bien, garde-moi donc, lui dis-je, et il... et nous fûmes bientôt en face de la fatale porte. Et les anges des ténèbres qui se tenaient là, vinrent à nous et l'un d'eux me désigna de son épée et dit à l'autre : frère !! (je connais) cette figure ne m'est pas inconnue, mais je m'étonne qu'il nous arrive si tôt, et s'il est vivant, je lui conseillerais de ne point s'aventurer au delà du Styx car son nom... Et l'autre qui tenait les clefs de la porte fatale lui répondit :... Châtiment ! Oui, depuis longtemps son nom était inscrit sur la pierre du châtiment, et plus d'un parmi le cercles [*sic*] où il veut descendre serait, en droit de le retenir, mais il s'est ressaisi sous les étoiles de Dieu, et devant les saintes douleurs de sa patrie, devant la majesté sublime des grands caps, et sous le doux regard de la Vierge Marie. Alors, la porte s'ouvrit et les deux anges des ténèbres croisèrent leurs épées sur nos têtes et nous entrâmes dans l'horreur infernale, dans la nuit sans étoiles où montaient des soupirs, des calamités, et des cris lamentables et des gémissements, et (p. 39) des sanglots et des malédictions. Et nous marchâmes jusqu'au bord de l'Achéron, le marais livide et infect que Caron nous fit traverser dans sa barque ; et «je me trouvai sur le bord de l'abîme douloureux d'où montait le vacarme des hurlements éternels. Nous descendons maintenant dans le monde ténébreux, dit le poète tout pâle ; suis-moi. Et moi qui m'aperçus de sa pâleur, je dis : — Comment, irais-je, si tu t'épouvantes ?... Et lui, à moi, l'angoisse de ceux qui sont en bas empreint mon visage de cette piété que tu prends pour la pitié, que tu prends pour de la frayeur. Viens, je te conduirai tout droit à la bolge des renégats de ta patrie. Alors un grand *Vautour* vint et nous prit dans ses serres, un géant ailé qui nous enleva. Je fermai les yeux, et j'eus la sensation d'une chute vertigineuse dans l'air plein de grincements de dents et de hurlements. La chute se faisait en spirale et je reconnus que les spirales allaient de plus en plus petites à mesure que nous enfoncions et je reconnus les cercles décrits par Dante. Soudain, le vol du géant devint plus lent, puis s'arrêta. C'est ici me dit Dante. Quand nous fûmes descendus. (p. 40)

Chant vingt-cinquième[25]
LE BOLGE DES TRAÎTRES

Ce texte en prose fut écrit en août et en septembre 1908 (p. 41 à 45).

«Description générale du bolge et genre de traîtres, cupides, timorés, ambitieux, quelques noms.»

Le Baillif d'Amiens, Estienne Brûlé de Champigny, Nicolas de Rouen, Pierre Raye de Paris, Jean du Val, Jacques Michel, Bigot, Valin. Laisse un peu celui-là, et si tu ne crains de te salir, plonge ton glaive dans le cœur de ce vilain; je serais curieux de voir de quel signe, de quel stigmate tu marqueras son front. Alors l'ange déchu sourit de ses beaux yeux noirs et terribles et pendant que s'effaçait le mot juste au front sanglant du traître, il lui plongea son glaive jusqu'à la garde dans la poitrine et l'en retira, mais point de sang ne le teignit. Où donc a-t-il le cœur? demanda-t-il. Frappe à cette besace où il porte son or, lui dit le Maître, c'est là que tu trouveras son cœur. Et le démon plongea avec rage son glaive dans le sac, et il y fourgailla en zigonnant, et le Vendu poussa des cris stridents et l'or s'échappa des plaies chargées d'huile ... et les opérations recommencèrent. — L'Anglais vous donne de larges lois! Il ne cherche plus à vous écraser, mais il ne se détourne pas, quand vous même, lâches! allez chercher sous ses pieds des honneurs et de l'OR. (p. 41) Ç'à toujours été des marchands qui ont entravé la prospérité du Canada Français, comme les Quen et tant d'autres; autrefois les marchands de castor, aujourd'hui les marchands d'âmes. Nous les retrouverons à tous les coins de notre histoire, et de nos jours nous n'avons qu'eux sous les yeux. (p. 43)

Ayant vu cela nous remontons à l'endroit d'où le géant nous reprit et déposa sur les bords de l'Achéron et embarquions dans la barque de Charon qui revenait de traverser quelques malheureux. Il s'importune de voir un vivant. Si ma présence te déplaît, lui dis-je, vient [*sic*] ô nautonier conduire ma barque dans le rapide qui m'a amené ici car je ne saurais comment le remonter. Alors le vieillard me dit: tu trouveras d'autres esprits près de l'étang qui t'aideront à remonter le courant et parvenus à la porte, les anges des ténèbres s'empresseront de l'ouvrir car Dante les avait menacés de tracer le signe d'une croix sur le chemin, eux ayant d'abord refusé. (p. 45)

Chant vingt-sixième[26]
TACOUERIMA

Ce texte en prose fut écrit en août et en septembre 1908 (p. 45 à 47).

Et quand nous fûmes de retour à l'étang phosphorescent je trouvai le vieillard du passé installé dans mon canot prêt à partir. Et comme Dante se détournait après m'avoir dit adieu, je m'élançai sur ses pas : Maître, lui criai-je, ne me quitte pas si tôt. Pourquoi donc tu tiens à ma présence plus longtemps, je serai avec toi et non seulement dans cette grotte mais sur ton œuvre ; je veillerai ; et il se tint debout à l'avant du grand canot et je m'assis au milieu (p. 45) ; et Tacouérima à larges coups d'aviron s'engagea dans le rapide et le canot rasait la surface écumeuse. Il est 7 entrées de l'enfer et 3 du Paradis, murmura Dante, et celle que j'ai décrite s'appelle l'entrée de la Foi ; et celle que nous allons voir et où se présente ce vieillard s'appelle l'entrée de l'Espérance ; et la troisième elle est l'entrée de la Charité, et, elle est bien loin d'ici. Quant au Purgatoire, outre le mont, il est bien des tourments infligés aux misérables mortels, que je n'avais pas connus de mon vivant. Ainsi Tacouérima achève son temps de pénitence. Leur punition est de rester auprès des vivants et d'avoir le spectacle de leurs ingratitudes et de leurs bassesses. Ce sont les âmes de ces malheureux qui parfois sont évoquées avec succès par les spirites, car ils flottent ainsi épars dans l'air terrestre et ceux qui n'ont laissé que des cœurs de roche dans les poitrines parentes ou amies, sont bien à plaindre sans souvenirs et sans prières. N'étant pas tout à fait dégagés des liens de la terre, ils sont sensibles aux afflictions des mortels. Ainsi l'esprit qui nous conduit est tourmenté par l'anéantissement de la nation montagnaise que vivant, il a si souvent conduite à la Victoire ; il erre dans ces forêts témoins de sa vie passée, et il pleure ses guerriers et (p. 46) il fait pleurer l'airain qui tant de fois l'avait salué victorieux, qui avait chanté au baptême de ses fils et qui avait gémi sur sa tombe. Mais il achève son long martyre et il vient tous les matins dans l'aurore au pied du rocher de la Trinité, l'une des trois entrées du Paradis. Nous sortirons à l'aube dit Tacouérima; j'irai au pied du grand rocher attendre la délivrance. Et le canot (les Abénaquis font les canots plus larges, plus lourds que nous ne les faisions, dit le vieux chef) rasait toujours la surface du rapide et voici que soudainement, j'aperçus la blanche lumière de l'aube par l'ouverture de la crevasse et je respirai le grand air pur du matin dans le domaine des vivants. Et Tacouérima (mit le cap) dirigea le canot vers le Cap Trinité. (p. 47)

Chant vingt-septième[27]
LE NAUFRAGE

Ce texte en prose fut écrit en août et en septembre 1908 (p. 47 à 50).

Nous avions à peine doublé la petite anse au ruisseau qui murmure, que le vieillard du passé, poussa un cri lamentable et se prit le front dans ses mains. Et Dante me dit : — c'est ici que le fleuve de la Mort a englouti son enfant! Ah! jour cruel! quand donc cesseras-tu d'affliger son souvenir!» (p. 47) «Mais, lui dis-je, n'est-il pas vrai que vous ne vous attardiez pas sur les choses du passé, et que vous ne vous souveniez point des douleurs? — Oui! nous cachions les vaines larmes et les cris lamentables, mettant autant d'orgueil à supporter sans plaintes les douleurs physiques et les afflictions de l'âme. J'avais voulu nier la douleur dans la vie. Je disais que le chagrin est une faiblesse et qu'il est lâche de s'attendrir par le souvenir sur un malheur, mais il est (naturel) dans l'âme humaine de se souvenir et de souffrir par le souvenir... et dans l'une ou l'autre vie, elle se souvient et elle souffre. Ah! quand le Goéland est mort, j'étais impassible quand on m'apporta son arc et son carquois. Comme un guerrier attaché au poteau, qui chante quand les tisons brûlent sa chair mais n'en souffre pas moins, moi je gardais un front calme devant ceux qui parlaient de mon fils pendant que ma douleur muette et fidèle me brûlait le cœur. (p. 46½) Nous avions dressé la tente sur cette pointe, il s'appelait le Goéland. Il était parti seul chasser le loup marin dans la baie pendant que nous poursuivions un ours sur ces versants boisés.» — «Et il était assis sur cette roche attendant son

(p. 47) retour, inquiet car il était sans expérience quoique brave. Et il voyait de loin son canot qui glissait sur l'onde. C'était le crépuscule. Le silence doré d'un soir d'été planait sur le Saguenay. Pas une brise. Nul bruit. Tout dormait. Pas un arbre ne bronchait au flant [*sic*] des rochers. Le canotier sillonnait l'or fondu des eaux dans la baie qui se déploie entre les deux promontoires. La nacelle d'écorce glissait sans bruit, au soupir de l'aviron qui soulevait des perles et les laissait retomber dans l'or en fusion; deux sillons impeccables suivaient le canot comme une traîne royale. Dans le silence, ce canotier chantait. L'œil aux nuées... il ne vit pas un débris de chêne, à fleur d'eau, ayant roulé de quelque précipice. La frêle écorce chavira et le rameur disparut dans l'abîme — un instant il en battit le miroir avec ses bras en gestes désordonnés, puis il disparut. (Ne pas oublier de faire parler comme un sauvage, en figures et images, non plutôt non, c'est Dante qui va me dire cela.) (p. 48) Tout se referma. Les spirales harmonieuses tendirent leurs fils d'argent sur le miroir d'or, et la nacelle emportée par le courant silencieux glissa plus silencieuse. Et comme l'âme de la chanson était plongée dans l'affreuse nuit, les notes continuèrent à vibrer plus pures et allaient s'affaiblissant. Répercutée de cimes en cimes, la chanson ailée planait sur les eaux silencieuses pendant que les spirales agrandies imperceptibles à nos yeux expiraient. (p. 49) En vain nous sommes-nous jetés à sa recherche! tout était fini et nous n'avions de lui que les échos de sa chanson.» Ainsi parlait le vieillard du passé. (p. 50)

Chant vingt-huitième[28]
JANUA CŒLI

Ce texte en prose fut écrit en août et en septembre 1908 (p. 50 et 51).

Nous étions à mi distance entre les deux grands caps, entre la porte de l'Enfer et la porte du Ciel. C'était un de ces matins légèrement brumeux comme il s'en trouve après une nuit sans vent (brises). De légers flocons, nuages de brume stationnaient à différentes hauteurs, tranchant sur l'escarpement du Cap Trinité; un autre, un plus gros en couronnait le sommet. La brise matinale pénétra dans la baie et les nuages les plus bas entrèrent en mouvement, se découpant en formes bizarres, se séparant, s'enroulant comme un essaim gigantesque d'oiseaux blancs. L'un de

ces nuages, en se déroulant ainsi, vint évoluer tout près de la statue
de la Vierge; un instant, il fut stationnaire puis il s'éleva vers le
sommet où il se joignit au gros nuage qui lui aussi commençait à
se détacher lentement de la triple cime. (p. 50) Regarde! me dit
le sublime poète, de tous les nuages que tu crois voir là, celui-là
seul en haut est un nuage. Les autres sont des essaims d'âmes qui
ont accompli leur martyre sur terre et qui se présentent à la Vierge
Marie pour être accueillis en le Paradis; et ceux qui sont agréés
montent sur le sommet où ils attendent le départ des nuages. Sur
ce nuage que tu vois là. Ils partiront tout à l'heure pour le Paradis.
Et je vis les suppliants en grand nombre planer autour du rocher
et quelques-uns s'arrêter devant la Vierge et j'en vis qui disparaissaient sous les arbres et d'autres qui montaient vers le nuage
du sommet. (p. 51)

Chant vingt-neuvième[29]
LA ROSE MYSTÉRIEUSE

Ce texte en prose fut écrit en août et en septembre 1908
(p. 49½), et se résume en cette seule phrase :

Les héroïnes humbles, les simples, les souffrants héroïques.

Chant trentième[30]
LA COURONNE

Ce texte en prose fut écrit en août et en septembre 1908
(p. 50½). Semble devoir s'élaborer autour de cette conversation
avec Dante.

Les héros et les justes de notre histoire — déjà passés là et
agréés, et dont Dante m'entretient.

Chant trente et unième[31]
LA DÉLIVRANCE

Ce texte en prose fut écrit en août et en septembre 1908
(p. 51 à 53).

Nous étions tout près du cap. Tacouérima s'envola en spirale le long du précipice, jusqu'aux pieds de la Sainte Vierge, et, là il attendit. Cinq (une heure) jours lui restent à souffrir, me dit Dante. Et il ne peut prier, il est trop tard, étant une ombre — qu'on les lui enlève. Alors, je me souviens de mon désespoir et des deux génies bienfaisants qu'il m'avait envoyés pour guérir ma douleur. Et me tournant vers les cieux, je dis : (p. 51) *Porte du ciel, Rose mystérieuse, Mère de Dieu consolatrice des affligés, Refuge des pécheurs, soyez compatissante au viellard* [sic] *du passé, joignez à mes douleurs, ses jours de pénitence, car il m'a délivré de l'éternel Enfer.* À peine, avais-je fini de parler, que la Vierge ouvrant le rêve bleu de ses grands yeux divins, tendit la rose mystérieuse à Tacouérima qui s'envola vers le nuage du sommet et d'autres âmes aussi montèrent encore ; et, je les regardais et la brise devint plus forte, et Dante disparut. Et comme le nuage laissait la triple cime, je revis le poète sublime qui penché sur le gouffre, m'adressait un signe d'adieu. Et le nuage s'envola et le soleil apparut par dessus les montagnes de la rive. (p. 52) Et alors, je fus en proie aux douleurs de cette âme.

À partir de cette phrase, Charles Gill poursuit son chant en vers libres. Comme on le remarque, il ne se préoccupera pas de la ponctuation.

Je souffris surtout de ne pas voir Dieu
Je soupirais après ce terrible secret de l'Infini
Et je souffrais de voir les Montagnais disparus
Et j'errai ainsi en peine
Ô vivants ! priez pour vos parents morts. Et soyez justes
Et tenez vos serments à eux mourants et vos promesses, et
                                          faites comme
S'ils étaient vivants, car ils souffrent de ne pas vous
Voir justes et bons et votre mauvaise conduite les
Contriste. Ainsi j'errai, malheureux et je n'ai qu'un
Vague souvenir de mes tortures, mais il me semble que je n'étais
Pas délivré des attaches de ce monde, comme les autres
Esprits qui flottaient, et nous avions sur l'au delà mais
Ils tenaient au monde, car ils n'éprouvaient ni le désespoir
                                       définitif des
Damnés, ni l'extase des élus dans le paradis. Enfin, je me sentis
Libre et je regardai le ciel avec moins d'angoisse, et je

Déplorai moins les Montagnais disparus, et à l'heure
Où le soleil apparaît pardessus les montagnes de la rive. (p. 51½)
Et je gagnai le large pour prendre le courant et être plustôt [*sic*]
Rendu à l'Anse St-Jean, où j'avais hâte d'être installé
À ma table rustique et d'ouvrir mon cahier bleu pour
Y consigner les choses extraordinaires que j'avais
Vues. Mais je m'arrêtai encore une fois pour jeter
Un dernier regard à l'incomparable (p. 52) nature, et,
Me rappelant la chanson du Goéland, je saluai les
Deux géants par cet adieu : (p. 53)

Chant trente-deuxième[32]
INVOCATION

Ce texte en prose fut écrit en août et en septembre 1908 (p. 53).

Ô rochers sublimes qui vous souvenez des chants du petit naufragé, qui retenez les sons après la vie, vous souviendrez-vous de mes chants quand le fleuve des jours m'aura englouti ! Je ne suis qu'un mauvais nautonier, incapable de parer les écueils, mais j'ai la folie douce de rêver devant les crépuscules et j'ai l'orgueil de contempler les cimes. Et si ces chants sont trouvés dignes ainsi d'être retenus par l'oublieuse postérité, vous lui apprendrez qui je fus : — Mon nom est Charles Gill et Sorel m'a vu naître. Souvent, grands poètes ont immortalisé les petites choses, les ayant magnifiées par le génie ; pourquoi les grandes choses n'immortaliseraient-elles pas les accents du barde ignoré, les ayant anoblis par l'admiration. (invocation ici : Seigneur ! donnez-moi la lumière, à mes strophes... ciel... anges... faites... etc...,) Ô granit qui demeures quand je passe à tes pieds comme les ondes, toi qui t'élèves quand je sombre, toi qui es grand, je suis inconnu, j'enfle ma faible voix pour que ma chanson morte à tes flancs, d'en bas jusqu'à ta cime où dans ces hauteurs souveraines, tes sonorités l'embelliront pour la redire au ciel de la Patrie. (p. 53)

Parallèlement à ce texte en prose, Charles Gill nous a laissé ces quelques vers qui ne sont pas datés.

1. Tu demeures : je passe, emporté comme l'onde
2. Dont la vague ignorée expire sur tes flancs.
3. Quand je serai passé, rediras-tu mes chants

4. Vieux rocher qui confonds les siècles et la seconde !
5. J'ose élever la voix devant ta majesté
6. Pour livrer mon poème à ton écho sublime
7. Et mon nom périssable à la postérité !
8. Si mon cri d'orgueil monte au niveau de ta cime
9. En vain la noire nuit vient pour m'ensevelir
10. J'accorde les adieux de ma lyre attendrie
11. Que tes sonorités daignent les embellir
12. Avant de les apprendre au ciel de la Patrie ! (p. 52½)

Les variantes de ce même texte.

1. *Ô Cap Éternité ! je passe comme l'onde...*
2. Dont la vague ignorée *écume* sur tes flancs
3. Quand *je ne serai plus* rediras-tu mes chants ?
5. *J'enfle ma faible* voix devant ta majesté
8. Mon cri d'orgueil *est-il* monté *jusqu'à* ta cime
9. *Adieu ! le noir oubli s'en vient* m'ensevelir
10. *Accueille* les *accords* de ma lyre attendrie
11. Que tes sonorités daignent les *accueillir*
12. *Et les clamer longtemps* au ciel de la Patrie !

PATRIE[33]

Ce chant *Invocation* devrait normalement marquer la fin du livre X^e du *Saint-Laurent*. À l'ensemble de cette épopée, nous devons ajouter *Patrie* qui fut peut-être écrite par Gill ou sa sœur, nous ne saurions le définir. De ces douze vers publiés dans l'édition de 1919, nous n'avons retracé aucun manuscrit. De plus, dans le plan général de 1908, rien ne semble correspondre à ces vers. *Patrie* est donc un prolongement appendiculaire du *Cap Éternité* et pourrait faire partie des «notes» que Gill se proposait d'écrire à la fin de son *Cap*, comme Fréchette l'avait fait pour *La Légende d'un Peuple*, ou encore comme Hugo dans son théâtre historique.

LES ABÉNAQUIS[34]
(Esquisses)

Tout imbu de visions saguenayennes, le 24 février 1909, le poète voudra encore une fois embrasser l'ensemble de son poème. Il s'attaquera simultanément au livre IVe, *Miroir d'étoiles*[5], et au livre VIIIe, *Les Abénaquis*. Il ne s'agira là que d'une nouvelle tentative pour terminer ce qu'il avait mis sur le métier en 1904, puisque vers le 30 avril 1909, Gill abandonnera ce nouveau chantier après avoir rédigé ces quelques pages des *Abénaquis*[6] :

> La neige de l'été. Dans la courbe sud-ouest du Lac Saint-Pierre. À l'entrée de la baie qui s'étend entre l'embouchure du Saint-François et celle de l'Yamaska, sont de nombreux îlots découverts seulement à l'eau basse et dont le sol toujours humide se pare de joncs très hauts, et (dont) des brunes quenouilles, qui oscillent (ondulent) légèrement sur leur haute tige quand les grands vents font frémir (onduler) comme une onde la masse verte des joncs. Plus au fond, à l'abri du vent, fleurissent des nénuphars. De larges nénuphars blancs dont le satin s'épanouit glorieusement pur au soleil de juillet. Aux abords des battures, près des îlots de joncs, la tale est clairsemée. Çà et là des boutons à demi submergés, d'autres qui reposent sur les grandes feuilles ovales à longue échancrure étroite, feuilles harmonieuses de contour et de couleurs ; la courbe élégante de leur contour se retrouve dans le contour de leur groupe. Ces larges feuilles — /page 4 — sont d'un vers gris mat quand elles s'étendent librement à fleur d'eau.

---

5. Charles Gill, *Le Saint-Laurent, livre I, chant premier, Miroir d'étoiles*. Ce manuscrit comprend 19 feuilles éparses. Ces strophes devaient être transcrites dans le cahier relié à cette fin, mais Gill ne donna pas suite à son projet. Voici ce que le poète place en exergue : «Le Saint-Laurent, chant premier, Miroir d'étoiles, commencé pour de bon hier mercredi des cendres de l'an de grâce 1909, 24 février, par cette strophe : Quand le savant de Mars, ou de Saturne sonde le mystère lointain de notre globe errant, de quel beau nom, dirige-t-il, ô Saint-Laurent, ton ruban d'azur déroulé sur le Monde ! »

6. Nous reproduisons ici ces pages telles qu'elles furent écrites par Gill lui-même, sans aucune correction. Gill data ce texte du 30 avril 1909, et il ajouta : «Il neige.» Le texte commence à la troisième page de ce cahier.

Quelques-unes cèdent sous le poids léger des grands lys étoilés, s'enfoncent partiellement et prennent dans le cristal de l'onde, des tons plus chauds et plus brillants. Ici dans l'ombre d'une fleur, frissonne le vert olive d'un émail en fusion; là un rayon de soleil fait briller des émeraudes sur les larges feuilles submergées. Çà et là apparaît une feuille brune, une pourpre, une dorée. Entre ces feuilles apparaît le réseau des tiges flexibles et là encore se retrouve le contour harmonieux des courbes; ces tiges sont d'un jaune doré et qui pour le regard s'assombrit à mesure qu'elles s'enfoncent sous l'eau, devenant bientôt bronzées pour ensuite disparaître insensiblement. Mais au large la floraison blanche se fait dense, les feuilles disparaissent, leurs fleurs se pressent dressées sur leurs tiges, — /page 5 — ouvrant éperdument leurs pétales au soleil. Le matin, fermées la nuit pour dormir, le matin s'entrouvrant, horloges suaves et belles, à midi c'est une frénésie, les uns surgissent de l'eau, vigoureux, leur tige se raidit, ils accaparent plus de rayons et projettent une ombre bleue aux plus faibles qui s'entassent à fleur d'eau. Les pétales blancs sont par endroits brillants, par endroits ils sont veloutés d'un bleu pur; dans l'ombre ils sont d'un tendre azur à peine teinté et près du pistil d'or l'intérieur de la corolle (calice) est crème, (les étamines). Mais dans l'ensemble le blanc domine comme dans la neige et ce blanc n'en devient que plus éblouissant et plus pur, fait de toutes ces couleurs pâles que l'œil confond. Les pétales, selon que le soleil les frappe, paraissent brillants ou mats. Comme une neige immaculée cette nappe a des scintillements qui éblouissent, la réfraction solaire surprend l'œil, et la nappe blanche s'étend, s'étend jusqu'aux rives sombres où se dressent les grands ormes courbés sous le poids des vignes sauvages. Et quand le jour décroît, l'éblouissement cesse; le soleil s'incline à l'horizon et les lys penchent sur l'eau et les feuilles vertes çà et là apparaissent, et quand le soleil disparaît les nénuphars s'endorment; et leurs folioles qui protègent contre l'ombre leurs pétales vierges, parsèment de points d'or la couche verte où ils vont rêver. —/ page 6 — Ô virginale éclosion de pureté blanche! Le Saint-Laurent se souvient-il des neiges qui le recouvrent en février? Se pare-t-il ainsi en l'honneur des belles aux fronts chastes, qui chantent sur ses bords? A-t-il l'orgueil de son histoire quand il arbore ce drapeau blanc parsemé d'or? Ou bien quelque chose du passé dort peut-être dans ses profondeurs, souvenir, sacrifice, héros ignoré, mort là, quelque chose d'assez pur éclatant et héroïque, la sève qui monte, qui passe dans l'ondulation des types souples, quelque chose de sacré (d'inconnu) qui devient un éblouissement et un parfum. Peut-être le grand fleuve qui reçoit dans les nuits calmes les confidences du ciel quand son front sombre frémit sous la caresse des baisers des étoiles... peut-être le grand fleuve veut-il répondre aux étoiles d'or par des étoiles blanches. Veut-il répondre aux stances scintillantes des étoiles d'or ; il ne pouvait pas se faire comprendre à cause du bruit harmonieux des flots ; il tire de son sein ces éclosions virginales pour répondre au ciel... au ciel qui comprend les strophes virginales qui montent à lui dans une apothéose de lumière et dans un parfum, par les grands lys éperdument épanouis qui s'étoilent à midi sur ses eaux, par les nénuphars satinés que le soleil endiamante, par les beaux nénuphars blancs de notre lac St-Pierre. Du Lac Saint-Pierre, miroir d'étoiles qui reçoit la nuit des rayons d'or et qui reflète à midi des rayons de lys. Qui reçoit du ciel des rayons d'étoiles et qui répond au ciel avec des rayons de lys. — / page 7 —

Ô virginale éclosion d'étoiles blanches !
Le Saint-Laurent regrette-t-il les avalanches
Qui couvraient son sommeil aux jours de février ?

Ou bien se pare-t-il ainsi, pour honorer
Les belles au front pur qui chantent sur ses bords ?

Peut-être, avec l'orgueil de l'histoire, il arbore

En souvenir ce grand drapeau fleur-de-lysé.

Peut-être quelque chose émané du passé
Est là dans le secret des ondes fraternelles,
Ainsi que dans nos cœurs la douce souvenance...
Quelque chose de fier comme la vielle [*sic*] France
Et de sacré, qui passe au long des tiges frêles

Pour s'étaler encore à la splendeur des cieux
Dans la beauté des nénuphars silencieux.

Le Saint-Laurent frémit sous les étoiles d'or
Dont les rayons sont des baisers dans les nuits calmes ;
Ne leur pouvant répondre au bruit berceur des lames
S'exprime par l'éclat des fleurs qu'il fait éclore,

Par les grands lys éperdument épanouis
Qui s'étoilent en paix sur les lacs, à midi,

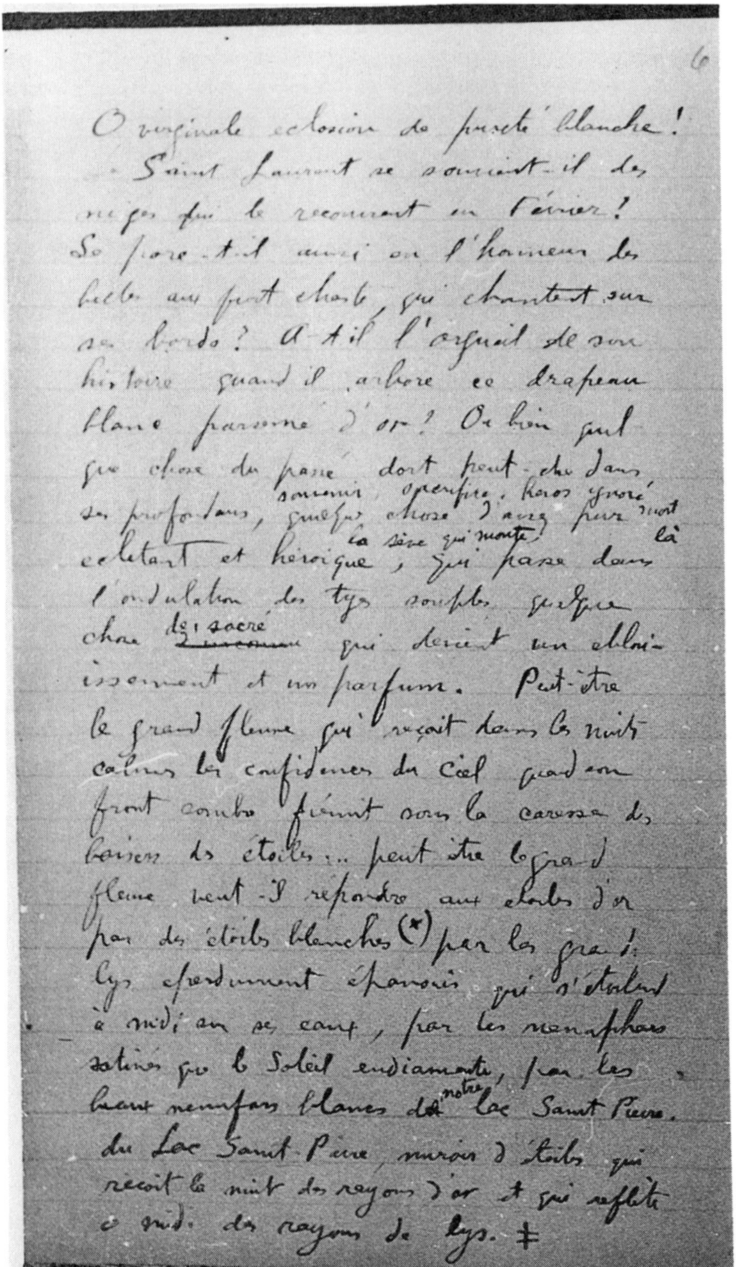

Les Abénaquis, cahier VIII, texte en prose

7

Originale éclosion d'étoiles blanches!
Le Saint-Laurent regrette-t-il les avalanches
Qui couvraient son sommeil aux jours de Février?

Ou bien se pare-t-il ainsi, pour honorer
Les belles au front pur qui chantent sur ses bords?

Peut-être, avec l'orgueil de l'histoire, il arbore
En souvenir ce grand drapeau fleur-de-lysé.

Peut-être quelque chose émané du passé
Est là dans le secret des ondes fraternelles,
Ainsi que dans nos cœurs la douce souvenance...
Quelque chose de fier comme la vieille France
Et de sacré, qui passe au long des tiges frêles
Pour s'étaler encore à la splendeur des cieux
Dans la beauté des nénufars ~~harmonieux~~.
                                    silencieux.

              Saint Laurent   étoiles
Dont~~Le~~ fleuve qui frémit sous les flamboiements ~~l'or~~
~~sont les rayons~~ ~~sont des torsades~~
Qui caressent son front sombre dans les nuits calmes;
Ne leur pouvant répondre au bruit berceur des lames
S'exprime par l'éclat des fleurs qu'il fait éclore;
Par les grands lys éperdument épanouis
Qui s'étoilent en pain sur le lac, à midi;
Par les nénufars blancs épris de la lumière,
Par les beaux nénufars de notre lac Saint Pierre.
Cette gloire éphémère à la gloire éternelle
Dit le rêve des flots; ces étoiles de l'onde
Dans l'éblouissement de leur neige, répondent
Aux rayons infinis des étoiles du ciel.

Les Abénaquis, cahier VIII, pièce en vers du même texte

Par les nénuphars blancs épris de lumière,
Par les beaux nénuphars de notre lac Saint-Pierre.
Cette gloire éphémère à la gloire éternelle
Dit le rêve des flots ; ces étoiles de l'onde
Dans l'éblouissement de leur neige, répondent
Aux rayons infinis des étoiles du ciel. »

Dans ces quelques pages, le peintre domine nettement le poète. Gill attribuait, en effet, une telle importance à la description qu'il reléguait, écrit-il à Doucet, le 22 décembre 1911, au rang de « passages arides, les narrations en vers et les exposés de faits. »

Gill ne devait pas donner beaucoup de suite à ses belles promesses du 24 février 1909. Il revient donc, le 28 août 1909, vers son livre préféré, *Le Cap Éternité*, qu'il avait laissé en septembre 1908, sous forme d'un journal de voyage, où la réalité et la fiction étaient intimement mêlées, et même détonnaient dans son texte, comme aimait à le lui rappeler son ami Albert Lozeau :

> « Certains épisodes, écrit Albert Lozeau, détonnent dans une action se passant toute au Canada : par exemple, dans la *Préface du Cap Éternité*, Montréal, les éditions du Devoir, 1919, p. viii ».

Chronologie

1871   Le 21 octobre. Naissance, à Saint-Pierre de Sorel, de Charles Gill, fils de Charles-Ignace-Adélard Gill, avocat et député à la législature provinciale, et de Marie-Rosalie-Delphine Sénécal. Il sera baptisé le 22 octobre par l'abbé L.-A. Bourque (registre 21, folio 88, n° 332). Le juge Gill habitait alors au numéro 80 de la rue Georges, à Sorel.

1871 à   Charles Gill vit chez ses parents à Sorel et passe ses étés
1875   chez ses grands-parents Sénécal à Pierreville.

1876   — Septembre. Il débute à l'école chez Mlle Allain (ou Alain).

1879   Le 19 mai. Son père est nommé juge à la cour supérieure (district du Richelieu). Il remplace le juge T.-J.-J. Loranger.

1882   — Septembre. Il est inscrit aux Éléments-Français du Collège Sainte-Marie de Montréal.

1883   — Septembre. Après avoir été promu aux Éléments-Latins, il faillit son année scolaire.

1884   — Septembre. Reprise de ses Éléments-Latins et nouvelle faillite. Les registres des notes hebdomadaires (1882-84) fournissent tous les renseignements à ce sujet.

1885   — Septembre. Il est inscrit en Syntaxe au Collège de Nicolet, Alma Mater de son père. À la fin du premier semestre, les résultats scolaires sont médiocres : 14.9 sur 36.0. Tous les bulletins comportent des mauvaises notes de conduite et de travail. Il quitte ce collège le 26 janvier 1886.

1886 — Février. Il est inscrit au Collège Saint-Laurent en Éléments-Syntaxe. Il réussit à décrocher un troisième accessit en version latine. Son père est nommé juge du district de Montréal. La famille Gill déménage donc au 642 rue Saint-Denis. — Septembre : Il est inscrit au Collège de Saint-Laurent en Éléments-syntaxe. À la fin de l'année académique, il obtient le quatrième accessit en thème latin, le premier prix en version latine et le premier prix de dessin linéaire. Il est promu en méthode.

1887 — Septembre. Son nom apparaît sur les listes des élèves inscrits en Méthode. Le 11 octobre, son grand-père paternel, l'Honorable L.-A. Sénécal, meurt. Puis en mars 1888, il est chassé du Collège : indiscipline et homosexualité.

1888 — Mars : Il poursuit ses études en cours privés chez Leblond de Brumath. Il ne demeure là que quelques mois. Septembre : On le retrouve au «Art Association» où il étudie la peinture avec William Raphaël et surtout William Brymner. De ces études au «Art Association», il nous reste trois cahiers de croquis où Charles montre un talent particulier pour le portrait et le paysage. Il aime surtout les miniatures et les détails. Les compositions d'ensemble sont trop chargées.

1889 — 1er février : Il exécute une magnifique toile : «*Portrait de Jeune femme*».

1890 — L'Université Laval décerne à son père, le juge Gill, le titre de L.L.D. — 23 mai : il peint un paysage : *Coucher de soleil sur la campagne française*. Il s'agit probablement d'une copie. — 6 septembre : il part pour Paris depuis New York. Charles fut envoyé secrètement à Paris pour éviter un scandale, car il avait eu une liaison amoureuse avec la fille du maire de Montréal, Maud Mc Shane. La tradition orale a laissé beaucoup d'aventures «gilliennes» sur ces voyages à Paris. Nos recherches du côté de l'Académie Jullian, la Chaumière et Colarossi ne révélèrent rien au de sujet de Gill. Un billet manuscrit du peintre Gérôme nous assure qu'il passa quelques mois à son atelier, comme auditeur libre. Enfin, quelques traites bancaires nous apprennent qu'il faisait affaire avec le Crédit Lyonnais, 19 boul. des Italiens. Il habite au 21 de la rue de Tournon. — 29 novembre : Il est inscrit au Commissariat général du gouvernement du Canada à Paris, 10 rue de Rome, et il habite au 21 rue de Tournon. — 20 décembre : Voici ce que Maurice O'Reilly écrit de Gill : «M. Charles Gill qui est un nouveau venu parmi la colonie artistique canadienne est aussi un des plus jeunes élèves qui soient actuellement parmi nous. Il est né, en effet, à Sorel en 1871. Depuis trois ans, un des bons élèves de l'École de la Société des Beaux-Arts de Montréal. M. Gill a vu deux de ses tableaux admis à l'exposition de l'Académie canadienne. Ces premiers succès l'encouragèrent à venir à Paris et tout dernièrement il entrait à l'atelier de Gérôme. Actuellement, M. Gill travaille aux copies de la *Joconde*, et de la *Maîtresse du Titien*, copies qu'il se propose d'envoyer au Canada. Ce jeune artiste dont les heureuses dispositions méritent tous les encouragements, se destine plus spécialement à la peinture de l'histoire canadienne.» (dans *Paris-Canada*, Organe Hebdomadaire des Intérêts canadiens-français, 8ᵉ année, nᵒ 4, p. 3, 20 décembre 1890).

1891   — 14 février : Il assiste aux funérailles de l'honorable Juge Henri-Félix Rainville (1839-1891) décédé à Paris. — Juin : Il peint le profil d'un modèle : *«Atelier Gérôme»*. Il tracera ces mots sur la peinture fraîche : «Vernissez, dans un mois seulement le fond, et encore s'il vient des écailles, sinon ne vernissez pas.» — 24 juin : Gill participe à la fête de la Saint-Jean-Baptiste, célébrée par la colonie canadienne à Paris, et le même jour il est parmi ceux qui assistent à une conférence d'Honoré Mercier (1840-1894), premier ministre de la province de Québec. — Décembre : Il perd son frère Roger, à la suite d'une épidémie de méningite.

1892   23 mars : On expose de lui, au Carré Philipps de Montréal : *La Justice et la Vengeance Divine poursuivant le Crime*. Il s'agit encore d'une copie. De toute façon, avec ce tableau, Gill ne remporte pas la palme. — 4 juin : Maurice O'Reilly écrit ces lignes : «M. Charles Gill s'est embarqué hier à bord du *Toronto*, pour Montréal. Le jeune artiste reviendra, après un congé de trois mois, reprendre le cours des études et les travaux artistiques qu'il poursuit à Paris, avec un réel succès.» (dans *Paris-Canada*, 9ᵉ année, nᵒ 32, 4 juin 1892, p. 3, col. 1). — 20 juin : Il est de retour à Montréal, et selon *La Minerve*, il aurait complété ses études à Paris, avec succès. Rien ne semble indiquer qu'il y retournera. La fortune ne semble pas lui sourire dans la métropole canadienne. L'abbé Sentennes avait dès 1890 (selon *Paris-Canada*) confié la décoration de la chapelle du Sacré-Cœur aux artistes suivants : Ludger Larose, Joseph Saint-Charles et Joseph-Charles Franchère. Cette chapelle du Sacré-Cœur fut détruite par un pyromane. Le bon abbé accepte de confier une partie de ce travail à Charles Gill, à la condition que les parents du futur poète paient les frais des déplacement. — Novembre : Gill repart pour Paris où il devait être placé sous la tutelle du peintre Joseph Saint-Charles, tutelle dont il se libérera très tôt, étant, comme on le sait, épris de liberté. Ce second voyage coûtera au juge Gill, son père, plus de 230 francs par mois. — 17 décembre : Il est inscrit sur les listes du *Commissariat canadien à Paris*, 10 rue de Rome, et il habite au 25 rue de Humboldt.

1893   — 24 juin : Lors de la Saint-Jean-Baptiste, Gill assiste à la messe à l'église Saint Sulpice, déjeune à l'Hôtel Saint-Pétersbourg et, la même journée, il est invité à un banquet au restaurant Marguery. Ce banquet était offert par Sir John Thompson, ministre de la Justice du Canada, aux étudiants canadiens résidant à Paris. C'est durant ce repas que notre jeune poète propose un toast à la santé de l'honorable Joseph-Adolphe Chapleau (1840-1898), «en quelques mots pleins d'à-propos et de verve», selon Maurice O'Reilly. — 14 octobre : Gill assiste à une réunion canadienne dite de *La Boucane*. Voici comment la chose est relatée dans *Paris-Canada* : «Le 14 octobre dernier, plusieurs de nos compatriotes se sont réunis et ont fondé une réunion mensuelle qui portera le nom de *La Boucane*. Cette réunion amicale aura lieu au café du Rocher, 128 boulevard Saint-Germain, le dernier samedi de chaque mois ; tous les amis du Canada et les Canadiens sont priés d'y assister. La première de ces petites soirées a parfaitement réussi. Étaient présents : Philippe Hébert, le docteur Demers, le docteur Carle, Ludger Larose, J.-H. Masson, le docteur A.-L. de Martigny, Charles Gill, René Béliveau, le docteur Dussault, L.-T. Dubé, Th. Parizeau, le docteur E.-E. Simard, O. Martel, P.-P. Boulanger, W. Gauthier, J.-M. St-Charles, M.-A. Suzor-Côté, Jobson Paradis, le Docteur P.-C. Pilon, J.-O. Marchand, E.-U. Lamarche, Maurice O'Reilly, le docteur J.-E. Laberge, Paul Fabre, etc.» — 11 novembre : Gill assiste à la seconde réunion de *La Boucane*. Des quinze réunions de ce *Club*, Gill n'assistera qu'aux deux premières.

1894   — 3 avril : Gill est de ceux qui suivent la dépouille mortelle du député Émile Girouard décédé à Paris. Enfin, tout ce qui fut écrit sur la vie et les rencontres de Gill à Paris se classe pour le moment dans les on-dit. Le mystère plane encore plus sur le second voyage du poète que sur le premier. Revenu de France au printemps 1894 (nous n'avons pas la date précise de son retour), il s'installe définitivement à Montréal. Il exécute des toiles sur commande : le *Portrait de l'abbé Magloire Auclair* (1894), que l'on retrouve au musée provincial de Québec, puis le *Portrait de l'abbé Verreau* (1895) qui se trouve à l'Université Laval de Québec. Il habitait alors au 946 rue Saint-Denis.

1896   — 21 mars : Charles Gill publie un de ses contes dans *La Patrie* : *Un misanthrope*. 21 mai : Il assiste pour la première fois aux réunions de l'École littéraire de Montréal, chez le notaire Pierre Bédard. (Notes dans le journal intime de l'abbé Joseph Melançon). — 30 mai : Il publie dans *La Patrie* un autre conte : *Sur la plage*. — 6 juin : Dans *La Patrie*, nous retrouvons de lui un article à tendance humanitaire : *Figure et configuration*. — 7 juillet : Il peint *Le canal Tardif à Pierreville*, paysage où le dessin manque de relief, où tout est noyé dans la verdure. L'artiste ajoutera sur la peinture fraîche ces mots : «Il fait chaud». — Septembre : Il devient professeur de dessin à l'École Normale Jacques-Cartier de Montréal. Selon le dossier n° 1304 des archives du Département de l'Instruction publique, Gill reçoit 400$ par an. — 24 septembre 1896 : Il se fait remarquer par un de ses sonnets : *À une courtisane*. Ce sonnet était extrait de son manuscrit *Les Étoiles filantes* dans une section dédiée aux prostituées. Plus tard, il donna les titres suivants à ce même sonnet : *À une malheureuse*, puis *À une* *syphilitique.* Durant cette année, il assiste avec plus ou moins d'assiduité aux réunions de l'École littéraire de Montréal. En effet, il assista à trois réunions sur dix-neuf. Il habitait alors au 416 rue Champlain; son père l'avait chassé de chez lui à cause de sa mauvaise conduite.

1897   — 12 mai : Il demande une augmentation de salaire au Département de l'Instruction Publique. Malgré les pressions politiques de son père, le juge Gill, le département lui annonce le 10 juin qu'il n'aura pas d'augmentation de salaire. (Les archives du Département de l'Instruction Publique, lettres expédiées, vol. 133, p. 57 et p. 439) — Juin : Il se lie avec Juliette Boyer, son modèle, et il demeurera en bons termes avec elle jusqu'en 1917. Cette liaison s'inscrit dans la logique d'un premier amour avec Maud McShane, la fille du maire de Montréal; à la suite de ces amours, Charles était envoyé à Paris, et Maud aux États-Unis. Cette fameuse Maud dont Gill se souviendra dans ses poèmes, Gaétane de Montreuil y fera allusion dans son recueil *Les Rêves Morts* (1927). En effet, dans le poème *Les Fiancés de la Mort* (p. 52-56), Gaétane transposera les personnages sur un fond de vérité. Seule Gaétane a compris la portée véritable du drame qu'avait vécu son mari. Nous croyons que le mariage qui devait avoir lieu entre ces deux artistes fut, du côté de Gaétane, non pas de l'amour pour le peintre-poète, mais surtout et avant tout de la compréhension et de la pitié. Cette alliance avec Juliette devait creuser plus profondément le différend entre lui et son père, le juge Gill. Pour Charles, Juliette sera toujours ce que fut pour Dante Béatrice Portinari. Il voudra l'immortaliser dans des poèmes comme *Julia*, *La couronne de Julia*, etc. — 17 juillet : Il peint un paysage *Le champ d'avoine* que l'on peut considérer comme l'une des pires toiles que Gill ait peintes (coll. A. Laberge).

1898   — 15 décembre : À cette séance de l'École littéraire de Montréal, il est décidé que Charles Gill lira à la prochaine séance publique (i.e. la première) *Le sonnet à Lamartine*; *Sur la première page d'un mémorial*; *L'Aigle*; *Julia*. Ces poésies sont extraites des *Étoiles filantes*.

1899   — Il exécute une magnifique toile : *Coucher de soleil à Pierreville* (coll. Mme R. Soulière). — 3 février : À une séance de l'École littéraire de Montréal, il relit *Sonnet à Lamartine, Sur la première page d'un mémorial, L'Aigle, Julia* ; — 26 mai : À la quatrième séance publique, Gill lit : *Larmes d'en haut* ; *Le portrait* ; *Stances aux Étoiles.* — 27 mai : L'on publie dans *La Patrie* : *Stances aux Étoiles.* — 24 novembre : À une séance régulière de l'École littéraire de Montréal, Gill lit deux écrits en prose : *Jour sans pain* et *Aldébaran.* On sait que le second conte fut publié en 1896 sous un autre titre : *Sur la plage.* — 15 décembre : À une séance régulière de l'École littéraire, il lit un long poème fait en vers «dits de Spencer».

1900   — Il peint le *Portrait de P.-J.-O. Chauveau.* Il s'agit en réalité d'une photographie coloriée à l'huile (coll. de l'Université Laval). Gill habite alors au 448 rue Montcalm. — 3 février : À une séance régulière de l'École littéraire, Gill lit un acrostiche : *Portrait en vers.* Cette pièce est extraite de ses *Étoiles filantes.* — 16 février : Il lit à ses confrères de l'École littéraire quelques sonnets : *Souvenirs d'enfance.* Ces sonnets auraient fait partie du volume *Les Étoiles filantes.* S'agit-il en réalité des sonnets intitulés *Belles-de-Nuit,* nous ne saurions l'affirmer. — 2 avril : L'on distribue le volume collectif de l'École littéraire de Montréal : *Les Soirées du Château de Ramezay,* dans lequel se trouvent réunies plusieurs poésies de Gill : *Un mot au lecteur* ; *L'Aigle* ; *Aux malveillants* ; *Ce qui demeure* ; *Fumée* ; *Première page d'un mémorial* ; *À Sestius* ; *Lamartine* ; *Les Chercheurs d'or* ; *Les deux veilleuses* ; *Mortuae Moriturus* ; *Orgueil* ; *Larmes d'en haut* ; *Les deux poètes* ; *Impromptu* ; *Les trois majestés* ; *Stances aux Étoiles* ; *Un misanthrope* ; *Aldébaran* ; *Jours sans pain.* À cette séance publique, Gill lit : *L'Aigle* ; *Larmes d'en haut* ; *Les trois majestés.* — 31 mars : *La Presse* publie : *Les débuts de l'École littéraire* de Charles Gill. Depuis 1896, La pensée de Gill passe de l'individualisme à l'humanitarisme. — 3 avril : *Le Journal* publie son sonnet : *Lamartine* — 13 mai : Il publie dans *Les Débats* un article à tendande humanitaire : *Notes de la semaine : Gloire à Elles.* — 10 juin : Encore dans *Les Débats : Respect au Drapeau,* article patriotique.

— 17 juin : Dans *Les Débats* : *Notes de la semaine* : *Une Morte*. C'est un article que son père, le juge Gill, critiquera vertement. — 4 novembre : Dans *Les Débats* : *Pochade Automnale*. Dans *Les Débats*, il signe sous le pseudonyme de Léon Duval. Il rencontre Gaétane de Montreuil, chroniqueuse à *La Presse*. Cette dernière dirigeait les pages féminines depuis 1898.

1901   — 6 janvier : Dans *Les Débats* : *Assez* et *La Destinée*. — 14 janvier : Dans *La Presse*, sous le pseudonyme de *Saigey*, il publie une poésie intitulée : *Sonnet*. — 20 janvier : Dans *Les Débats* : *La Faute*. — 27 janvier : Dans *Les Débats*, l'on publie une de ses poésies : *Premier Amour*. — 16 février : Dans Le Journal : *Un Régal* (prose). — 9 mars : Dans *Le Journal* : *L'exposition* (critique artistique). — 27 juin : Dans *Les Débats* : *La Reine, La Couronne, le Sceptre* et *le Manteau*, puis un conte sous le pseudonyme de Léon Duval : *Le Sol*. — 16 septembre : Son père, le juge Gill, né le 12 mars 1844, meurt de la maladie de Bright. C'est quelques semaines plus tard que Charles devenait l'ami inséparable de Louis-Joseph Doucet (1874-1959). Cette amitié devait durer jusqu'à sa mort. — 30 novembre : Dans *La Presse*, il publie une étude littéraire sur *Albert Lozeau*. — 21 décembre : Dans *La Presse*, on publie un de ses poèmes : *Neige de Noël*. — 24 décembre : Encore dans *La Presse*, il publie une pièce en prose : *L'Illusion*.

1902   — 26 février : Dans *La Presse*, on publie, à l'occasion du centenaire de la naissance de Victor Hugo, une poésie de circonstance écrite par Gill : *À Victor Hugo*. — 22 mars : Dans *La Patrie*, il publie les poèmes suivants ; *Les Cloches* (à Gaétane de Montreuil) ; *Neige de Noël* (fragment) ; *Musa te defendet* ; *Larmes d'en haut* ; *Fantaisie : Chanson* et l'*Infamie*. — 12 mai : Il épouse, à l'église Notre-Dame de Montréal, Georgine Bélanger (1867-1951), qui écrivait sous le nom de Gaétane de Montreuil. Ils sont respectivement âgés de 31 et de 35 ans. Madame Gill, Marie et Rachel, on le sait, étaient hautement opposées à cette union. Gaétane de Montreuil publiera des romans et de la poésie : *Fleur des Ondes, roman historique canadien* (1912) ; *Dans les Montagnes Rocheuses canadiennes*

(1916); *Cœur de Rose et Fleur de Sang, recueil de contes et nouvelles* (1924); *Causeries,* Montréal, Beauchemin, 1926, 124 pages; *La vengeance d'une morte,* Montréal, Beauchemin, 1926, 108 pages: *Noël vécu,* Montréal, Beauchemin, 1926, 119 pages; *Les rêves morts, poèmes* (1927); *Destinées,* roman (1946). — 17 mai: Dans *Le Journal,* il publie sous le pseudonyme de Charles Marcilly une poésie dédiée à *Albert Lozeau.* — 6 juin: Le Département de l'Instruction Publique lui accorde une augmentation de salaire. Il gagne alors 600$ par an. — 10 octobre: Il est nommé vice-président de l'École littéraire de Montréal, pour l'année académique 1902-1903. Puis, dans *La Presse,* on publie de lui une pièce en prose: *Ave Caesar.* — 24 décembre: Dans *La Presse,* il publie *L'Épave et la Croix* (prose).

1903   — 18 avril: Dans *Le Canada,* on a de lui une poésie: *À Théodore Botrel.* Dans *Les Débats* paraît un autre poème: *Ballade.* — 13 avril au 19 juin: Il publiera dans *Le Canada* ses impressions quotidiennes sous le pseudonyme de «*Clairon*»: *La Diane; Le vieux Château; Les ailes d'Icare; Botrel; Chinoiserie; Charité; Les petits oiseaux; Un orateur; Cet âge est sans pitié; La Cage; Le mot de la fin; Pauvres érables; Le pôle Nord; Un seul tireur; Vite, une loi!; Heureuses innovations; Désespoir d'Amour; Chanson Arabe; Trop de zèle; Misère; Parfum mortel; La croix rouge; La foule; Aveugle, sourde, muette; Scalpée; Bon voyage; Un danger; Brave cœur; Bons chiens; La grève; Nouveaux salons; Les gagnants; Est-ce vrai?; Le nuage et la douleur; Mare Macleanium; Ce qui dure; La paille et la poutre; Ad augusta per augusta.* En avril, Gaétane lui donne un fils qui meurt quelques jours après sa naissance.

1904   — Il habite alors au 502 Parc Lafontaine. On lui demande le *Portrait de P.-J.-O. Chauveau* (coll. du Département de l'Instruction Publique de Québec). Il exécute le *Portrait de sa femme* (coll. Roger C. Gill) puis la plus célèbre de ses toiles: *Le Problème d'échecs,* pour laquelle il reçoit 50$ d'Arthur Brunet qui la revend pour 700$ à Paul Gouin (1898-1976). Ce dernier la vendit en 1955 au Musée Provincial de Québec pour la somme de 1 000$ (Dossier Charles Gill du usée Provincial). — 31 janvier: il élabore un premier plan de son épopée: *Le Saint-Laurent.* — 1ᵉʳ mai: Dans *Le Nationaliste*, il publie une traduction d'Horace: *Ad Dellium.* — 6 mars: Dans *Le Nationaliste*, il publie une critique littéraire: *Émile Nelligan.* — 27 mars: Dans *Le Nationaliste*, il publie une critique artistique: *Le Salon.* — 15 juin: il exécute un paysage, *Le verger,* au dos duquel on a découvert un excellent fusain, *Esquisse d'un duel.* — 7 décembre: Son épouse, Gaétane de Montreuil lui donne un second fils, qu'il nomme Roger-Charles en souvenir de son jeune frère décédé en 1891.

1905 — 7 janvier: Dans *La Patrie*, l'on publie une poésie de Gill: *Mon Secret.* — 30 mars au 11 avril: Il publie, dans *le Canada, les Artistes Canadiens*. Il s'agit d'une critique artistique. — Août: son épouse, Gaétane de Montreuil, devait l'accompagner à Pierreville pour la première et la dernière fois. Ce fut un des premiers chocs que dut subir ce jeune ménage. L'épouse de Charles Gill était publiquement rejetée par la famille Gill. La famille Gill refusa totalement d'accepter parmi elle Gaétane de Montreuil sous prétexte qu'elle n'appartenait pas à la même classe sociale (selon Rachel Soulière, sœur du poète Gill).

1906 — Il peint, pour le Département de l'Instruction Publique de Québec, le *Portrait de Jean-Baptiste Meilleur* (1796-1878). — 7 février: Il dédicace à son ami Albert Laberge une toile, *Ébauche du Problème.* — 20 mars au 5 avril: Il publie, dans *Le Canada, Le Salon.* — 25 juin: *Le Canada* publie une poésie: *Crémazie.*

1907 — 27 septembre: Lors d'une séance de l'École littéraire de Montréal, «Il est proposé par Charles Gill que nous commencions le travail et la lecture des poésies qui doivent composer notre prochain volume et que nous procédions à l'admission définitive de ces mêmes pièces.» (Procès-verbaux de l'École littéraire). — 4 octobre: Gill propose à l'École littéraire qu'on donne au prochain volume collectif le titre: *Les Soirées du Château de Ramezay, deuxième série*. De plus, il propose qu'on publie dans ce second volume, d'une façon intégrale, les pièces en prose de Pierre Bédard qui ne furent que partiellement publiées dans le premier volume. — 8 novembre: Durant cette séance de l'École littéraire, Gill lit pour la première fois un extrait de son poème, *Le Cap Éternité*.

1908   — 17 février : À l'École littéraire, il lit «ses chroniques».
Il s'agit ici de ses pièces en prose publiées dans *Le Canada*
sous le titre *Impressions quotidiennes*. À cette époque, Gill
habite au 42 rue Chambord. — 20 au 28 août : Lors d'un
voyage sur le Saguenay, il peint *Au pied du Cap Éternité*
(coll. Musée Provincial). — 6 novembre : Il fait partie du
comité chargé de rédiger la nouvelle revue présentée par
l'École littéraire, *Le Terroir*. — 20 novembre : Durant
cette séance de l'École littéraire, Gill propose que Germain
Beaulieu soit nommé secrétaire de la revue *Le Terroir*.
Puis les autres membres de l'École lui demandent de faire
la rédaction de «*l'article-programme de la Revue*».
— 11 décembre : Il promet à ses confrères de l'École littéraire de collaborer au second numéro du *Terroir*. — 18 décembre : À cette réunion de l'École, il lit *L'article-
programme*.

1909   — Janvier : Il publie, dans *Le Terroir*, *Notre Revue*.
— 29 janvier : Il promet à ses confrères de l'École de collaborer au numéro du mois de mars du *Terroir*. — 5 février : À cette séance de l'École littéraire, Gill lit un sonnet
inédit d'Émile Nelligan. — 10 février : *La Presse* publie
un fragment de son poème *Le Cap Éternité* : *La Cloche de
Tadoussac*. — 24 février : Selon un de ses manuscrits, Gill
aurait commencé «pour de bon» son poème «*Le Saint-
Laurent*». — 9 mars : à une réunion de l'École littéraire, il
lit : *M. Chef-d'œuvre*, pièce en prose, et *Le Saint-Laurent*,
pièce en vers. — 20 mars : *La Presse* publie un autre chant
du *Cap Éternité* : *La Fourmi*. — 26 mars : Charles Gill et
Jean Charbonneau veulent refondre la constitution de
l'École littéraire de Montréal. — 16 avril : Gill lit plusieurs
pages de *La Scouine* d'Albert Laberge. Ce n'est qu'à la
séance du 24 avril que Laberge sera admis comme membre
de l'École. — 7 mai au 24 février 1910 : Gill n'assiste à
aucune des vingt-neuf réunions de l'École littéraire.

1910   — Il peint un magnifique *Portrait de son fils Roger*, alors
âgé de 6 ans. — 17 mars : De retour à l'École littéraire de
Montréal, il propose à ses confrères que : «*Le Terroir* soit

réuni en un volume et que chaque membre du Cabinet Provincial en reçoive une copie ainsi que Madame Nelligan la mère d'Émile». — 24 mars : Il propose aux membres de l'École que les questions de finances ne soient pas soulevées durant les réunions régulières, mais que ces questions soient discutées durant des séances spéciales. — Mai : Il publie *La Préface à la Jonchée Nouvelle* de Louis-Joseph Doucet. — 26 mai : Il suggère aux membres de l'École littéraire, réunis dans les bureaux de *La Patrie*, un volume collectif qui ne contiendrait que de la prose. — 1ᵉʳ juin : Il revient à la charge auprès de ses confrères de l'École littéraire au sujet de la publication d'un volume collectif qui ne contiendrait que de la prose. — 9 juin : Il lit, devant les membres de l'École littéraire, *Préface à la Jonchée Nouvelle*, de L.-J. Doucet. — 16 juin : Il est pris dans une polémique au sujet de l'argent qu'on administre à l'École littéraire. De plus, en demandant à ses confrères d'admettre parmi eux Aegidius Fauteux (1876-1941) et Jules Fournier (1884-1918), il ajoute «sur l'honneur qu'il a reçu des lettres de demande et les travaux des deux candidats, mais qu'ils les a oubliés chez lui». Les candidats ne sont pas admis. — 23 juin : Les querelles sur les questions de finances s'enveniment, et l'École est divisée en deux clans : l'un dirigé par Charles Gill, l'autre dirigé par Jean Charbonneau. — 29 juin au 22 février 1911 : Charles Gill ne se présente plus aux réunions de l'École littéraire de Montréal. — Septembre : Son traitement, en tant que professeur à l'École Normale Jacques-Cartier est augmenté à 1 000$ par an. — 10 septembre : Charles Gill et Louis-Joseph Doucet font un voyage au Saguenay en compagnie de Juliette Boyer et de sa sœur. Juliette Boyer deviendra plus tard la femme du notaire Latour. — 17 décembre : *La Patrie* publie un autre de ses contes : *Une nuit de Noël sous Champlain.*

1911   — L'École Normale Jacques-Cartier lui commande le *Portrait de l'Abbé J.-O. Casgrain.* — Janvier : Il commence à correspondre avec Louis-Joseph Doucet. Cette correspondance se terminera vers le 10 octobre 1918. Nous en avons publié une partie chez *Parti-Pris* et au *Devoir.* — 1ᵉʳ mars : Il lit à ses confrères de l'École littéraire *La Cloche de*

Tadoussac. — 15 mars : À une séance publique tenue au conservatoire Lassalle, M. Léon Mercier-Gouin lit *La Cloche de Tadoussac.* — 12 avril : Son ami Louis-Joseph Doucet est nommé «Officier spécial» au Département de l'Instruction Publique de Québec (Les Archives du Département de l'Instruction Publique, n° 231, p. 514, ordre en conseil, n° 258, dossier 1285.) — 26 avril : À une autre séance publique de l'École littéraire tenue au conservatoire Lassalle, M. Léon Mercier-Gouin lit *La Fourmi.* 3 mai au 25 octobre : Le poète n'assiste plus aux réunions de l'École littéraire de Montréal. — 11 mai : Il travaille avec acharnement à son poème *Le Saint-Laurent.* Il consacre ses efforts sur les chants IIe, IIIe et IVe. — 23 octobre : Il éprouve de grandes difficultés dans la composition du *chant VIIe*, du *Cap Éternité.* — 24 octobre : Il reçoit 1 000$ pour le *Portrait de Sir Wilfrid Laurier.* — 4 novembre : Il est pris dans des questions d'argent à l'École littéraire. Il propose aux membres de l'École littéraire que l'on commande au sculpteur Alfred Laliberté (1878-1953) un encrier en bronze représentant *Le vaisseau d'or* de Nelligan. — 7 décembre : Il remporte le premier prix au concours littéraire de *La Patrie* avec le conte *Le sacrifice du Grenadier.* — 13 décembre : Gill lit aux membres de l'École littéraire un conte : *Le Noël du Grenadier.* — 16 décembre : *La Patrie* publie son conte *Le sacrifice du Grenadier.* — 23 décembre : Gill termine son *chant X^e* du *Cap Éternité.*

1912 — Janvier : Il lit à ses confrères de l'École littéraire quelques chants de son poème *Le Cap Éternité.* — Février : Il remporte le premier prix au concours littéraire de la société du Bon Parler Français. Lors de ce concours, il avait présenté le Chant VIIIe et le chant XIe du *Cap Éternité.* — 7 février : Il lit à ses confrères de l'École littéraire de Montréal deux autres chants du *Cap Éternité.* — 14 février : Il offre aux membres de l'École littéraire de Montréal un portrait à l'huile de leur protecteur et mécène, *Sir Lomer Gouin.* À la séance du 6 mars, il reçoit la somme de 25$ pour cette toile. — 1er mars : Il termine une toile : *Le Rêve et la Raison.* — Avril : Son épouse Gaétane de Montreuil publie un roman, *Fleur des Ondes.* — 3 avril : Il est élu président de l'École littéraire de Montréal. — 17 avril :

Il lit aux membres de l'École littéraire une poésie : *Cartier*. — 24 avril : Son épouse tombe gravement malade. — 8 mai : Il relate aux membres de l'École littéraire son entrevue avec Gabriel Hanotaux (1853-1944), lors du dévoilement de la statue de Champlain. — 14 août : Il peint deux toiles : *Peupliers dans la Brume*. Ces deux toiles appartiennent respectivement à Rachel Soulière et à Roger-Charles Gill. — Fin août : Gill rend visite à A. Laberge, il lui annonce que sa femme s'est séparée de lui et qu'elle le traite de Crippen et de Rochette. Il avait contaminé son épouse avec ses M.T.S. — Septembre : Son épouse subit une intervention chirurgicale pour des abcès sur la matrice. — 2 octobre : Nous savons que Charles Gill est encore président de l'École littéraire de Montréal. C'est ici que se terminent les procès-verbaux de l'École. À sa mort, Gill aurait été encore président de l'École. — 6 novembre : Il faillit périr dans une tempête sur le lac Saint-Louis.

1913   — 25 février : Il quitte la rue Chambord pour aller habiter rue Drolet. — 22 mars : Il perd sa mère. Sur son testament, Mme Gill laissait toute sa fortune à ses filles Marie et Rachel, déshéritant son fils Charles en guise de représailles parce qu'il avait épousé contre son vouloir Gaétane de Montreuil. — Avril : Atteint de la syphilis, il subit une attaque de paralysie faciale. — 27 avril : Charles Gill aménage son atelier au 1263 rue Delorimier. — 29 avril : Son ami Albert Lozeau emménage au 343 rue Drolet. — 16 mai : Il reprend ses cours à l'École Normale Jacques-Cartier. — Juin : Il éprouve des difficultés avec l'éditeur-imprimeur Mercier de Québec. Ce dernier, qui avait publié le roman de Gaétane de Montreuil, *Fleurs des Ondes*, refusait de payer les redevances. — 25 juin : Finalement son épouse règle les derniers comptes qu'elle devait à l'éditeur-imprimeur Mercier et les comptes sont réajustés. — Juillet : La province de Québec lui commande un *Portrait de Sir Lomer Gouin*. — 6 juillet : Il promet à Louis-Joseph Doucet de présenter au public son volume *Les Grimoires*. Il avait d'ailleurs déjà rendu ce service à Doucet lors de la publication de *La Jonchée Nouvelle*. — Août : Il fait un voyage au Saguenay en compagnie de son épouse (après une brève réconciliation). — 24 octobre : Il enseigne au Monument National. Les difficultés dans son ménage vont en s'aggravant. C'est alors qu'en plus d'avoir une maîtresse, Juliette Boyer, il commence à visiter les maisons de prostitution. — 28 octobre : Les problèmes historiques de la Révolution française l'intéressent. Il consacre ses loisirs à lire et à faire des recherches dans ce domaine.

1914   — 10 janvier au 16 décembre : Il se lie avec une «danseuse» du théâtre Rex de la rue Saint-Laurent, tout en continuant ses visites régulières des maisons closes. — 2 mars au 15 avril : Il se lie avec une autre danseuse de passage à Montréal. — Avril : Son épouse, qui avait héroïquement supporté qu'il eût une maîtresse, ne peut plus tolérer un tel débordement sexuel de la part de son époux. Elle traîne donc Charles Gill devant les tribunaux, l'accusant d'adultère. On lui rend justice. Elle aura le droit de garder son fils Roger, et Charles devra lui payer une pension de 25$ par mois. Après cette date, le poète ne produira presque plus rien dans le domaine littéraire. La plupart de ses publications dans les journaux et dans les revues seront des pièces écrites avant 1913. — Juillet : Après un voyage au Saguenay, il peint *Le Cap Éternité* (coll. Rachel Soulière); *Le Saguenay à l'aube* (coll. Napoléon Brisebois); puis le *Portrait de P.-J.-O. Chauveau* (coll. de l'École Normale Jacques-Cartier) et *L'entrée du Saguenay* (coll. Roger C. Gill).

1915   — La province de Québec lui commande le *Portrait du lieutenant gouverneur Pierre-Évariste Leblanc* (1853-1918). Durant cette année, le poète vit dans la plus grande solitude qu'il résume ainsi : «Vivant souvenir de ce que j'ai été, je me dis que je ne suis plus de ce monde».

1916   — 19 avril : Revenue au Québec, après un séjour d'une année à Los Angeles où elle faisait du journalisme, Gaétane de Montreuil se plaint de la maigre pension de son mari. Le poète lui fera dire par la bouche de Doucet qu'il n'est pas un «banquier». — 28 avril : Pour payer ses dettes, il vendra des toiles : *Le Christ en Croix* et *La Mort de saint Joseph* à l'abbé F.-A. Baillargé pour la somme de 200$. — 21 octobre : Il termine sa toile : *La Mort de saint*

Joseph, copie du tableau de Carlo Lotti. Cette même année, il avait fait deux toiles du *Christ en Croix*, l'une d'après Anould, l'autre d'après Van Dyck. N'ayant pu vendre aux Sulpiciens, ni *La Mort de saint Joseph*, ni *Le Christ* d'après Anould, ces deux tableaux furent saisis par son propriétaire pour des arrérages de loyer. En 1958, nous avons retrouvé ce «Christ en croix» dans le sous-sol de l'église de Vaudreuil. Il fut restauré et il est accroché au-dessus du maître-autel de l'église de la réserve des Abénaquis de Pierreville.

1917   — 28 janvier : Il vend pour 30$ à son ami Doucet une toile : *La Courtisane,* d'après un tableau de Sigalon. La toile ne fut jamais envoyée à son acheteur. Cette toile fait maintenant partie de la collection de Rachel Soulière. — Avril : Il publie dans *La Grande Revue* : *Salon.* — Mai : Il décide de consacrer tous ses loisirs à faire du paysage. Dans ces paysages, le peintre révélera une tout autre personnalité. On se doit de remarquer qu'il n'a pas fait une seule toile consacrée à l'hiver. — mai : *La Grande Revue* publie son chant IVe du *Cap Éternité : Le Silence et l'Oubli.* — 8 au 9 mai : Durant la nuit, il déménage en toute hâte pour éviter une saisie de ses biens. C'est à cette époque qu'il devra abandonner deux grandes toiles : *La Mort de saint-Joseph*, et *Le Christ en Croix.* Il loue une chambre chez madame Lagacé au 431 rue Saint-Laurent. — 26 mai : Il publie, dans *La Grande Revue, La conférence interrompue,* sonnet dédié à Marcel Dugas. — 9 juin : Il peint *Entrée du Jardin de Pierreville* (coll. R.-C. Gill). — 6 juillet : Il peint *Les Bouleaux* (coll. Doucet-Desjarlais). — 22 juillet : Il peint *Les Bouleaux* (coll. Doucet-Desjarlais). — 22 juillet : Il peint une *Clairière à la Montagne* (coll. R.-C. Gill). — 25 juillet : Il peint *Le Saint-Laurent, sur le rivage de Longueuil* (coll. R.-C. Gill). — 27 juillet : De retour à Pierreville, il peint *Pin à Pierreville* (coll. R.-C. Gill). — Août : Il est dévoré par une autre aventure amoureuse. Cette liaison durera jusqu'en 1918. — 1er août : Il peint *Crépuscule à Chambly* (coll. R.-C. Gill). — 4 août : Il peint *Sentier dans la Montagne* (coll. R.-C. Gill). — 14 août : Il peint *Dans la Montagne* (coll. R.-C. Gill). — 16 août : Il peint *Ormes à la Montagne* (coll. R.-C. Gill). — 23 août : *Vieille maison à Longue-Pointe* (coll. R.-C. Gill). — 12 septembre : *Le Port de Montréal* (coll. R.-C. Gill). — 18 septembre : *Chardons* (coll. R.-C. Gill) puis *Sous-Bois* (coll. Rachel Soulière). — 21 septembre : *Un Saule à Longue-Pointe* (coll. R.-C. Gill). — 23 septembre : *Les Ormes du Parc Jarry* (coll. R.-C. Gill). — 24 septembre : *Les Ormes sous le soleil gris* (coll. R.-C. Gill). — Octobre : *Paysage d'automne à la Montagne* (coll. R.-C. Gill). — 17 octobre : *Paysage automnal* (coll. R.-C. Gill). — 21 octobre : *Le Mont Royal et le Saint-Laurent* (coll. R.-C. Gill). — 24 octobre : *Les Ormes sous le soleil* (coll. R.-C. Gill).

1918   — Juin : Il peint *Pin du Jardin de Pierreville* (coll. R.-C. Gill). — 5 juillet : Il peint deux toiles de *L'Inondation* (Lac des Castors à la Montagne) ; l'une est dans la collection de R.-C. Gill, l'autre, dans la collection de madame Belleau, Ottawa. À cette date, il peint aussi *Les Peupliers* (coll. Rachel Soulière). — 7 août : On le retrouve à Pierreville en train de peindre *Entrée du chenal Tardif* (coll. R.-C. Gill) — 14 août : Il peint *Peupliers dans la Brume* (coll. R.-C. Gill). — 2 septembre : Il peint *Sentier à Pierreville* (coll. R.-C. Gill). — 4 septembre : Il peint *Ormes au soleil couchant* (coll. R.-C. Gill). — 8 septembre : Il peint *Une moisson à Pierreville* (coll. R.-C. Gill). — 11 septembre : Il peint *Les Ormes* (coll. R.-C. Gill). — Octobre : Il commence le *Portrait de Sir George-Étienne Cartier*, mais la mort l'emporte avant qu'il ne puisse terminer cette toile. C'est l'artiste Dionnet qui terminera ce tableau et Roger-C. Gill le signera au nom de son père et le vendra aux Archives Publiques du Canada. À l'œuvre picturale de Gill s'ajoutent une centaine de toiles non datées. — 3 octobre : Il tombe malade de l'influenza, puis meurt le 16 octobre 1918, à l'hôpital Notre-Dame de Montréal. Toutes ses richesses se soldaient en quelques toiles, une émeraude, un violon et quelques manuscrits. (Testament de Charles Gill, aux Archives judiciaires de Montréal). À peine est-il décédé que plusieurs légendes naissent autour de sa personnalité. Nous croyons que, pour faire la part des choses, il est essentiel de tenir compte du *Journal Intime* de son épouse, Gaétane de Montreuil.

Bibliographie[1]

A. *ŒUVRES DE GILL*

Gill, Charles, *Manuscrit des Étoiles filantes* (1896-1906), 22 pages, Archives de Roger C. Gill, Montréal.

Il ne nous reste de ce manuscrit que quelques fragments. Si Marie Gill ne l'avait pas détruit, *Les Étoiles filantes* auraient eu au moins deux cents pages.

— *Le plan manuscrit du Saint-Laurent*, daté du 31 janvier 1904, Archives de Roger-Charles Gill, Montréal.

— *Second manuscrit du Saint-Laurent, livre premier, Miroir d'étoiles*, daté du 1er février au 1er mars 1909, 19 pages, Archives de Roger C. Gill, Montréal.

C'est ce document que monseigneur Olivier Maurault cite dans ses travaux. Il est peut-être le moins important de tous les manuscrits de Gill.

---

1. Cette bibliographie comprend trois parties : *Œuvres de Gill*, *Sources primaires*, *Sources secondaires*. Nous n'indiquerons pas les pièces de Gill qui furent publiées dans les journaux et les revues puisqu'elles sont incluses dans tous ses manuscrits. Nous nous en sommes tenu aux textes se rapportant à la poésie.

— *Troisième manuscrit du Saint-Laurent, livre VIII, les Abénaquis*, daté du 30 avril 1909, 4 pages, Archives de Roger-Charles Gill, Montréal.

Dans ce manuscrit, Gill nous laisse une brève description du lac Saint-Pierre.

— *Quatrième manuscrit du Saint-Laurent, livre premier, Le Cap Éternité* (1918-1919), 84 pages, Archives de Roger-Charles Gill, Montréal.

C'est ce manuscrit qui a passé pour le seul et unique *Cap Éternité* que Gill ait écrit. Ce n'est qu'en comparant ce manuscrit avec le véritable que nous avons réalisé qu'il était faux. Lorsque nous avons rencontré monseigneur Olivier Maurault, en comparant les deux manuscrits, ce dernier a admis qu'il avait été dupé par Marie Gill.

— *Premier manuscrit du Saint-Laurent, livre premier, Le Cap Éternité* (1908), 264 pages, Archives de Roger-Charles Gill, Montréal.

C'est sur ce manuscrit que porte notre étude. Il comprend un texte en prose, et deux textes en vers. Ce fameux cahier bleu disparu à la mort du poète avait été gardé par Marie Gill. Il ne fut remis au fils du poète Roger qu'à la mort de sa tante. Encore une fois, monseigneur Maurault reconnaissait qu'il n'avait jamais vu ce cahier bleu.

— *Lettres à sa mère*, de 1890 à 1891, Archives de Roger-Charles Gill, Montréal. Ces lettres furent publiées sous le titre : *Un « Canayen » à Paris*, dans *Le Devoir*, 30 octobre 1965, p. 23 et 24.

— *Lettre à Albert Laberge*, septembre 1903, *Manuscrits et dessins, lettres à Albert Laberge et Louis-Joseph Doucet*, Bibliothèque de l'Université Laval, Québec.

— *Lettres à Louis-Joseph Doucet*, de 1910 à 1918, Archives de madame Louis-Joseph Doucet, Montréal (maintenant la famille Desjarlais).

Ces lettres sont tellement variées qu'il nous est impossible de les décrire en détail. On devrait les considérer comme les carnets intimes de Gill. Ces lettres furent publiées : *Correspondance*, Montréal, Parti-Pris, 1969, 245 p. Édition critique par Réginald Hamel.

— *Lettre à Camille Roy*, 30 avril 1913, Archives du Séminaire de Québec.

Dans cette lettre, Gill remercie l'abbé Roy d'avoir été bienveillant à son égard lors du concours littéraire organisé par la société du Bon Parler ; il cite quelques vers du *Cap Éternité*.

— *Lettre à F.-A. Baillargé* (abbé), 28 avril 1916, *Manuscrits et dessins, lettres à Albert Laberge et Louis-Joseph Doucet*, Bibliothèque de l'Université Laval, Québec.

Gill étant acculé à la faillite, pressé de toutes parts par ses créanciers, dont Bloomfield, il tente de vendre à cet abbé Baillargé quelques-unes de ses toiles.

— «*Cahier de coupures*», *n° I*, sans date, 62 pages. Archives de Roger-Charles Gill, Montréal.

Ce «Cahier de coupures» et les suivants contiennent des écrits de Gill, tant en prose qu'en vers. On y trouve également des articles de journaux, soit écrits par le poète, soit au sujet du poète.

— «*Cahier de coupures*» *n° II*, sans date, 54 pages, Archives de Roger-Charles Gill, Montréal.

— «*Cahier de coupures*» *n° III*, sans date, 54 pages, Archives de Roger-Charles Gill, Montréal.

— «*Cahier de coupures*» *n° IV*, 1896-1918, 230 pages, Archives de Roger-Charles Gill, Montréal.

— *Testament olographe*, dans *Index des répertoires C.-S. Tassé*, n° 329, 1890-1936, Archives Judiciaires de Montréal.

Il s'agit de trois petites feuilles de papier où le poète lègue ses biens. Nous avons dû demander à Jean-Jacques Lefebvre de corriger l'erreur des copistes : l'on avait écrit «Donat» au lieu de «Doucet» ce qui avait eu pour conséquence de priver L.-J. Doucet de trois toiles qui lui étaient léguées par ce testament.

— *Les Œuvres complètes*, texte établi, classé et annoté par Réginald Hamel, copie dactylographiée, 990 pages.

Ce texte fut enregistré sous le numéro d'ordre 139276 et déposé par Roger-Charles Gill à la bibliothèque du Parlement sans mon consentement. Il en existe un exemplaire à l'Université d'Ottawa.

Imprimés

— *Le Cap Éternité, poème suivi des Étoiles filantes*, préface d'Albert
Lozeau, Montréal, édition du Devoir, 1919, 161 pages.
On sait maintenant, grâce aux manuscrits et à la correspondance de monseigneur Maurault et de Marie Gill, que cet
ouvrage fut préparé en collaboration par Marie Gill, monseigneur Olivier Maurault et Albert Lozeau. Par ailleurs, le texte
publié en 1919 ne correspond pas exactement aux manuscrits
du poète.

B. SOURCES PRIMAIRES

Auclair, l'abbé Élie-J., *Lettre à Mme Juge Gill*, 4 novembre 1891,
Archives de Roger-Charles Gill, Montréal.
L'abbé Auclair décrit comment il a rencontré Charles à Paris,
puis il commente la conduite du jeune artiste.

— Notes en bas de page, dans *La Revue Canadienne*, nouvelle série,
vol. XXIV, n° 1, juillet 1919, p. 18-19.
Dans ces notes, l'abbé Auclair nous signale qu'il a rencontré
Gill à Paris, qu'il n'est pas un génie mais qu'il a du talent.

Bertrand, Henri, *Lettres à Louis-Joseph Doucet*, datées du 2 mars
1919, du 10 juillet 1919, du 20 juin 1920 et du 12 juin 1922,
Archives de Paul Bertrand, Montréal.
Dans la première lettre, cet ami de Gill décrit la mort du poète
en détail. Dans la seconde, il commente la publication du *Cap
Éternité* en disant que les manuscrits du poète étaient perdus.
Dans les deux autres lettres, il s'agit surtout de souvenirs
touchants sur leurs amitiés.

Bessette, Gérard, *Les images en poésie canadienne-française*, Montréal, Beauchemin, 1960, 282 pages, surtout p. 126 à 141.
Ce critique a fait des remarques très judicieuses sur la poésie
de Charles Gill. Il est malheureux qu'il ne développe pas
davantage ces jugements.

Bulletin de conduite et d'application, registre aux Archives du collège
Sainte-Marie de Montréal, années scolaires 1882-1883, 1883-
1884.

Charbonneau, Jean, *Des influences françaises au Canada*, tome 1, Montréal, Beauchemin, 1916, xix-229 pages, surtout p. 73-85.

Charbonneau tente de rattacher Gill au Parnasse par « la sonorité... les métaphores olympiennes... l'impassibilité ». Il verra de plus, dans *Le Cap Éternité,* une sorte de sérénité contemplative, exempte de spéculations philosophiques. Encore ici, l'auteur des « Influences » laisse aller son imagination ; il imagine ce qu'aurait été ce vaste poème.

— *L'École littéraire de Montréal*, [Montréal], A. Lévesque, 1935, 320 pages, surtout p. 1-85, 109-116 et 279-319.

Ami de Gill, Jean Charbonneau a dans ces pages des vues très exactes sur le style du poète ; toutefois, des erreurs y sont accumulées : Charbonneau se fie trop à sa mémoire lorsqu'il aborde des problèmes de chronologie ou de faits biographiques.

Collège de Saint-Laurent, *Annuaire du Collège de Saint-Laurent*, 21 juin 1886, Montréal, Sénécal, p. 20 et 44.

Charles Gill, 3ᵉ accessit en version latine pour les classes d'éléments-syntaxe. À cette époque, ses parents résident à Sorel.

— *Annuaire du Collège de Saint-Laurent*, 22 juin 1887, Montréal, Sénécal, p. 20, 42 et 79.

Charles Gill, 4ᵉ accessit en version latine, 1ᵉʳ accessit en thème latin, et 1ᵉʳ prix de dessin linéaire pour les classes d'éléments-syntaxe. À cette date, ses parents habitent à Montréal.

— *Annuaire du Collège de Saint-Laurent*, 22 juin 1888, Montréal, Sénécal, p. 21.

Le nom de Charles Gill apparaît sur la liste des élèves. Gill avait été mis à la porte vers le mois de mars 1888.

Dandurand, Albert, *La poésie canadienne-française*, Montréal, Lévesque, 1933, 140 pages, surtout p. 122-127. Il s'agit d'une description objective de l'œuvre de Charles Gill.

De Nevers, Edmond, *Charles Gill*, dans *La Patrie*, 24ᵉ année, nᵒ 59, 3 mai 1902, p. 18, col. 3 à 7.

Cette étude, écrite à l'occasion du mariage de Charles Gill avec Gaétane de Montreuil, comporte de nombreuses citations.

Dossier de Charles Gill, n° 1304, 1896, Archives du département de l'Instruction publique, Québec.

On y trouve la date de son engagement à l'École Normale Jacques-Cartier, ainsi que le montant de son salaire.

Doucet, Louis-Joseph, *À la mémoire de Charles Gill, élégies, notes biographiques*, Québec, [s.é.], 1920, 56 pages.

Il s'agit de dix pièces en vers accompagnées de quatorze lettres de Charles Gill à Doucet. Ces lettres furent préparées pour une publication qui n'eut jamais lieu.

Dumont, G.-A., *L'École littéraire de Montréal, réminiscences*, Montréal, Dumont, 1917, 15 pages.

L'auteur ne fait que mentionner le nom de Gill. Le poète en fut très insulté, comme nous le révèle sa correspondance avec Doucet.

École littéraire de Montréal, (L'), *Les Soirées du Château de Ramezay*, Montréal, E. Sénécal, 1900, xv-402 pages.

Dans ce volume collectif, Charles Gill occupe une place prépondérante tant en poésie qu'en prose.

— *Les Soirées de l'École littéraire de Montréal*, Montréal, [s.é.], 1925, 342 pages, surtout p. 1-20.

Englebert Gallèze (Lionel Léveillé) donne une brève biographie de Gill, suivie de quelques poésies.

— *Archives de l'École littéraire de Montréal*, microfilm en dépôt au Centre de recherches en Littérature canadienne-française de l'Université d'Ottawa.

Le nom de Gill est mentionné aux pages suivantes : 8, 40, 67, 69 à 80, 84, 87, 92, 97, 101 à 103, 114 à 119, 121 à 124, 125, 127, 138, 130, 133, 134. Gill n'a pas eu une influence aussi grande qu'on le dit sur les membres de l'École.

Éthier-Blais, Jean, *Quand on écrit l'étroitesse d'une vie*, dans *Le Devoir*, 6 septembre 1969, p. 12.

Gagné, Lucien, *L'École littéraire de Montréal et Charles Gill*, dans *L'Action Nationale*, voll. 29, 15ᵉ année, février 1947 (première partie), p. 107-123.

Dans cette première partie, Lucien Gagné souligne bien l'influence de l'École littéraire sur Gill.

— *Charles Gill et l'École littéraire de Montréal*, dans *L'Action Nationale*, vol. 29, mai 1947, p. 361-389.

Dans cette seconde partie, Lucien Gagné tente de démontrer l'influence de Charles Gill sur l'École. Il n'y arrive pas, car Gill n'a jamais influencé l'École littéraire, ni en poésie ni en prose.

Hamel, Réginald, *Le Saint-Laurent de Charles Gill, genèse, établissement du texte, valeur littéraire*, thèse de maîtrise, Université d'Ottawa, 1961, 194 p.

— *Charles Gill prosateur* dans *L'École littéraire de Montréal*, Montréal, Fides, 1963, p. 178-200.

— *Gaétane de Montreuil, journaliste québécoise (1867-1951)*, Montréal, L'Aurore, 213 pages.

Laberge, Albert, *Peintres et écrivains d'hier et d'aujourd'hui*, Montréal, édition privée, 1938, 248 pages, surtout p. 103-110.

Dans ce livre, l'auteur de *La Scouine* publie deux sonnets inédits de Gill : «À Marie-Louise» et «À une malheureuse». Ces sonnets faisaient partie des *Étoiles filantes*. Laberge croit que Gill est plus grand poète que peintre.

— *Une figure marquante des lettres canadiennes qui disparaît*, dans *Notre Temps*, vol. XV, n° 7, 28 novembre 1959, p. 12, coll. 1 à 7, surtout coll. 4 et 5.

À l'occasion de la mort de Louis-Joseph Doucet, Laberge fait son éloge et mentionne le nom de Gill.

Léger, Jules, *Le Canada et son expression littéraire*, Paris, Nizet et Bastard, 1938, 213 pages, surtout p. 159-161.

L'auteur ne fait que répéter ce que monseigneur Olivier Maurault avait déjà écrit sur Gill.

Lesage, Jules-S., *Propos littéraires (écrivains d'hier)*, 11ᵉ série, Québec, L'Action Catholique, 1933, 260 pages, surtout p. 177-180.

Lesage reconnaît que Gill est un ennemi «du conventionnel et de tout rigorisme de forme ou d'inspiration». Sa première affirmation est exacte mais la seconde montre qu'il ignore l'œuvre de Gill.

Léveillé, Lionel, *Charles Gill*, dans *Le Petit Canadien*, organe de la Société Saint-Jean-Baptiste de Montréal, vol. 15, n° 11, novembre 1918, p. 322 à 324.

> Ce sont des éloges emphatiques de Gill, il sera plus sobre envers Gill dans *Les Soirées de l'École littéraires de Montréal*.

Major, André, *Le cri d'un poète écorché*, dans *Le Devoir*, 7 juin 1969, p. 14.

Maurault, Mgr Olivier, *Lettres à Marie Gill*, datées du 18 octobre 1918, juillet 1919 et 27 juillet 1919.

> Dans sa première lettre, monseigneur Maurault offre ses condoléances à Marie Gill en lui disant qu'il désire entreprendre une étude de Charles Gill poète. Dans la seconde, il discute des problèmes qu'il a avec l'éditeur du *Cap Éternité*. Dans sa troisième lettre, il annonce qu'il prépare des études pour *L'Action française* et *La Revue Canadienne*.

— *Charles Gill, peintre et poète*, dans *La Revue Canadienne*, nouvelle série, vol. XXIV, n° 1, juillet 1919, p. 18-31.

> Cet article et les suivants se passent de tout commentaire.

— *Charles Gill*, dans *L'Action française*, vol. III, n° 8, 3e année, août 1919, p. 366-371.

— *Charles Gill, peintre et poète*, dans *La Revue Canadienne*, nouvelle série, vol. XXIV, n° 3, septembre 1919, p. 180-197.

— *Brièvetés*, Montréal, Carrier, 1928, p. 129-141.

— *Marges d'histoire; l'art au Canada*, tome 1, Montréal, librairie d'action canadienne-française, 1929, p. 133-174.

— *Charles Gill, peintre et poète lyrique*, six hors-texte, les éditions éoliennes, 1950, p. 41-64.

> Ces articles ont tous la même teneur. Il s'agit d'un résumé de la conférence qu'il a prononcée sur Charles Gill au printemps de 1919. L'on sait, grâce à la correspondance de Marie Gill et d'Yvonne Lemaître, que c'est Marie qui prépara les matériaux de cette conférence.

Paul-Crouzet, Jeanne, *Poésie au Canada; de nouveaux classiques français*, Paris, Didier, 1946, 373 pages, surtout p. 156-177.

L'auteur tente de rendre justice à Gill en faisant ressortir d'une façon originale les qualités et les défauts dominants du *Cap Éternité*.

Potvin, Damase, *Un poète du Terroir*, dans *Le Terroir*, organe de la Société des Arts, sciences et lettres de Québec, vol. 1, n° 11, juillet 1919, p. 3.

Il compare l'abbé Alfred Tremblay à Charles Gill en disant : « Le Saguenay aura été, jusqu'à présent, la source où s'est abreuvée la Muse de nos meilleurs poètes bas-saguenayens. »

— *Le Cap Éternité*, dans *Le Terroir*, organe de la Société des Arts, sciences et lettres de Québec, vol. 1, n° 11, juillet 1919, p. 48.

Avec beaucoup d'éloges, il annonce la parution du *Cap Éternité*.

Presse (La), [Marie Gill], *Charles Gill*, dans *La Presse*, 34e année, n° 294, livre du 17 octobre 1918, p. 4, coll. 2.

On annonce la mort du poète Charles Gill.

— *Le poète Charles Gill est mort*, dans *La Presse*, 34e année, n° 294, livre du 19 octobre 1918, p. 16, coll. 2.

Un auteur inconnu fait l'éloge de Charles Gill. Il s'agit en réalité d'un article de Marie Gill dont nous avons retrouvé les manuscrits.

Roy, Abbé Camille, *Nouveaux essais sur la littérature canadienne*, Québec, L'Action Sociale, 1914, 390 pages, surtout p. 387-389.

Ce critique décrit comment s'est passé le premier concours organisé par la Société du Bon Parler. Il fait l'éloge du chant *Ave Maria* de Charles Gill.

Saint-Hilaire, Joseph, *Les Soirées du Château de Ramezay, M. Charles Gill*, dans *Les Débats*, 1re année, n° 20, 20 mai 1900, p. 5, coll. 3 et 4.

Sous ce nom collectif, l'on fait un éloge emphatique de Charles Gill.

Savignac, Albert, *Le Cap Éternité*, dans *La Revue Nationale*, 1re année, n° 8, août 1919, p. 297 à 309.

C'est le seul critique de son époque qui tente d'effectuer une analyse objective de l'homme et de l'œuvre.

Sénécal, Henri-Paul, *L'École littéraire de Montréal et Charles Gill*, dans *Lectures*, t. 9, n° 3, livre de novembre 1992, p. 97-105.
D'abord le titre n'est pas original, puisque le problème fut soulevé avant lui par d'autres critiques qu'il a dû se garder de lire. Le père Sénécal a une juste vision de Gill quant à la technique de son vers; il manque par ailleurs de précision sur l'ensemble de l'œuvre. Il tente de se justifier ainsi : «Le peu de renseignements que nous ont fournis les rares études consacrées à cet évrivain, l'impossibilité où nous nous trouvons de compiler les articles que Gill, critique littéraire, a publiés dans les journaux de son époque, nous forcent à recourir presque uniquement à l'analyse de ses œuvres, publiées en 1919 sous le titre du *Cap Éternité.*»

Sulte, Benjamin, *Histoire de Saint-François-du-lac*, Montréal, l'Étendard, 1886, 120 pages, surtout p. 76-111.
C'est la plus importante des études sur la généalogie de la famille Gill.

Wyczynski, Paul, *Charles Gill intime*, dans *Revue de l'Université d'Ottawa*, vol. 29, n° 4, d'octobre-décembre 1959, p. 447-472.
C'est la meilleure étude qui fut jamais écrite sur Charles Gill.

— *Albert Laberge 1871-1960 - Charles Gill 1871-1918* (catalogue), Bibliothèque Nationale, Ottawa, 1971, 42 p.

C. SOURCES SECONDAIRES

Apostolat missionnaire en Mauricie (L'), édition du Bien Public, 1951, p. 123-138.
Il s'agit de la généalogie de la famille Gill.

Bourcier, Pierre, *Notre gravure frontispice, «Le Problème de Charles Gill»*, dans *La Revue Nationale*, nouvelle série, vol. 1, n° 3, livre de mars 1920, p. 12, coll. 1 et 2.
L'auteur répète ce que Laberge lui avait raconté au sujet de cette toile. Ceci entraînera une mise au point de Gaétane de Montreuil, veuve de Charles Gill.

Charland, Thomas-M., *Histoire de Saint-François-du-Lac*, Ottawa, Collège Dominicain, 1942, p. 63, 73, 104, 105, 140.
Il s'agit de la généalogie de la famille Gill.

Chartier, Émile, *Au Canada français, la vie de l'esprit 1760-1925*, Montréal, Valiquette, 1941, p. 145-166.
L'auteur décrit l'œuvre de Gill sans porter de jugement.

Després, Couillard, *Histoire de Sorel, de ses origines à nos jours*, Montréal, imprimerie des Sourds-muets, 1926, 343 pages.
L'auteur s'attarde au rôle social de la famille Gill à Sorel. Sa méthode historique manque de sûreté.

Gill, Charles-Ignace, *Notes sur de vieux manuscrits Abénakis*, Montréal, Sénécal, 1886, 22 pages.
L'Honorable Juge Gill fait la traduction d'un manuscrit Abénaki. Il veut illustrer le rôle social de ses ancêtres parmi les sauvages.

— *Notes historiques sur l'origine de la famille Gill de Saint-François du Lac et de Saint-Thomas de Pierreville, et histoire de ma propre famille*, Montréal, Sénécal, 1887, 96 pages.
C'est la généalogie de la famille Gill.

— *Notes additionnelles à l'histoire de la famille Gill*, Montréal, Sénécal, 1889, 30 pages.

Gill, Mme Charles, *La genèse du «Problème de Charles Gill»*, dans *La Revue Nationale*, nouvelle série, vol. 1, n° 5, mai 1920, p. 23, coll. 1 à 3.
L'épouse du poète critique l'article de Pierre Bourcier et apporte quelques mises au point.

Hamel, Réginald, *L'Honorable Juge Charles-Ignace Gill*, dans l'Album du centenaire de *Pierreville*, édité par l'abbé Arthur Bergeron, édition privée, 1960, 256 pages, surtout p. 201-203.
L'auteur rappelle quelques faits saillants de la vie du juge Gill.

— *Pierreville, l'une des sources inspiratrices de Charles Gill*, dans l'Album du centenaire de Pierreville, édité par l'abbé Arthur Bergeron, édition privée, 1960, 256 pages, surtout p. 238-240.
L'auteur tente de replacer le peintre-poète dans son milieu social.

Le Nouvelliste, *La Famille Gill*, dans *Le Nouvelliste* (Trois-Rivières), 6 août et 3 septembre 1949, p. 2.
Il s'agit de la généalogie de la famille Gill.

Lozeau, Albert, *À la mémoire de Charles Gill*, dans *L'Action française*, vol. III, n° 3, 3ᵉ année, mars 1919, p. 97.
Il s'agit d'un sonnet du poète Lozeau.

Maurault, J.-A., *Histoire des Abénakis, depuis 1605 jusqu'à nos jours*, Sorel, La Gazette, 1866, 640 pages, surtout p. 344-377.
Il s'agit de la généalogie de la famille Gill.4

Sylvestre, Guy, *Situation de la poésie canadienne, regards et jeux dans l'espace, axes et parallaxes*, lettre préface de Raïssa Maritain, Ottawa, Le Droit, 1941, 30 pages, surtout p. 16.
«Gill avait de l'haleine, de l'élan et de l'allant, mais la mort vint trop tôt mettre fin à son lyrisme comme le rêve avait fait taire le pèlerin du *Vaisseau d'or*.»

Thériault, Yvon, *Promenade dans le domaine de la famille Gill*, dans *Le Nouvelliste* (Trois-Rivières), 12 août 1950, p. 1, coll. 1 à 8.
Il s'agit tout simplement d'un reportage au sujet du domaine de la famille Gill.

Thomas, C., *History of the Counties of Argenteuil Que., and Prescott Ont., from the Earliest Settlement to the Present*, Montréal, Lovell, 1896, 391 pages.
L'auteur montre comment la famille de langue anglaise chez les Gill se rattache à la famille de langue française.

Wyczynski, Paul, *Émile Nelligan, sources et originalité de son œuvre*, Ottawa, édition de l'Université d'Ottawa, 1960, 349 pages, surtout p. 27, 56, 85, 90.
L'auteur rapproche le nom de Gill de celui de Nelligan.

Table des matières

Collection
Les Cahiers
du Québec

72 Ruth L. White
Louis-Joseph Papineau et Lamennais. Le chef des Patriotes canadiens à Paris 1839-1845
avec correspondance et documents inédits
Coll. Documents d'histoire

73 Claude Janelle
Les Éditions du Jour
Une génération d'écrivains
Coll. Littérature

74 Marcel Trudel
Catalogue des immigrants 1632-1662
Coll. Histoire

75 Marc LeBlanc
Boscoville: la rééducation évaluée
Préface de Gilles Gendreau
Coll. Droit et criminologie

76 Jacqueline Gérols
Le Roman québécois en France
Coll. Littérature

77 Jean-Paul Brodeur
La Délinquance de l'ordre.
Recherche sur les commissions d'enquêtes I
Coll. Droit et Criminologie

78 Philippe Aubert de Gaspé fils
L'Influence d'un livre
Roman historique
Introduction et notes par André Sénécal
Coll. Documents littéraires

79 Laurent Mailhot
avec la collaboration de Benoît Melançon
Essais québécois
1837-1983 Anthologie littéraire
Coll. Textes et Documents littéraires

80 Victor Teboul
Le jour *Émergence du libéralisme moderne au Québec*
Coll. Communications

81 André Brochu
L'Évasion tragique
Essai sur les romans d'André Langevin
Coll. Littérature

82 Roland Chagnon
La Scientologie:
une nouvelle religion de la puissance
Coll. Sociologie

83 Thomas R. Berger
Liberté fragile
Traduit de l'anglais par Marie-Cécile Brasseur
Coll. Science politique

84 Hélène Beauchamp
Le Théâtre pour enfants au Québec: 1950-1980
Coll. Littérature

85 Louis Massicotte et André Bernard
Le Scrutin au Québec: un miroir déformant
Coll. Science politique

86 Micheline D'Allaire
Les Dots des religieuses au Canada français 1639-1800
Coll. Histoire

87. Louise Bail Milot
Jean Papineau-Couture
La vie, la carrière et l'œuvre
Coll. Musique

88 Sylvie Depatie, Christian Dessureault et Mario Lalancette
Contributions à l'étude du Régime seigneurial canadien
Coll. Histoire

89 Robert Lahaise
Guy Delahaye et la modernité littéraire
Coll. Littérature

90 Yves Bélanger et Pierre Fournier
L'Entreprise québécoise: développement historique et dynamique contemporaine
Coll. Science politique

91 George P. Grant
Est-ce la fin du Canada?
Traduit de l'anglais par Gaston Laurion
Coll. Sociologie

92 Guy Delahaye
Œuvres de Guy Delahaye
Présenté par Robert Lahaise
Coll. Documents littéraires

93 Denis Martin
Portraits des héros de la Nouvelle-France
Coll. Album

94 Patrick Imbert
L'Objectivité de la presse
Le quatrième pouvoir en otage
Coll. Communications

95 *L'Image de la Révolution française au Québec 1789-1989*
(en collaboration)
Coll. Histoire

96 Minnie Aodla Freeman
Ma Vie chez les Qallunaat
Traduit de l'anglais par Marie-Cécile Brasseur et Daniel Séguin
Coll. Cultures amérindiennes

97 George Monro Grant
Le Québec pittoresque
Traduit de l'anglais par Pierre DesRuisseaux
Présenté par Robert Lahaise
Coll. Album

98 Michel Allard et Suzanne Boucher
Le Musée et l'école
Coll. Psychopédagogie

99 François Dollier de Casson
Histoire du Montréal
Nouvelle édition critique par Marcel Trudel et Marie Baboyant
Coll. Documents d'histoire

100 Marcel Trudel
Dictionnaire des esclaves et de leurs propriétaires au Canada français
(2e édition revue)
Coll. Histoire

101 Narcisse Henri Édouard Faucher de Saint-Maurice (1844-1897)
La Question du jour
Resterons-nous Français?
Préface de Camille Laurin
Présenté par Michel Plourde
Coll. Documents littéraires

102 Lorraine Gadoury
La Noblesse de NouvelleFrance
Coll. Histoire

103 Jacques Rivet en collaboration avec André Forgues et Michel Samson
La Mise en page de presse
Coll. Communications

104 Jean-Pierre Duquette et collaborateurs
Montréal 1642-1992
Coll. Album

105 Denise, Robillard
Paul-Émile Léger:
Évolution de sa pensée 1950-1967
Coll. Sociologie

106 Jean-Marc Larrue
Le Monument inattendu:
Le Monument-National de Montréal 1893-1993
Coll. Histoire

107 Louis-Edmond Hamelin
Le Rang d'habitat: le réel et l'imaginaire
Coll. Géographie